高等职业教育“十三五”示范建设规划教材·汽车类

汽车保险与理赔

主　编　鲁　玺
参　编　孙　延　贾长建　孙　菲

北京理工大学出版社
BEIJING INSTITUTE OF TECHNOLOGY PRESS

图书在版编目（CIP）数据

汽车保险与理赔/鲁玺主编. —北京：北京理工大学出版社，2017. 7（2019.3 重印）
ISBN 978 - 7 - 5682 - 4358 - 2

Ⅰ. ①汽… Ⅱ. ①鲁… Ⅲ. ①汽车保险 - 理赔 - 中国 Ⅳ. ①F842. 63

中国版本图书馆 CIP 数据核字（2017）第 169957 号

出版发行 / 北京理工大学出版社有限责任公司
社　　址 / 北京市海淀区中关村南大街 5 号
邮　　编 / 100081
电　　话 / (010) 68914775（总编室）
(010) 82562903（教材售后服务热线）
(010) 68948351（其他图书服务热线）
网　　址 / http：//www. bitpress. com. cn
经　　销 / 全国各地新华书店
印　　刷 / 三河市天利华印刷装订有限公司
开　　本 / 787 毫米 × 1092 毫米 1/16
印　　张 / 14
字　　数 / 330 千字
版　　次 / 2017 年 7 月第 1 版 2019 年 3 月第 3 次印刷
定　　价 / 36. 00 元

责任编辑 / 王俊洁
文案编辑 / 王俊洁
责任校对 / 周瑞红
责任印制 / 李志强

前言

PREFACE

随着社会的快速发展，机动车的保有量持续上涨，人们对用车安全的关注度越来越高。防范汽车风险最好的方法——汽车保险，也就得到了大多数人的认可。

我国机动车保险市场非常庞大，但专业的从业人员相对紧缺，本书以培养高素质、高层次的汽车保险人才作为根本目的进行编写，可满足高等院校汽车专业学生、汽车企业培训员工进入汽车保险理赔工作岗位的需求。本教材共设置汽车保险基础知识、汽车保险条款介绍和汽车保险投保、车辆保险承保实务、车辆保险索赔实务、车辆保险理赔实务、保险公司业务管理共6个学习任务。每一个学习任务包括任务描述——能力要求——场所、设备要求——操作考核——理论知识——课外拓展6个栏目，以任务驱动组织教学，使学生在完成任务的过程中掌握知识和技能。

本书由陕西工业职业技术学院鲁玺统稿并担任主编。学习任务一、学习任务二、学习任务三由陕西工业职业技术学院鲁玺编写，学习任务四由陕西工业职业技术学院孙延编写，学习任务五由陕西工业职业技术学院贾长建编写，学习任务六由陕西工业职业技术学院孙菲编写。

本书在编写过程中，参考了许多国内外的书籍、文献、期刊论文，在此对原作者、编译者表示衷心感谢。

由于参与编写的人员专业理论、时间水平所限，书中的错误和不当之处在所难免，敬请使用本书的师生和广大读者不吝指正。

编　者

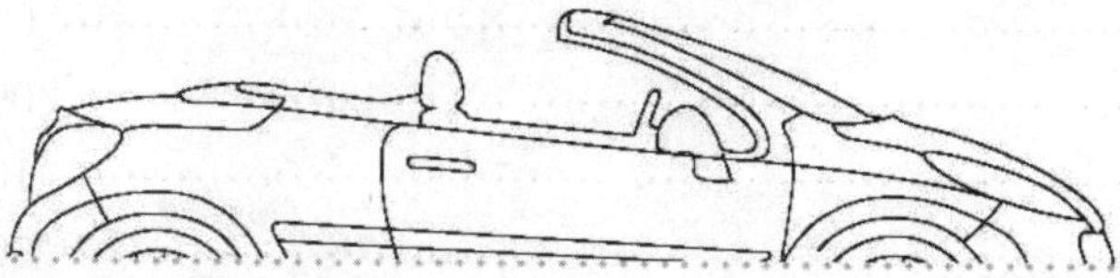

目录

CONTENTS

任务项目一　汽车保险基础知识……………………………………………………………… 001
一、任务描述……………………………………………………………………………………… 001
二、能力要求……………………………………………………………………………………… 001
三、场所、设备要求……………………………………………………………………………… 001
四、操作考核……………………………………………………………………………………… 002
五、理论知识……………………………………………………………………………………… 008
知识一　汽车保险基础知识……………………………………………………………………… 008
知识二　保险基本原则…………………………………………………………………………… 016
六、课外拓展……………………………………………………………………………………… 021
任务项目二　汽车保险条款介绍和汽车保险投保………………………………………………… 027
一、任务描述……………………………………………………………………………………… 027
二、能力要求……………………………………………………………………………………… 028
三、场所、设备要求……………………………………………………………………………… 028
四、操作考核……………………………………………………………………………………… 028
五、理论知识……………………………………………………………………………………… 037
知识一　汽车保险条款…………………………………………………………………………… 037
知识二　车主投保方案设计……………………………………………………………………… 052
六、课外拓展……………………………………………………………………………………… 061
任务项目三　车辆保险承保实务…………………………………………………………………… 065
一、任务描述……………………………………………………………………………………… 065
二、能力要求……………………………………………………………………………………… 065
三、场所、设备要求……………………………………………………………………………… 065
四、操作考核……………………………………………………………………………………… 065
五、理论知识……………………………………………………………………………………… 066
知识一　承保流程………………………………………………………………………………… 066
知识二　汽车保险保费计算……………………………………………………………………… 071
知识三　机动车保险承保模拟实训教学软件…………………………………………………… 079
知识四　险种推销话术训练……………………………………………………………………… 084
六、课外拓展……………………………………………………………………………………… 086

任务项目四　车辆保险索赔实务…………093
一、任务描述…………093
二、能力要求…………093
三、场所、设备要求…………093
四、操作考核…………094
五、理论知识…………101
知识一　事故车索赔流程…………101
知识二　事故车索赔资料要求…………109
六、课外拓展…………113
任务项目五　车辆保险理赔实务…………119
一、任务描述…………119
二、能力要求…………119
三、场所、设备要求…………119
四、操作考核…………119
五、理论知识…………126
知识一　事故车理赔流程…………126
知识二　事故车现场查勘…………129
知识三　事故车定损…………138
知识四　事故车赔偿理算…………152
知识五　车险的核损…………164
知识六　图形化车险定损理赔模拟教学系统…………166
六、课外拓展…………194
任务项目六　保险公司业务管理…………196
一、任务描述…………196
二、能力要求…………196
三、场所、设备要求…………197
四、操作与考核…………197
五、基础理论内容…………197
知识一　续保、客户资料收集与整理…………197
知识二　汽车保险欺诈的预防…………204
六、课外拓展…………213
参考文献…………216

任务项目一

汽车保险基础知识

一、任务描述

【任务一】 40 岁的张先生，驾龄 10 年，买了一辆 2. 0L 自动舒适版君越家庭私人小轿车，新车购置价为 25 万元，该车经常停在小区院内，一般用于上下班代步，周末全家会去郊外出游。试分析张先生面临哪些风险？针对不同风险应该采取什么样的风险管理方法？

【任务二】 2015 年 3 月，陈某将自有的丰田凯美瑞轿车向保险公司投保了家庭自用汽车保险，投保险种为车辆损失保险、第三者责任险等。在保险期间内，陈某一直使用标的车载某小学的学生，长期从事有偿接送学生的业务。2016 年 2 月，陈某驾驶标的车搭载 4 名小学生在学校附近某丁字路口与一辆正规出租车相撞，交通部门认定陈某负全部责任。事后，陈某向保险公司索赔，保险公司拒绝赔偿。分析保险公司拒赔的原因。

二、能力要求

- 掌握风险的概念与分类，掌握风险管理的概念、目标和程序；
- 掌握保险的概念、职能和要素；
- 能够全面理解汽车保险的四大原则，能向客户作出解释和说明；
- 掌握最大诚信原则的含义和内容，掌握保险利益原则的确立条件；
- 掌握损失补偿原则的含义和影响保险补偿的因素；
- 掌握近因原则在实务中的应用；
- 掌握汽车保险的特点和分类；
- 掌握保险基本术语的概念；
- 掌握保险合同的特征和汽车保险合同的内容及形式。

三、场所、设备要求

多媒体教室。

四、操作考核

（一）案例分析

1. 一游客到北京旅游，在游览了故宫博物院后，出于爱护国家财产的动机，自愿交付保险费为故宫投保。该游客是否具有保险利益？

2. 2010 年 9 月 27 日下午 1 时许，G50 沪渝高速上海段进中村路下匝道附近发生一起交通事故，一辆沪朱高速快线巴士撞上高架隔音板，车辆被撞得面目全非，车头严重变形，车上十多名乘客不同程度受伤。目击者何先生说，事发地在中村路下匝道约 2 公里处。当时一辆沪朱高速快线巴士沿延安西路高架自东向西驶入 G50 高速公路，开往朱家角方向。可能是由于雨天路滑，加上车速较快，巴士突然失控，一头撞上路中央水泥隔离墩。司机随后猛踩刹车，车辆呈 S 形前进，最终车头右侧撞上高架隔音板，车辆死死抵住护栏，这才停了下来。五六块隔音板被撞碎，残片飞下高速公路，险些殃及过往车辆。巴士车头由于受到撞击，损毁严重，挡风玻璃和右侧车窗破碎脱落，车前门也变形了。

由于车辆的两扇车门都被卡住，惊魂未定的乘客只能从左侧窗口逐个逃生。据乘客回忆，当时车上约有 20 名乘客，由于路途较远，大部分人上车就座后开始打瞌睡，猛烈的撞击使车上乘客人仰马翻，不少人在睡梦中惊醒。事发后，抢救人员和 120 急救人员火速赶到现场进行处理，有十多名乘客不同程度受伤，被送往医院救治。

作为保险从业人员，通过与顾客交流，要帮助顾客分析其使用的车辆有哪些潜在风险，寻找化解风险的最佳途径，从而让顾客明白为什么要买保险，进一步指导顾客对车辆风险进行管理。

3. 2010 年 8 月 20 日，某保险公司沈阳分公司出具保险单，保险单上显示：被保险人联系人、索赔权益人均是陈某，新车购置价是 59 万元，实际价值 27 万元。投保险种为车辆损失险、第三者责任险、全车盗抢险等。当天，陈某为机动车承保，支付保险费 8 352 元。2011 年 6 月 15 日，该车被盗，虽然报警，但该案一直未破。

陈某找到保险公司，要求保险公司就车辆被盗理赔。保险公司经过调查发现，陈某不是车辆的所有权人，真正的所有权人是某商贸公司。由于陈某对车辆不具有保险利益，根据法律规定，保险合同无效，因此保险公司拒绝赔偿。经多番协商不成，陈某认为保险公司是在无端抵赖，于是一纸诉状将保险公司告上法庭，要求法院判决保险公司支付保险赔偿金 27 万元及其利息 3 500 元。

针对保险公司声称的“车辆真正的所有权人是某商贸公司，与他毫无利害关系”的说法，陈某反驳说，该车实际上是刘某所有，是刘某在 2010 年向某商贸公司购得，但是陈某曾借给刘某 10 万元，虽然他不是所有者，但他是刘某的债权人，投保的目的也是对他的债权给予保障，因此，他同样对该车具有保险利益，保险合同应依法认定有效。保险公司则认为，刘某在法庭上称他向某商贸公司购买车辆的转让协议丢失了，无法提供，行驶证上的所有人依然是某商贸公司。因此，保险公司认为陈某所言无据。请分析法院会判决哪一方胜诉？

（二）习题训练

1. 保险的作用在于集散风险、（　　）。

A. 分摊损失　　B. 承担赔偿责任

C. 控制风险　　D. 化解风险

2. 符合保险人承保条件的特定风险称为（　　）。

A. 可保风险　　B. 客观风险　　C. 特殊风险　　D. 政治风险

3. 纯粹风险引起的事故构成保险风险的（　　）。

A. 结果　　B. 原因　　C. 基础　　D. 前提

4. 风险不能使大多数的保险对象同时遭受损失。这一条件表明损失的发生具有（　　）。

A. 分散性　　B. 规律性　　C. 可测性　　D. 稳定性

5. 保险通过集合多数人的保费，补偿少数人的损失，体现出保险的（　　）。

A. 补偿性　　B. 互助性　　C. 可测性　　D. 规律性

6. 在种类、品质、性能、价值等方面大体相近的风险是（　　）。

A. 纯粹风险　　B. 同等风险　　C. 同质风险　　D. 对等风险

7. 保险基金的主要来源是（　　）。

A. 保险费　　B. 准备金　　C. 保障基金　　D. 对等风险

8. 就人身保险准备金而言，主要以（　　）形式存在。

A. 赔款准备金　　B. 未到期责任准备金

C. 预留准备金　　D. 总准备金

9. 保险的法律性主要体现在（　　）上。

A. 保险索赔　　B. 保险合同　　C. 保险监管　　D. 保险纠纷

10. 国家或政府通过立法形式，采取强制手段对全体公民或劳动者因遭遇年老、疾病、生育、伤残、失业和死亡等社会特定风险而暂时或永久失去劳动能力、失去生活来源或中断劳动收入时的基本生活提供经济保障的一种制度是（　　）。

A. 团体保险　　B. 互助保险　　C. 社会保险　　D. 重复保险

11. 社会保险的实施具有（　　）的特点。

A. 公平性　　B. 自愿性　　C. 强制性　　D. 互利性

12. 投保人和两个以上保险人之间，就同一保险利益、同一风险共同缔结保险合同的一种保险是（　　）。

A. 重复保险　　B. 共同保险　　C. 再保险　　D. 原保险

13. 作为保险业的立业之基，最能体现保险业的特色和竞争力的是保险的（　　）。

A. 资金融通功能　　B. 经济功能　　C. 保障功能　　D. 互助功能

14. 保险通过补偿使已经存在的社会财富因灾害事故所致的实际损失在价值上得到了补偿，在（　　）得以恢复，从而使社会再生产过程得以连续进行。

A. 社会价值　　B. 经济价值　　C. 使用价值　　D. 实际价值

15. 社会保障是保持（　　）的重要条件。

A. 社会进步　　B. 经济价值　　C. 社会发展　　D. 实际价格

16. 投保人与保险标的之间存在利害关系的标志是（　　）。

A. 保险利益　B. 保险责任　C. 保险收益　D. 保险补偿

17. 通常，投保人或被保险人失去了对保险标的的保险利益，保险合同随之失效，但（　　）合同除外。

A. 信用保险　B. 财产保险　C. 人寿保险　D. 责任保险

18. 保险利益可以用（　　）估价，而且是客观存在的利益，不是当事人主观臆断的利益。

A. 货币形式　B. 实际损失　C. 重置价格　D. 补偿价格

19. 保险人的赔偿或给付，以（　　）的保险利益为限。

A. 估计损失　B. 实际损失时　C. 补偿损失　D. 社会损失

20. 抵押权人与质权人因债权债务关系对财产具有经济上的利害关系，因而对抵押、出质的财产均具有（　　）。

A. 保险损失　B. 保险关系　C. 保险利益　D. 保险补偿

21. 只要投保人对被保险人的存在具有精神和物质幸福，被保险人死亡或伤残会造成投保人痛苦和经济损失，即具有保险利益。这种主张属于（　　）。

A. 血缘论　B. 承认论　C. 同意论　D. 利害关系论

22. 在信用保险中，权利人与被保险人之间必须建立（　　）。

A. 合同关系　B. 利益关系　C. 业务关系　D. 朋友关系

23. 为适应国际贸易的习惯，海洋运输货物保险的保险利益在时效上具有一定的灵活性，规定在投保时可以不具有保险利益，但（　　）时被保险人对保险标的必须具有保险利益。

A. 合同终止　B. 损失　C. 赔付　D. 索赔

24. 在人身保险中，由于保险期限长并具有储蓄性，因而强调在（　　）时投保人必须具有保险利益。

A. 终止合同　B. 订立合同　C. 索赔　D. 受损

25. 保险利益原则规定，投保人对保险标的要具有（　　）承认的利益，否则保险合同无效。

A. 仲裁机构　B. 监管机构　C. 法律上　D. 政府机关

26. 由于保险和赌博都具有（　　），因此保险利益原则规定，投保人的投保行为必须以保险利益为前提，这就把保险与赌博进行了本质上的区分。

A. 随机性　B. 可测性　C. 射幸性　D. 有偿性

27. 由于投保人与保险标的之间存在利害关系的制约，投保的目的是获得一种经济保障，因此可以防止（　　）的产生。

A. 道德风险　B. 政治风险　C. 社会风险　D. 经济风险

28. 保险人的赔付金额不能超过（　　）。

A. 完好价值　B. 未来收益　C. 估计价值　D. 保险利益

29. 保险合同当事人签订合同以及在合同有效期内，应依法向对方提供足以影响对方作出定约与履约决定的全部实质性重要事实，同时绝对信守合同订立的约定与承诺，因此保险合同是（　　）合同。

A. 利益　B. 最大诚信　C. 法律　D. 经济

30. 对保险人而言，投保人转嫁的风险（　）直接决定其能否承保和如何承保。

A. 性质和大小　B. 种类和性质　C. 发生频率　D. 特点和损失

30. 保险最大诚信原则中的弃权和禁止反言主要是约束（　）的。

A. 受益人　B. 被保险人　C. 保险人　D. 关系人

31. 在保险实务中所称的告知，一般是指狭义的告知，狭义的告知指投保方将保险合同成立时（　）的有关事项向保险人进行口语或书面陈述。

A. 保险条款　B. 保险人　C. 保险合同　D. 保险标的

32. 保险人对于不属于保险赔偿（给付）义务的索赔请求，应当向被保险人或者受益人发出拒绝赔偿或者拒绝给付保险金通知书，以履行（　）义务。

A. 禁止反言　B. 弃权　C. 保证　D. 告知

33. 法律或保险人对告知的内容没有明确规定，投保方须主动地将保险标的的状况及有关重要事实如实告知保险人的行为称为（　）。

A. 无限告知　B. 询问回答告知　C. 主管告知　D. 主动告知

34. 保证是保险人签发保险单或承担保险义务，要求投保人或被保险人必须履行某种义务的条件，其目的在于（　），确保保险标的及其周围环境处于良好的状态中。

A. 杜绝风险　B. 减少风险　C. 控制风险　D. 消除风险

35. 根据保证事项是否已存在，保证可分为（　）。

A. 明示保证和承诺保证　B. 确认保证和默示保证

C. 明示保证和默示保证　D. 确认保证和承诺保证

36. 投保人对将来某一事项的作为或不作为的保证，即对该事项今后的发展所作的保证是（　）。

A. 默示保证　B. 确认保证　C. 明示保证　D. 承诺保证

37. 默示保证的内容通常是以往（　）的结果。

A. 监督机关督查　B. 法庭判决　C. 政府立法机关　D. 仲裁机构仲裁

38. 保证对投保人或被保险人的要求比告知（　）。

A. 更为复杂　B. 更为简单　C. 更为宽泛　D. 更为严格

39. 弃权和禁止反言在人寿保险中有特殊的时间规定，规定保险方只能在合同订立之后，一般为（　）年，以被保险方告知不实或隐瞒为由解除合同。

A. 半年　B. 一年　C. 两年　D. 三年

40. 被保险人一旦违反保证的事项，保险合同即告失效，或保险人拒绝赔偿损失或给付保险金；而且除（　）外，保险人一般不退还保险费。

A. 人寿保险　B. 财产保险　C. 信用保险　D. 责任保险

41. 雷击折断大树，大树压坏房屋，房屋倒塌致使家用电器损毁，则家用电器损毁的近因是（　）。

A. 房屋倒塌　B. 大树压坏房屋　C. 大树折断　D. 雷击

42. 如果损失连续发生的原因都是（　），则保险人赔偿全部损失。

A. 未保风险　B. 除外风险　C. 被保风险　D. 除外责任

43. 一连串连续发生的原因汇总，有一项新的独立的原因介入，导致损失。若新的独立的原因为（ ），保险责任由保险人承担。

A. 未保风险　B. 除外风险　C. 被保风险　D. 除外责任

44. 损失补偿原则是指保险合同生效后，当保险标的发生保险责任范围内的损失时，通过保险赔偿，使被保险人（ ）。

A. 取回保费　B. 减少损失
C. 获得额外收益　D. 恢复到受灾前的经济原状

45. 保险利益成立的条件包括（ ）。

A. 保险利益应为合法的利益
B. 保险利益应为经济上有价的利益
C. 保险利益应为确定的利益
D. 保险利益应为具有利害关系的利益
E. 保险利益应为受益人的利益

46. 保险利益必须是（ ）的利益。

A. 符合法律规定　B. 符合社会公共秩序
C. 符合大多数人利益　D. 法律所认可
E. 受到法律保护

47. 保险利益应为确定的利益，是客观存在的利益，这种客观存在的确定利益包括（ ）。

A. 经济利益　B. 社会利益
C. 期待利益　D. 未来利益
E. 现有利益

48. 财产保险的保险利益情形有（ ）。

A. 财产所有人、经营管理人的保险利益
B. 代理人与投保人的保险利益
C. 抵押权人和质权人的保险利益
D. 负有经济责任的财产保管人、承租人等的保险利益
E. 合同双方当时人的保险利益

49. 投保人对（ ）的生命和身体具有保险利益，可以作为投保人为他们投保。

A. 自己　B. 子女
C. 配偶　D. 近亲
E. 亲属

50. 根据我国保险法的规定，人身保险的保险利益情形有（ ）。

A. 本人对自己的生命和身体具有保险利益，可以作为投保人为自己投保
B. 投保人对配偶、子女、父母的生命和身体具有保险利益，可以作为投保人为他们投保
C. 合同双方当事人的保险利益
D. 投保人对前项以外与投保人有抚养、赡养或者抚养关系的其他家庭成员、近亲属具有保险利益
E. 除前款规定外，被保险人同意投保人为其订立合同的，视为投保人对被保险人

具有保险利益

51．坚持保险利益原则的意义在于（　　）。

A．保持社会稳定　B．避免赌博行为的发生

C．便于衡量损失　D．避免保险纠纷

E．防止道德风险的产生

52．投保人以与自己毫无利害关系的保险标的投保，将导致的情况有（　　）。

A．投保人为了谋取保险赔偿而任意购买保险，并盼望事故发生的现象

B．保险事故发生后，不积极施救

C．为了获得巨额赔偿或给付，采用纵火、谋财害命等手段，制造保险事故

D．增加了道德风险事故的发生

E．增加了投保人与保险标的之间存在利害关系的职业

53．保险的基本原则包括（　　）。

A．近因原则　B．获益原则

C．保险利益原则　D．最大诚信原则

E．损失补偿原则

54．保险合同是最大诚信合同，因此在保险合同（　　），都必须坚持最大的诚信原则。

A．保险合同订立时　B．整个合同有效期间

C．履行合同过程中　D．合同终止时

E．合同废止时

55．在保险活动中，之所以规定最大诚信原则，主要归因于（　　）。

A．保险经营中信息的不对称性

B．保险经营中的不确定性

C．保险合同的射幸性

D．保险合同的利益性

E．保险合同的附合性

56．最大诚信原则的基本内容包括（　　）。

A．诚实　B．弃权和禁止反言

C．承诺　D．保证

E．告知

57．在保险合同订立时，投保人应将那些足以影响保险人决定是否承保和确定费率的重要事实如实告知保险人。将财产保险中保险标的的（　　）等如实告知保险人。

A．风险状况　B．品质

C．价值　D．性质

E．种类

58．投保人或被保险人违反告知的表现主要有（　　）。

A．漏报　B．误告

C．过失　D．隐瞒

E．欺诈

五、理论知识

知识一　汽车保险基础知识

一、风险

（一）风险的含义

风险是保险产生的基础。风险一般是指某种事件发生的不确定性，即风险产生的结果可能带来获利、损失、既无获利也无损失三种结果。

在人类社会发展的漫长历史中，出现过无数次自然灾害与意外事故，造成了不可估量的损失。可以说风险是伴随着人类活动的展开而展开的，没有人类活动，也就不存在风险。

（二）风险的要素

风险是由风险因素、风险事故和损失三个要素组成的。

1. 风险因素

风险因素是促使某一特定风险事故发生或增加其发生的可能性或扩大其损失程度的原因或条件。风险因素是风险事故发生的潜在原因，是造成损失的内在或间接原因。对于汽车而言，风险因素包括制造汽车的材料、汽车的结构等。风险因素越多，造成损失的概率越大。根据性质的不同，风险因素可分为实质风险因素、道德风险因素和心理风险因素三种类型。

1）实质风险因素

指某一标的物本身所具有的足以引起风险事故发生或增加损失机会或加重该损失程度的因素，也称为有形风险因素。如汽车制动系统的可靠性、房屋处所的位置等都属于实质风险因素。

2）道德风险因素

指与人的品德修养有关的无形因素，即由于人们不诚实、不正直或有不轨企图，故意促使风险事故发生，导致财产损失和人身伤亡的因素。

3）心理风险因素

心理风险因素是指与人的心理状态有关的无形因素，即由于人们疏忽或过失以及主观上不注意、不关心、心存侥幸，导致增加风险事故发生的机会和加大损失的严重性的因素。

2. 风险事故

风险事故指造成人身伤害或财产损失的偶发事件，是造成损失的直接的或外在的原因，是损失的媒介物。即风险只有通过风险事故的发生，才能导致损失。

3. 损失

损失指非故意的、非预期的、非计划的经济价值的减少，即物质损失。在保险实务中，通常将损失分为两种形态：直接损失和间接损失。直接损失指风险事故导致的财产本身损失和人身伤害。间接损失则是直接损失引起的其他损失，包括额外损失费用、收入损失和责任损失等。

4. 三者之间的关系

风险因素引发风险事故，风险事故造成损失，这一关系并不绝对。风险因素并不直接造成损失，它是风险事故产生并造成损失的可能性或使这种可能性增加的条件，只有通过风险事故这个媒介才可能产生损失。在一定条件下，风险因素如果是造成损失的直接原因，则它就是引起损失的风险事故。

（三）风险的分类

1. 根据风险的性质分为纯粹风险和投机风险

1）纯粹风险

这是指只有损失而没有获利的可能的风险。

2）投机风险

这是指既有可能获利也有可能带来损害的风险。

2. 根据风险产生的原因分为自然风险、社会风险、政治风险、经济风险和技术风险

1）自然风险

这是指因自然力的不规则变化产生的现象所导致的危害经济活动、物质生产或生命安全的风险。

2）社会风险

这是指由于个人的一场行为或不可预料的团体行为使社会生产及人们的生活遭受损失的风险。

3）政治风险

这是指在国际经济活动中，由于国家的主权行为或国家社会变动所引起的造成损失的可能性。

4）经济风险

这是指在生产和销售等经营活动中由于受市场供求关系、经济贸易条件等因素变化的影响或经营者决策失误，对前景预期出现偏差等导致经营失败的风险。

5）技术风险

这是指随着科学技术的发展、生产方式的改变而发生的风险。

3. 根据风险标的的不同分为财产风险、人身风险、责任风险、信用风险

1）财产风险

这是指导致财产的损毁、灭失或贬值的风险。财产风险强调的风险事故所作用的对象，是有形的财产及预期收益，而非人身。

2）人身风险

这是指导致人的伤残、死亡、丧失劳动能力以及增加费用支出的风险。

3）责任风险

这是指因侵权或违约，依法对他人遭受的人身伤亡或财产损失应负赔偿责任的风险。如驾驶车辆不慎撞人，造成对方人身伤亡；医疗事故造成病人死亡等。

4）信用风险

这是指在经济交往中，权利人与义务人之间，由于一方违约或违法致使对方遭受经济损失的风险。如银行发放贷款有收不回来的风险。

4. 按风险涉及的范围分为特定风险和基本风险

1）特定风险

这是指与特定的人有因果关系的风险。即由特定的人所引起的其损失仅涉及个人的风险。

2）基本风险

这是指其损害波及社会的风险。基本风险的起因及影响都与特定的人没有关系，至少是个人所不能阻止的风险。例如，与社会或政治有关的风险、与自然灾害有关的风险都属于基本风险。特定风险与基本风险的界定，对某些风险来说，会因时代背景和人民观念的改变而有所不同。如失业，过去被认为是特定风险，而现在被认为是基本风险。

除此之外，还存在其他分类方式。比如按照其是否可以被保险公司承保，分为可保风险和不可保风险。

二、风险管理

风险管理是指个人、家庭和各种组织对可能遇到的风险进行风险识别、风险估测、风险评价，并在此基础上选择与优化组合各种风险管理技术，对风险实施有效控制和妥善处理风险所致的损失，从而以最小的成本获取最大的安全保障的决策及行动过程。

（一）风险管理的程序

风险管理的基本程序包括风险识别、风险估测、风险评价、选择风险管理技术和评估风险管理效果。

1. 风险识别

风险识别指对企业、家庭或个人面临的潜在风险加以判断、归类和对风险性质进行鉴定的过程。对风险的识别，既可以通过以往经验和直接感知进行判断识别，又可以借助各种客观的经营资料、会计和统计资料以及风险记录进行分析、归纳和整理，从而发现各种风险损害情况，尽可能把握风险内在的、规律性的东西。风险识别是否全面、深刻，直接影响风险管理决策的质量，进而影响整个风险管理的最终效果。

2. 风险估测

风险估测是在风险识别的基础上，通过分析搜集的大量资料，利用概率统计理论，估计和预测风险发生的概率和损失严重程度，为选择正确的风险处理方法提供依据。

3. 风险评价

风险评价是指在风险识别和风险估测的基础上，对风险发生的概率、损失程度，结合其他因素进行全面考虑，评估发生风险的可能性及其危害程度，并与公认的安全指标相比较，以衡量风险的程度，并决定是否需要采取相应的措施。通过对风险的定性、定量分析和比较处理风险所支出的费用，来确定风险是否需要处理和处理的程度如何，以判定为处理风险所支出的费用是否有效。风险评价是风险管理活动中的重要一环，对决策方向影响很大。

4. 选择风险管理技术

根据风险评价结果，选择最佳风险管理技术并实施。

5. 评估风险管理效果

评估风险管理效果指对风险管理技术的适用性及收益情况的分析、检查、修正和评估。

风险管理效益的大小，取决于是否能以最小的风险成本取得最大的安全保障，同时还要考虑风险管理与整体管理目标是否一致，是否有具体实施的可行性、可操作性和有效性。

（二）风险管理技术

风险管理技术分为控制型方法和财务型方法。控制型方法指避免、消除风险或减少风险发生频率及控制风险损失扩大的一类风险管理方法。财务型方法是通过做好吸纳风险成本的财务安排来降低风险成本的一种风险管理方法。

1. 控制型方法

控制型方法主要包括避免、预防、分散和抑制。

1）避免

避免是指为了回避从事某项活动可能导致的风险损失而放弃某项活动的行为。避免风险简单易行，优势是能够彻底根除某种风险，但有可能会产生新的风险，如担心锅炉爆炸，就放弃利用锅炉，而改用电热炉等，又存在因电压过高致使电热炉被损坏的风险。

2）预防

预防是指在风险发生前通过消除或减少风险因素，降低损失发生频率所采取的措施。例如，定期对车辆进行检查，可以及时发现车辆故障，从而减少车辆在使用过程中发生事故的风险。

3）分散

分散是指通过兼并、扩张、联营，集合许多原来各自独立的风险单位等来增加同类风险单位数目的方法，以提高预测未来损失的精确性，从而达到降低风险的目的。

4）抑制

抑制是指风险事故发生时或发生后采取的各种防止损失扩大的措施。抑制是处理风险的有效方法，通常在损失发生可能性高并且风险又无法避免和转嫁的情况下采用。例如，汽车的安全装置，如安全气囊、防抱死制动系统等，在一定程度上可以控制事故发生时损失的扩大。

2. 财务型方法

人们对风险的认识受许多因素的制约，对风险的预测和估计也不可能达到绝对精确的地步，而各种控制处理方法也存在一定的缺陷，因此有必要在财务上预先提留各种风险准备金，消除风险事故发生时所造成的经济困难和精神忧虑。财务型方法包括自留和转移两种。

1）自留

自留是经济单位或个人自己承担全部风险成本的一种风险管理方法，即对风险的自我承担。自留有主动自留和被动自留之分。采取自留方法，应考虑经济上是否合算及其可行性。一般在风险所致损失频率低、损失在短期内可预测以及最大损失不足以影响自己的财务稳定时，宜采用自留方法。

2）转移

风险转移是一些单位或个人为避免承担风险损失而有意识地将风险损失或与风险损失有关的财务后果转嫁给另一单位或个人承担的一种风险管理方式。风险转移分为非保险转移和保险转移。非保险转移是通过合同把风险损失的财务后果转移给非保险公司的其他人，称为财务型非保险转移。例如，出租汽车公司可以与承包的驾驶员签订合同，由驾驶员承担交通事故中的责任风险。这样的合同尽管转移了风险，一般也需要把一部分利益转移给风险受让者，比如驾驶员可能要求少缴承包费用，那么出租汽车公司的利润会有所减少。保险转移是通过保险合同把风险转移给保险公司。此种方法是风险管理方法中最常用、最有效的财务措施。

（三）保险与风险管理的关系

风险管理与保险关系密切，主要表现为以下几点：

1. 风险管理与保险所研究的对象一致

风险是风险管理与保险共同的研究对象，只是保险研究的是风险中的可保风险。

2. 风险是风险管理与保险产生和存在的前提

风险是客观存在的，是不以人的意志为转移的。风险的发生直接影响社会生产过程的继续进行和正常的家庭生活，因而产生了人们对损失进行补偿的需要，于是人们开始对风险加以管理。保险是一种被社会普遍接受的经济补偿方式和风险管理的有效方法。因此，风险是风险管理与保险产生和存在的前提，风险的存在是保险关系确立的基础。

3. 保险是一种传统和有效的风险管理方法之一

人们面临的各种风险损失，一部分可以通过控制的方法消除或减少，但风险不可能全部消除。各种风险造成的损失，单靠自身力量解决，就需要提留与自身财产价值等量的后备基金，这样既造成资金浪费，又难以解决巨额损失的补偿问题，因此转移就成为风险管理的重要手段。保险作为转移方法之一，长期以来被人们视为传统的处理风险手段。通过保险，把不能自行承担的集中风险转嫁给保险人，以小额的固定支出换取对巨额风险的经济保障，使保险成为处理风险的有效措施。

4. 保险经营效益受风险管理技术的制约

保险经营效益的大小，受多种因素的制约，风险管理技术作为非常重要的因素，对保险经营效益产生很大的影响。如对风险的识别是否全面，对风险损失的频率和造成损失的幅度估计是否准确；哪些风险可以接受承保，哪些风险不可以承保；保险的范围应该有多大，程度如何；保险成本与效益的比较等，都制约着保险的经济效益。

（四）可保风险

可保风险是指保险人愿意并能够承保的风险，是符合保险人承保条件的特定风险保险，可保风险应符合以下条件：

1. 风险必须是纯粹风险

纯粹风险是只有损失机会，没有获利可能的风险。纯粹风险引起的事故构成保险的基础。

2. 风险的发生是不能预料的

风险是未来事件发生的不确定性，是不能预料的。如果投保人可以预见风险的发生，就形成了逆选择（逆选择，是指投保人明知保险标的存在隐患、在未来必定会发生某种损失的情况下，而隐瞒保险人并向保险人投保该保险的一种风险转移方式），这对保险人是不利的。

3. 风险的发生是偶然的

这里的偶然是对个体而言的，即个体保险标的发生风险事故以及发生的原因、时间、地点、损失程度等都是不确定的，是偶然的。但从个体上来考察，风险的发生则具有必然性。

4. 大量风险是同质的

所谓同质风险，是指保险公司经营的所有风险或大部分风险的性质是相同的或接近的。

5. 风险必须是预定的

保险公司承保的风险责任范围应该在保险合同中列明，以明确划分保险人的责任和被保险人的责任。

三、保险基本术语

（一）保险人

指保险公司，在汽车保险中，就是有权经营汽车保险的保险公司。

（二）被保险人

一般是指受保险合同保障的汽车所有者，也就是行驶证上登记的车主。

（三）第三者

保险合同中，保险人是第一方，也叫第一者；被保险人或致害人是第二方；除保险人与被保险人之外的因保险车辆意外事故而遭受人身伤害或财产损失的受害人是第三人，即第三者。

（四）新车购置价

指保险合同签订的购置价与保险车辆同类型新车（含车辆购置附加税）的价格，它是投保时确定保险金额的基础。

（五）保险金额

指保险单上载明的保险标的实际投保的金额，也是保险公司承担赔偿义务的最高限额。

（六）保险费

简称保费，是投保人或被保险人根据保险合同的规定，为取得因约定事故发生所造成的经济损失赔偿的权利，而缴付给保险人的费用。

（七）保险费率

简称费率，是保险人计算保险费的依据。保险人向被保险人收取的每单位保险金额的保险费通常都用百分率或千分率来表示。

（八）保险责任

指保险公司承担赔偿或者给付保险金责任的项目。

（九）保险合同

指投保人和保险人双方约定保险权利和义务关系的协议。在汽车保险中，保险合同不是单一的，而是由“投保单”“保险单”“批单”等共同构成的。

（十）不定值保险合同

指双方当事人在订立保险合同时不预先确定保险标的的保险价值，而是按照保险事故发生时保险标的的实际价值确定保险价值的保险合同。

（十一）保险期间

这是保险合同中规定的一个时间期限，只有保险事故发生在这个期限内，保险人才承担保险责任。

（十二）主险

构成保险合同的主体，可以单独购买的保险品种就是主险。

（十三）附加险

必须随附在主险上的品种称为附加险。

（十四）投保单

这是投保人申请投保的一种书面凭证，投保单通常由保险公司提供，由投保人填写并签字或盖章后生效，保险公司根据投保人填写的投保单内容出具保险单。

（十五）保险单

简称保单，是保险公司与投保人订立的保险合同的书面证明部分。保险单由保险公司出具，上面载明保险公司与被保险人之间的权利和义务关系，是被保险人向保险公司索赔的凭证。

（十六）批单

保险合同的内容需要变更时，才需要批单。批单是为了变更保险合同的内容，保险公司出具给被保险人的补充性的书面证明。

（十七）实际价值

这是指同类型车辆市场新车购置价减去该车已使用期限折旧金额后的价格。

（十八）全部损失

指保险车辆整体损毁，或保险车辆的修复费用与施救费用之和达到或超过出险时的实际价值，保险公司可推定全损。

（十九）单方肇事事故

指不涉及与第三方有关的损害赔偿的事故，但不包括因自然灾害引起的事故。

（二十）车上人员

这是指发生意外事故的瞬间，在保险车辆车体内的人员，包括正在上下车的人员。

（二十一）事故责任免赔率

这是指在保险合同中，在保险责任范围内根据保险车辆驾驶人在事故中所负责任所确定的，保险公司不予赔偿的损失部分与全部损失的比率。

四、汽车保险

（一）汽车保险的特征

1. 保险标的的出险率较高

汽车是陆地的主要交通工具，由于其经常处于运动状态，总是载着人或货物不断地从一个地方开往另外一个地方，很容易发生意外碰撞事故，造成人身伤亡或财产损失。由于车辆数量的迅速增加，一些国家交通设施及管理水平跟不上车辆的发展速度，再加上驾驶人的疏忽、过失等人为原因，交通事故发生频繁，汽车出险率较高。

2. 业务量大，投保率高

由于汽车出险率较高，汽车的所有者需要以保险方式转嫁风险，各国政府在不断改善交通设施、严格制定交通规章的同时，为了保障受害人的利益，对第三者责任保险实施强制保险。保险人为适应投保人转嫁风险的不同需要，为被保险人提供了更全面的保障，在开展车辆损失险和第三者责任险的基础上，推出了一系列附加险，使汽车保险成为财产保险中业务量较大、投保率较高的一个险种。

3. 扩大保险利益

汽车保险中针对汽车的所有者与使用者不同的特点，汽车保险条款一般规定：不仅被保险人本人使用车辆时发生保险事故，保险人要承担赔偿责任，而且凡是被保险人允许的驾驶人使用车辆时，也视为其对保险标的具有保险利益，如果发生保险单上约定的事故，保险人同样要承担事故造成的损失，保险人都须说明汽车保险的规定以“从车”为主，凡经被保险人允许的驾驶人驾驶被保险人的汽车造成保险事故的损失，保险人都需对被保险人负赔偿责任。此规定是为了对被保险人提供更充分的保障，并非违背保险利益原则，但如果在保险合同有效期内，被保险人将保险车辆转卖、转让、赠送他人，被保险人应当书面通知保险人，并申请办理批改，否则保险事故发生时，保险人对被保险人不承担赔偿责任。

4. 被保险人自负责任与无赔款优待

为了促使被保险人注意维护、养护车辆，使其保持安全行驶技术状态，并督促驾驶人注意安全行车，以减少交通事故，保险合同上一般规定：驾驶人在交通事故中负责任，车辆损失险和第三者责任险在符合赔偿规定的金额内实行绝对免赔率；保险车辆在保险期限内无赔款，续保时可以按保险费的一定比例享受无赔款优待。以上两项规定，虽然分别是对被保险人的惩罚和优待，但要达到的目的是一致的。

（二）汽车保险的分类

1. 机动车交通事故责任强制保险

机动车交通事故责任强制保险，也称法定汽车责任保险，简称交强险。《机动车交通事故责任强制保险条例》规定：交强险是由保险公司对被保险机动车发生道路交通事故，造成受害人（不包括本车人员和被保险人）的人身伤亡、财产损失，在责任限额内予以赔偿的强制性责任保险。交强险是强制性险种，机动车必须购买才能够上路行驶、年检、上户，且在发生第三者损失需要理赔时，必须先赔付交强险，再赔付其他险种。

2. 商业保险

汽车商业保险险种分为主险和附加险两部分。主险是对汽车使用过程中大多数车辆使用者经常面临的风险给予的保障，附加险是对主险责任的补充，它承保的是主险一般不予承保的自然灾害或意外事故造成的损失。主险有车辆损失险、第三者责任险、车上人员责任险和全车盗抢险。附加险有玻璃单独破碎险、车身划痕损失险、自燃损失险、机动车停驶损失险、新增设备损失险、车上货物责任险、车载货物掉落责任险、不计免赔特约险等。

知识二　保险基本原则

一、保险利益原则

（一）保险利益的含义

保险利益也称可保利益，是投保人或被保险人对保险标的具有的法律上承认的利益。保险利益体现的是人与标的之间的损益关系，这种关系的最基本判断标准是保险标的的损失是否使投保人的利益受到损害。如果直接的表现为财产的减少或人身利益的受损，或者表现为精神方面的重大不利影响，就可认定为有保险利益；相反，则不存在保险利益问题。例如，一个行人对路边随意停放的汽车投保，由于他对该车不具有保险利益，所以签订的合同无效。如果这里行人对自己拥有的汽车投保，则保险合同有效。但当车辆转让他人后，由于他对该车辆失去了利益，所以合同就会随之失效。如果此时车辆再发生事故，保险公司便不会对其进行赔偿，保险法规要求，对此种情况需办理合同的变更手续，以维持合同的持续有效。

（二）符合保险利益的条件

投保人或被保险人对保险标的所拥有的利益并非都可称为保险利益，保险利益必须符合一定的条件。这些条件主要有以下几个：

1. 必须是合法的利益

保险利益必须符合法律规定，符合社会公共秩序，为法律认可并受到法律保护。如果投保人以非法律认可的利益投保，则保险合同无效。

2. 必须是经济上的利益

保险利益必须是可以用货币、金钱估算和估价的利益，保险不能补偿被保险人遭受的非经济上的损失，例如精神创伤、刑事处罚、政治上的打击等，虽与当事人有利害关系，但这种利害关系不是经济上的，不能构成保险利益，而人身保险的保险利益不纯粹以经济上的利益为限。

3. 必须是确定的利益

保险利益必须是已经确定的利益或者能够确定的利益，这包括两层含义。

1）该利益能够以货币形式估价

如果利益属于无价之宝而不能确定价格，则保险人难以承保。

2）该利益不是由当事人主观上估价的，而是事实的或客观存在的利益

所谓事实上的利益，包括现有利益和期待利益。运费保险、利润损失均直接以预期利益作为保险标的。

财产保险的保险利益在保险合同订立时可以不存在，但在保险事故发生时则必须存在，因为只有保险事故发生时存在保险利益，投保人或被保险人才有实际损失发生，保险人才可以据此确定补偿的程度。

在机动车辆保险的经营过程中，涉及保险利益原则方面，存在一个比较突出的问题，即被保险人与持有行驶证的车辆所有者不吻合的问题。在车辆买卖过程中，由于没有对投保单项下的被保险人进行及时的变更，导致其与持有行驶证的车辆所有者不吻合，一旦车辆发生

损失，原有车辆所有者由于转让车辆不具备对车辆的可保利益，而导致其名下的保单失效，而车辆现有所有者由于不是保险合同的被保险人，当然也不能向保险人索赔，这种情况在出租车转让过程中更明显。

二、最大诚信原则

在民事活动中，各方面当事人都应当遵循诚实守信原则。所谓诚实守信，是指任何一方当事人对他方不得隐瞒，都需善意地、全面地履行自己的义务，不得滥用权力，规避法律或合同规定的义务。在保险活动中对保险合同当事人的诚信要求，比一般民事活动更为严格，即要求当事人具有最大诚信。最大诚信原则的基本含义是：保险合同双方当事人在签订和履行保险合同时，必须以最大的诚意，履行自己应尽的义务，互不欺骗和隐瞒，恪守合同的承诺和义务，否则保险合同无效。规定最大诚信原则的原因主要是保险信息的不对称性和保险合同的特殊性。

一方面，在保险经营中，无论是保险合同订立时还是保险合同订立后，保险人与投保人对有关保险的重要信息的拥有程度是不对称的。对于保险人而言，投保人转嫁的风险性质和大小直接决定着其能否承保与如何承保。然而，保险标的是广泛而且复杂的，作为风险承担者的保险人却远离保险标的，而且有些标的难以进行实地勘查。因此，保险人只能根据投保人的告知与陈述来决定是否承保、如何承保以及确定费率。这就使得投保人的告知与陈述是否属实和准确会直接影响保险人的决定。于是要求投保人基于最大诚信原则履行告知义务，尽量对保险标的的有关信息进行披露；对于投保人而言，由于保险合同条款的专业性和复杂性，一般的投保人难以理解与掌握，对保险人适用的保险费率是否合理，承保条件及赔偿方式是否苛刻等也是难以了解的，因此，投保人主要根据保险人为其提供的条款说明来决定是否投保以及投保何种险种，于是也要求保险人基于最大诚信，履行其应尽的此项义务。

另一方面，保险合同属于典型的附合合同，所以为避免保险人利用保险合同条款中含糊或容易使人产生误解的文字来逃避自己的责任，保险人应履行其对保险条款的告知与说明义务。另外，保险合同又是一种典型的射幸合同。由于保险人所承担的保险标的的风险事故是不确定的，而投保人购买保险仅支付较少量的保费，保险标的一旦发生保险事故，被保险人所能获得的赔偿或给付将是保险支出的数十倍，甚至数百倍或更多。因而就单个保险合同而言，保险人承担的保险责任远远高于其所收的保费，倘若投保人不诚实、不守信，必将引发大量保险事故，陡然增加保险赔款，使保险人不堪重负而无法持续经营，最终将严重损害广大投保人或被保险人的利益。因此，这就要求投保人基于最大诚信原则履行其告知与保证义务。

保险最大诚信原则的内容包括告知、保证、弃权与禁止反言。

（一）告知

1. 告知的概念

告知包括狭义告知和广义告知两种。狭义告知仅指投保人在与保险人签订保险合同成立时，就保险标的的有关事项，向保险人进行口头或书面陈述；而广义告知是指保险合同订立时，投保人必须就保险标的的危险状态等有关事项向保险人进行口头或书面陈述，以及合同订立后，将标的的危险变更、增加或事故的发生及时通知保险人。事实上，在保险实务中所称的告知，一般指狭义告知。关于保险合同订立和保险标的的危险变更、增加，或保险事故发生时的告知，一般称为通知。在此陈述的告知仅指狭义告知。

2. 告知的内容

在保险合同订立时，投保人应将那些足以影响保险人决定是否承保和确定费率的重要事实如实告知保险人。投保人必须告知的重要事实主要有：保险标的物的危险或损失可能超出正常情况的现象；与保险标的有联系的道德风险；涉及投保人或被保险人的一些事实。例如将财产保险中保险标的的价值、品质、风险状况等如实告知保险人；将人身保险中被保险人的年龄、性别、健康状况、既往病史、家族遗传史、职业、居住环境、嗜好等如实告知保险人。要求保险人告知的内容主要有两方面：

（1）在保险合同订立时要主动向投保人说明保险合同条款内容，对于责任免除条款还要进行明确说明。

（2）保险合同约定的条件满足后或保险事故发生后，保险人应按合同约定如实履行给付或赔偿义务。

3. 告知的形式

国际上对于告知的立法形式有两种，即无限告知和询问回答告知。

1）无限告知

无限告知指法律上或保险人对告知的内容没有明确规定，投保人必须主动地将保险标的的风险状况、危险程度及有关重要事实如实告知保险人。

2）询问回答告知

询问回答告知，又称主观告知，指投保人只对保险人询问的问题如实告知，对询问以外的问题投保方无须告知。早期保险经营活动中的告知形式主要是无限告知。随着保险经营技术水平的提高，目前世界上许多国家，包括我国在内的保险立法都采用询问回答告知的形式。一般操作方法是保险人将需要投保方告知的内容列在投保单上，要求投保方如实填写。

（二）保证

1. 保证的概念

所谓保证，是指保险人要求投保人或被保险人做或不做某事，或者是对某种事态存在或不存在作出承诺。同时保险人签发保险单或承担保险责任时要求投保人或被保险人履行某种义务的条件，其目的在于控制风险，确保保险标的及其周围环境处于良好的状态中。例如配备 ABS（制动防抱死系统）的汽车发生保险事故的概率有所降低，从而享受较优惠的费率，因此被保险人应该保证在保险期内 ABS 处于良好的工作状态，否则就是违反了保证。被保险人不得在驾驶车辆内携带易爆物品，如果携带易爆物品，就违反了不作为保证。

2. 保证的形式

根据保证存在的形式，通常可分为默示保证和明示保证两种。

1）默示保证

默示保证的内容虽不载明于保险合同之上，但它一般是国际惯例和通行的准则，是习惯上或社会公认的被保险人应在保险实践中遵守的规则。

2）明示保证

明示保证指以文字或书面的形式载明于保险合同中的条款。明示保证又可分为确认保证和承诺保证。

（1）确认保证是要求投保人或被保险人对过去或投保当时的事实做出如实的陈述，而不是对该事实以后的发展情况做出保证。

（2）承诺保证指投保人对将来某一事项的作为或不作为的保证，即对该事项今后的发展做出保证。

3. 弃权与禁止反言

弃权是指保险人放弃他在合同中可以主张的某种权利。一方当事人一旦放弃了原可主张的权利，以后不得再向另一方主张这种权利，这就是禁止反言。

在保险实务中，弃权和禁止反言一般针对保险人的权利而言，是对保险人的限制。两者的法律意义虽然不同，但是产生的效果完全一样。当投保人有明显的违约行为，保险人有权解除保险合同，或者行使其他权利，当放弃这些权利时，适用弃权和禁止反言。

三、近因原则

（一）近因原则的含义

近因原则是判断保险事故与保险标的的损失之间的因果关系，从而确定保险赔偿责任的一项基本原则。所谓近因，并非指时间上最接近损失的原因，而是指促成损失结果的最有效的或起决定作用的原因。近因原则的基本含义是：如果引起保险事故发生，造成保险标的损失的近因属于保险责任，保险人承担损失赔偿责任；如果近因属于责任免除，保险人不负赔偿责任，即只有当承保危险是损失发生的近因时，保险人才负责赔偿。

（二）适用近因原则的情况

我国《保险法》对近因原则没有明文规定，但在实践中处理保险理赔案遵循的也是这一原则，在保险实务中如何确定损失近因，要根据具体情况作具体分析。

1. 单一原因致损

造成损失的原因只有一个，这个原因就是近因，如果该近因属于承保危险，保险人承担赔偿责任；如果该近因属于未保危险或除外责任，则保险人不承担赔偿责任。

2. 多种原因同时致损

多种原因同时致损，原则上它们都是损失的近因。如果多种原因都属于承保危险，保险人必须承担赔偿责任；如果都属于除外责任，保险人不承担赔偿责任。多种原因中既有承保危险，又有除外责任，如果它们所导致的损失能够分清，保险人对承保危险造成的损失承担赔偿责任；如果它们所导致的损失无法分清，则视情况而定。

3. 多种原因连续发生致损

多种原因连续导致损失，并且前因和后因之间存在未中断的因果关系，则最先发生并造成一连串事故的原因为近因，如果该近因属于承保危险，保险人承担赔偿责任，反之，保险人不承担赔偿责任。

4. 多种原因间断发生致损

当发生并导致损失的原因有多个，且在一连串发生的原因中有间断情形，即有新的独立的原因介入，使原有的因果关系断裂，并导致损失，则新介入的独立原因为近因。如果该近因属承保危险，保险人承担赔偿责任；反之，保险人不承担赔偿责任。

四、损失补偿原则

（一）损失补偿原则的含义

损失补偿原则是指保险事故发生使被保险人遭受损失时，保险人必须在保险责任范围内对被保险人所受的损失进行补偿，它包括两层含义：

（1）被保险人只有受到约定的保险事故所造成的损失才能得到补偿。在保险期限内，即使发生保险事故，但如果被保险人没有遭受损失，就无权要求保险人赔偿。

（2）补偿的量必须等于损失的量，即保险人的补偿恰好能使保险标的恢复到保险事故发生前的状况，被保险人不能获得多于或少于损失的补偿。

（二）损失补偿原则有两个派生原则，分别是分摊原则和代位原则

1. 分摊原则

分摊原则是损失补偿原则的一个派生原则。只在重复保险的情况下，当保险事故发生时，除合同另有约定外，各保险人按照适当的方法分摊赔偿责任，使被保险人既能得到充分补偿，又不会超过其实际的损失而获得额外的利益。方法有比例责任制分摊法、责任限额制分摊法和顺序责任制分摊法。比例责任制分摊法是以每个保险人所承保的保险金额比例来分摊损失赔偿责任。责任限额制分摊法是指每个保险人对损失的分摊，并不是以其保险金额作为分摊基础，而是按照他们在无他保的情况下单独应负的责任限额比例分摊。顺序责任制分摊法指各保险人所负责任依签订保单顺序而定，由其中先签订保单的保险人首先负责赔偿，当赔偿不足时再由其他保险人依次承担不足的部分。

2. 代位原则

保险代位原则包括代位追偿和物上代位两部分。

1）代位追偿

代位追偿又称为权利代位，是指在财产保险中，由于第三者的过错，致使保险标的发生保险责任范围内的损失，保险人按照保险合同的约定，给付保险金后，有权将自己置于被保险人的地位，获得被保险人有关该项损失的一切权利和补偿。

代位追偿成立的条件：

（1）保险标的的损失必须是由第三者造成的，依法应由第三者承担赔偿责任。

（2）保险标的的损失是保险责任范围内的损失，根据保险合同的约定，保险公司理应承担赔偿责任。比如汽车保险中的车辆损失险，保险车辆因碰撞发生保险事故造成损失，根据保险合同的约定，保险公司应负责赔偿，如果不属于保险责任范围内的损失，则不适用代位追偿。

（3）代位追偿权的产生必须在保险人给付保险金之后，保险人才能取代被保险人的地位与第三者产生债务债权关系。

保险人通过代位追偿得到的第三者的赔偿额度，只能以保险人支付给被保险人的实际赔偿的保险金额为限，超出部分的权利属于被保险人，保险人无权处理。如果被保险人向有责任的第三者请求并得到全部赔偿，保险人不再履行任何赔偿义务，无代位追偿可言。如果被保险人向有责任的第三者请求并得到部分赔偿，他仍然有权向保险人提出索赔要求，保险人的赔偿责任是保险标的的实际损失与被保险人已获得的第三者赔偿的差额。对于差额部分，

保险人具有代位追偿权。

2）物上代位

物上代位是指保险标的遭受风险损失后，一旦保险人履行了对被保险人的赔偿义务，即可拥有对保险标的的所有权。保险的目的是保障被保险人的利益不因保险风险的存在而丧失。因此，被保险人在获得对保险标的所具有的保险利益的补偿后，就达到了保险的目的，保险标的应归保险人所有。若保险金额低于保险价值，保险人应该按照保险金额与保险价值的比例，取得受损保险标的的部分权利。

六、课外拓展

【汽车保险合同】

汽车保险合同是保险合同的一种，《保险法》中关于保险合同的一般规定，包括合同订立、变更、解除以及保险合同双方当事人的权利和义务关系的基本内容，对汽车保险合同的订立、变更等行为同样是适用的。然而，汽车保险业务活动毕竟与其他具体险种存在差别，掌握这些差别，对于正确理解汽车保险具有十分重要的意义。

1. 汽车保险合同的特征

合同是当事人之间确定民事权利和义务关系的意思表示一致的法律行为，是调整民事活动范围内财产关系和人事关系的工具。保险合同是指投保人支付保险费给保险人，保险人在保险标的发生保险事故或约定的期限到达时，给予被保险人经济补偿或给付保险金的协议。因此，保险合同是经济合同的一种，是关于保险人与被保险人接受与转移风险契约行为的结果，所以又称为保险契约。汽车保险合同的客体不同于一般经济合同，它既具有经济合同的一般特点，又有自身的独特之处。

1）汽车保险合同是有名合同

法律尚未确定名称和规范的合同是无名合同，有名合同是法律直接赋予某种合同以名称并规定了调整规范的合同。保险合同是有名合同，汽车保险也不例外。例如根据我国机动车保险条例，我国的汽车保险被赋予“机动车保险”的名称，它是保险合同中的一种重要合同。

2）汽车保险合同是射幸合同

射幸合同是一种机会性合同，它是指履行内容在订立合同时并不能确定的合同。对于射幸合同，一方当事人付出的代价所买到的只是一个机会，付出代价的当事人最终可能一本万利，也可能毫无所得。汽车保险合同的射幸性表现为投保人以支付保险费为代价，买到一个将来的可能得到补偿的机会。如果在保险期内发生保险责任事故并造成损失，被保险人在保险人处得到的赔偿就可能远远超过投保人所支付的保险费；如果在保险期间内没有保险事故发生，被保险人支付保险费而没有任何收入。对于保险人来说，情况正好相反，当发生较大的保险事故时，其所赔付的保险金可能远大于所收的保险费；如果没有保险事故发生，他只有收取保险费的权利，还没有赔付的义务。汽车保险合同的射幸性特征即机会性特征，是由汽车保险责任事故发生的偶然性决定的。这种射幸性仅限于单个汽车保险合同，对于保险人全部承担的汽车保险合同而言，保险人所收到的保险费的总额原则上应当等于所付的赔偿债务和运营支出的总和。所以对于保险人的整个汽车保险业务而言，是不存在机会性和偶然性的。

3）汽车保险合同是保障合同

经济合同一般分为交换性合同和保障性合同两类。交换性合同是指合同一方给予对方的补偿都假定有相等的或相近的价值，如买卖合同、租赁合同等。汽车保险合同是保障性合同，在合同的有效期内，保险标的一旦发生保险事故而造成损失时，被保险人所得到的赔偿金额远远超过其所付的保险费；而当无损失发生时，被保险人支付保险费而没有任何收入。从保险汽车的个体上来看，发生保险事故具有偶然性，因此保险合同的保障性是相对的。而从保险人所承担的所有保险汽车而言，汽车保险事故发生和支付被保险人的赔款又是不可避免的，因此保险合同的保障性又是绝对的。汽车保险合同的保障性是保险人和被保险人签订保险合同的基本特征。

4）汽车保险合同是诚信合同

汽车保险遵守最大诚信原则，这就决定了汽车保险合同具有诚信性。最大诚信原则是约束当事人双方的，但实际上更多地约束被保险人。因为保险标的处于被保险人使用和监管之下，保险人无法控制风险事故。如果被保险人申报不实且有明显的欺骗行为，保险人可以依据保险合同的诚信性解除合同。

5）汽车保险合同是双务合同

双务合同是当事人双方相互享有权利、相互负有义务的合同。与双务合同相对应的是单务合同，单务合同是指合同当事人一方只享有权利而不负担义务，而另一方当事人只负有义务，而不享有权利的合同，如赠与的合同。对汽车保险合同而言，缴纳保费是汽车保险合同生效的先决条件。投保人在承担支付保险费的义务以后，保险合同生效，被保险人在被保险汽车发生保险事故时，依据保险合同享有请求保险人支付赔偿金或补偿损失的权利；保险人在收取投保人的保险费后，就必须履行保险合同所规定的赔偿损失的义务。因此保险人和投保人或被保险人的权利与义务互为因果，汽车保险合同是双务合同。

6）汽车保险合同是有偿合同

订立保险合同是双方当事人有偿的法律行为，因此保险合同是有偿合同。保险合同的一方当事人享有合同的权利，必须为对方付出一定的代价，这种相互的补偿关系称为对价。汽车保险合同以投保人支付保险费来对价换取保险人承担风险。投保人的对价是支付保险费，保险人的对价是承担保险事故风险，并在保险事故发生后承担给付保险金或赔偿损失的义务，这种对价是相互的和有偿的。

7）汽车保险合同是非要式合同

要式合同是指法律要求必须具备一定形式和手续的合同，非要式合同是指法律不要求必须具备一定形式和手续的合同，两者的区别在于是否以一定的形式作为合同成立和生效的条件。对于要式合同，当形式要件属成立要件时，如果当事人未根据法律的规定采用一定的形式，合同就不能成立；当形式要件属生效要件时，如果当事人不依法采取一定形式，则已成立的合同不能生效。非要式合同可由双方当事人自由决定合同形式，无论采取何种形式，都不影响合同的成立和生效。

在保险活动中，各国保险法和惯例均要求将汽车保险合同制成保险单证，采用证据要件的书面形式，这是由它的射幸性和保障性决定的。此外，汽车保险合同的单证还有特殊的用途，如在很多国家和地区，汽车没有保险就不能上路或无法年检，当发生保险事故时，有保险单证可以确保受害人得到及时救治；有保险单证还可以预防保险诈骗。因此作为非要式合同，虽然汽车保险合同不以书面形式作为成立的条件，但采用证据要件的书面形式有利于保障交易的稳定和安全。

8）汽车保险合同是格式合同

格式合同不是双方当事人充分商议而订立的，是由一方提出合同的主要内容，而另一方只能取与舍，即要么接受对方提出的条件签订合同，要么拒绝。汽车保险合同是格式合同，合同的主要内容一般没有商量余地，这是由汽车保险的特点和发展汽车保险业务的实际需要决定的。随着现代交通的发展，汽车已经成为人们必不可少的交通工具之一，保险人每年签订的汽车保险合同不计其数，因此保险手续必须力求迅速。

目前网络保险也已成为国内外新的汽车投保方式之一，其特点是保险业务在网上进行自动处理而不需要人工处理，这种保险形式使投保人无法与保险人就条款进行协商，即使保险人愿意与投保人协商，由于汽车保险合同内容的技术性较强，投保人也很难把握其内容，因此，随着汽车保险业务的发展和规模的扩大，汽车保险合同逐步出现了定型化和标准化的趋势。一般汽车保险合同的基本条款和保险费率等主要内容，由各国金融监管部门制定，或由保险人事先拟定后经金融监管部门备案，投保人无法提出自己所要求的条款或修改保险合同中的某一条款。汽车保险合同是格式合同的特点，决定了投保人和保险人之间签订的汽车保险合同很难体现双方当事人意思表示一致的结果。因此，各国的法律实践中，当双方当事人对汽车保险合同出现争议与分歧的时候，为保护投保人的利益，法院和仲裁机关通常会作出有利于被保险人的解释。

2. 汽车保险合同的形式

1）投保单

汽车保险投保单又称为要保单，或者称为投保申请书，是投保人申请保险的一种书面形式。通常投保单由保险人事先设计并印制，上面列明了保险合同的具体内容，投保人只需在投保单上按列明的项目逐项填写即可。投保人填写好投保单后，保险人审核同意签章承保，这意味着保险人接受了投保人的书面要约，说明汽车保险合同已告成立。汽车投保单主要包括：被保险人、投保人的名称；保险车辆的名称；投保的险别；保险金额和保险期限等内容。投保单的上述内容经保险人签章后，保险合同即告成立，保险人按照约定的时间开始承担保险责任。

2）暂保单

暂保单是保险人出具正式保单之前签发的临时保险合同，用以证明保险人同意承保。暂保单的内容较为简单，仅包括保险标的、保险责任、保险金额以及保险关系中当事人的权利义务等。

订立暂保单不是签订保险合同的必经程序。一般来说，使用暂保单有以下几种情况：

（1）保险代理人在争取到业务但尚未向保险人办妥保险单之前，对被保险人开具的临时证明。

（2）保险公司的分支机构在接受投保人的邀约后，需要获得上级保险公司或保险总公司的批准。

（3）保险人和投保人在洽谈或续订保险合同时，订约双方已就主要条款达成一致，但一些条件尚未谈妥。

（4）出口贸易结汇是保险单必备的文件之一，在保险单或保险凭证未出具之前，可出立暂保单，以证明出口货物已办理保险，作为办理结汇凭证之一。

暂保单具有与正式保单同等的法律效力。同正式保单相比，暂保单的内容相对简单、保险期限短，可由保险人或兼业保险代理机构签发；而正式保单尽管法律效力与暂保单相同，但其内容较为复杂，保险期限通常为一年，保险单只能由保险人签发。我国现行的汽车保险中提车暂保单承保车辆损失险和第三者责任险。

3）保险单

保险单简称保单，是保险人和投保人之间订立保险合同的正式书面凭证。它根据汽车投保人申请，在保险合同成立之后，由保险人向投保人签发。保险单上列明了保险合同的所有内容，它是保险双方当事人确定权利、义务和在发生保险事故遭受经济损失后，被保险人向保险人索赔的重要依据。

4）保险凭证

保险凭证也称保险卡，是保险人发给投保人以证明保险合同已经订立或保险单已经签发的一种凭证。由于机动车辆保险的标的具有流动性大、出险概率较高的特点，一旦出险，需要出示保险合同。然而，被保险人与其允许的驾驶人员往往不止一人，尤其是单位投保人同时投保多辆车辆，不便也不可能随身携带保险单，因此保险人在签发保险单时还向被保险人签发机动车辆保险凭证，便于被保险人或其允许的驾驶人员随身携带，证明保险合同的存在。保险凭证的法律效力与保险单相同，保险凭证上未列明的事项以保险单为准。

5）批单

在保险合同有效期间，可能发生需要部分变更的情况，这时要求对保险单进行批改。保险单的批改应该根据不同的情况采用统一和标准措辞的批单。批单的内容通常包括：批改申请人、批改的要求、批改前的内容、批改后的内容、是否增加保险费、增加保险费的计算方式、增加的保险费，并明确除本批改外原合同的其他内容不变。

批单应该加贴在原保险单正本和副本背面上，并加盖骑缝章，使其成为保险合同的一部分。在多次批改的情况下，最近一次批改的效力优于之前的批改，手写批改的效力优于打字的批改。

6）书面协议

保险人经与投保人协商同意，可将双方约定的承保内容及彼此的权利、义务关系以书面形式明确下来。这种书面协议也是保险合同的一种形式。同正式保单相比，书面协议的内容不事先拟就，而是根据保险关系双方当事人协商一致的结果来签订，具有较大的灵活性和针对性，是一种不固定格式的保险单，它与保险单具有同等法律效力。

3. 汽车保险合同的订立与生效

1）汽车保险合同的订立

汽车保险合同的订立，是指保险人和投保人的意见一致时，双方订立保险合同的行为。汽车保险合同是当事人就汽车保险事件达成的协议，在协议中分别载明了自己的义务和权利。保险合同在订立时，首先要求投保人必须有投保意愿，并向保险人提出保险要求，然后保险人表示承担投保人提出的保险要求。所以汽车保险合同采取要约与承诺两个步骤。要约又称为订约提议，是一方当事人向另一方当事人提出订立合同建议的法律行为，是签订保险合同的一个重要程序。要约中需要提出合同的主要条款。承诺又称为接受订约提议，是承诺人向要约人表示同意与其缔结合同的意思表示。承诺人对于要约人提出的主要条款赞同后，合同即告成立，当事人双方开始承担履行合同的义务。如果承诺人对于要约不是完全赞同，而是有修改、部分同意或有条件接受的，就不能认为是承诺，而是拒绝原要约，提出新要约。在初次订立保险合同的过程中，要约通常由投保人提出，而由保险人承诺给予保险。按照我国现行的法律规定，保险的期限通常为一年。在保险期满续保时，保险人向被保险人发出续保通知书和保险合同的主要内容，这可以看作保险人向被保险人发出要约，如果被保险人愿意继续在同一保险人处投保并缴纳保险费，就视作被保险人承诺，新的保险合同成立。

在保险实务中，保险人为了开展保险业务印制了各种保险投保单。投保人认可投保单上的保险费率和保险条款，将填好的投保单交付给保险人，这就构成了要约。保险人逐项审核后，认为符合投保条件而接受了要约，同意承保，就构成了承诺，标志着保险合同成立。因为汽车保险合同为格式合同，所以此过程也是双方当事人对保险条款的认可过程，无须进行其他协商。只要投保人通过签字、盖章，认可了保险合同条款的内容，依法办理了投保手续，保险合同就成立。为了保护投保人的利益，我国《保险法》规定："保险人在订立保险合同时应当向投保人明确说明责任免除条款的内容，否则该条款不产生效力。"但在汽车保险合同订立时，由于保险单上已经明确列明了责任免除事项，保险人一般无须口头说明。

任何汽车保险合同的订立都要经过要约与承诺的过程，只不过有时这种要约与承诺不是一个循环完成的。例如对于价值昂贵的豪华汽车的投保，保险人和投保人往往在保险标的、保险价格和保险费方面要经过几轮的协商，双方的要约、承诺的地位，可能几经互异才能完成整个合同的订立。

由于汽车保险合同是一种非要式合同，只要保险人和投保人就保险条款达成一致，合同就生效，保险人就应该按照约定承诺保险责任，而不以保险人是否签发了保险单或其他保险凭证作为合同生效的前提，从而防止由于各种原因导致的保险单延迟签发给被保险人带来诸多不公正现象。由于保险时间较长，双方的权利和义务复杂，为了避免产生争议，汽车保险合同一般采用书面文件形式，这些书面文件可以统称为凭证，汽车保险合同的凭证除了保险单外，还包括正式订立合同之前的辅助性文件，如投保单、暂保单等。

2）保险合同的生效

（1）生效的要件。

①双方主体合格。主体合格是指订立保险合同的双方当事人即保险人和投保人都必须具有订立保险合同的资格。

②保险合同内容具有合法性。保险合同的合法性，是指保险合同的内容不得与我国现行的保险法及其他法律、法规相抵触，不得违背社会的公序良俗，损害他人的利益。

③合同当事人的意思表示一致。当事人的意思表示一致在民法上称为"合意"，即合同的订立凭双方当事人的自愿及协商一致。

（2）生效的时间。

汽车保险合同生效的时间是保险人开始履行保险责任的时间。我国《保险法》规定：

"保险合同成立后，投保人按照约定交付保险费，保险人按照约定的时间开始承担保险责任。"在汽车保险的实务中，保险合同成立的时间与其生效的时间有同一时间和非同一时间两种可能。

投保人提出投保申请，保险人经过核保签章，投保人缴纳保险费，保险期限的约定与缴纳保险费的时间是统一的，对于这样依法成立的汽车保险合同，合同生效与成立的时间相同，属于第一种情况。此时，履行保险合同不易发生因合同效力引起的纠纷。

汽车保险合同的成立与生效为非同一时间的情形，多发生在附生效条件或附生效期间的汽车保险合同的履行过程中。此类保险合同一般约定投保人应按时如数缴纳保险费，以此作为生效的条件或者约定一个合同的生效期限，保险人开始承担保险责任。虽然投保人办理了有关的保险手续，但如果没有按照约定的时间全额缴纳保险费，汽车保险合同也没有法律效力，即使发生了保险责任事故，保险人也不负赔偿责任。在保险实践中常遇到这样的情况：投保人在违反约定条件而发生保险责任事故后，试图通过补缴保险费的方式获得保险赔偿或从保险赔偿中扣除保险费，这种违反保险经营原则的行为没有法律依据。因为保险承保的是不确定性的风险，汽车事故一旦发生，就是确定性的风险，不属于可保风险的范畴，保险通过收取保险费建立保险基金实施补偿，没缴纳保险费而取得补偿，无疑会损害其他被保险人的利益；再者，投保人不履行所附的生效条件，保险合同就不能生效，更谈不上履行合同。同样，对于约定合同生效期限的保险合同，只有在生效期限届满时，合同才开始生效，此时，合同履行与否取决于约定的生效期限是否届满，与保险合同成立的时间无关。

任务项目二

汽车保险条款介绍和汽车保险投保

一、任务描述

【任务一】 30岁的张先生，驾龄4年，经济状况中等，自用一辆使用一年的捷达车，新车购置价10万元，有安全气囊，该车一般停在露天停车位，经常驾车出游。请问张先生在用车过程中会面临什么风险？作为汽车保险工作人员，应该给张先生推荐什么样的投保方案？并对各个车险险种进行全面介绍。

【任务二】 某公司承保的大型货车在行驶途中右前轮脱落，将路边等公交车的女青年李某砸死。事后，当地车管所对事故车辆进行鉴定，结论为：标的车辆制动力和驻车制动力达不到标准，灯光装置不合规定。

思考题：

1. 车辆车轮脱落致人死亡，能否构成机动车第三者责任保险的保险责任？

2. 鉴定结论中的车辆部分技术状况不符合标准是否可认定被保险人违反《保险法》规定的投保人和被保险人义务？保险公司可以以此拒绝赔偿吗？

3. 判决此案按照人身损害赔偿标准进行赔付。保险人若赔偿此案，应赔偿受害人哪些费用？依据法规是什么？

【任务三】 一位姓周女士刚买了一辆新车，同时买了比较齐全的保险，只是车辆还没有上牌。因为小区没有停车场，她把车停在自家楼下，当天晚上她的车被偷走了。

思考题：

1. 她去保险公司索赔能否成功？为什么？

2. 针对上述情况，为保障车辆的安全，周女士有哪些应对方法？

【任务四】 张先生购买了一辆国产轿车，并在某保险公司购买了交强险和车辆损失险。由于这辆车的四个车轮都是国产的普通车轮，张先生觉得不够漂亮且对其质量和安全没有信心，于是张先生就到汽车美容店给轿车更换了四个进口品牌车轮，价格是原来车轮的5倍，同时增加了许多其他装置。一番改装后，轿车显得与众不同，张先生甚是喜爱。但不久，该轿车发生了交通事故，轿车损坏严重，同时四个车轮坏了两个。

思考题：

1. 对本次事故损失，保险公司会赔偿吗？对两个撞坏的车轮，保险公司会赔偿吗？

2. 购置汽车后的加装装置如何才能获得保险保障？

二、能力要求

- 了解各保险公司机动车保险条例的差异；
- 熟悉保险条例的解释和使用原则；
- 能够正确解读机动车保险条例；
- 掌握我国机动车交通事故责任强制保险（以下简称交强险）的含义；
- 熟悉机动车交通事故责任强制保险的保险条款；
- 熟悉机动车交通事故责任强制保险的垫付和追偿；
- 能够正确指导客户投保交强险，并解决或回答顾客提出的疑难问题；
- 掌握机动车商业保险的内容，了解各保险公司机动车保险条例的差异；
- 能够正确解读机动车保险条例；
- 能够准确分析和判断适用条例；
- 能根据不同车型和车的种类设计合理的投保方案，确保保险人、被保险人的利益最大化；
- 根据投保人的实际情况以及风险评估的结果，向投保人介绍相关险种及其所能提供的增值服务，为投保人制定最佳投保方案；
- 熟悉购买汽车保险时的一般投保流程。

三、场所、设备要求

多媒体教室。

汽车仿真实训室；配备汽车投保仿真实训软件。

四、操作考核

（一）基本技能考核

1. 能够正确解读各种机动车保险产品条款及案例分析。

2. 2014 年陆某被孙某驾车撞伤，但未构成伤残。肇事车辆已投保交强险，陆某诉至法院，要求保险公司赔偿医疗费、误工费、护理费、交通费等损失共计 3 万元，保险公司辩称，根据《机动车交通事故责任强制保险条款》的规定，护理费、误工费、交通费等属于交强险中的死亡伤残赔偿事项。本起交通事故陆某只伤未残，只同意赔偿陆某医疗费用 1 万元，不同意赔偿误工费、护理费和交通费，那么应该如何分析这个案例呢？

3. 李先生的爱车该保养了，李先生开着爱车来到了某修理厂。修理厂的小张师傅非常热情，帮助李先生办好相关的进厂修理手续。李先生说："那我将车开进去。"小张忙说："不用了，我帮您开进厂去，您到客户休息室喝杯水，看会儿电视，一会儿车保养好，我再给您开回来。"李先生听了非常满意，就将车钥匙交给小张，踏踏实实地到休息室休息去了。没过多久，小张推门进休息室，怯生生地对李先生说："实在对不起，我倒车时一不小心将您的车撞在铁柱子上了，真对不起。”李先生夺门而出，看到凹瘪的后杠，心里那滋味就别提了，有心向小张发怒，但是看到他稚气、委屈、怯生生的表情，李先生心软了。李先生认为自己上了保险，自己的车撞坏了，应该属于车险条款中的“碰撞”责任，赶紧报险，向保险公司索赔，保险公司会赔偿吗？为什么？

4. 家住上海的王先生来电咨询，说前两天晚上他停在楼下的车被撬了，小偷可能是偷车没有成功，但把车门撬开了，现在车子没法正常使用，王先生当时发现后就马上报告了保险公司和“110”，但是理赔人员到场后却告诉他，车门和车锁的损失，保险公司不能赔偿，需自行承担，王先生不解，自己花大价钱买了保险，其中明明包括盗抢险，这次车子是被盗贼撬的，可为什么得不到赔偿呢？

北京孙先生中午外出吃饭，将爱车停放在一个小巷子里，人走的时候车锁好了，但是却把录像机、电脑都落在车里了。等到孙先生酒足饭饱，小睡之后，才惊恐地发现自己的车窗被砸开，车里的录像机、电脑早已不翼而飞。懊丧之余，孙先生想起自己年年投保车险，车子被盗抢，保险公司难道不应该赔偿吗？于是孙先生打电话向保险公司报案，但是保险公司却告诉孙先生，按照保险条款，保险公司无法为孙先生提供赔偿，这是为什么呢？

5. 宣武区（今为西城区）的尹先生把一辆五菱客车过户时，车辆价值只填写了1万元，但他投保的盗抢险则是2万余元。后车辆丢失，保险公司只愿意按1万元赔偿，究竟该按实际价值赔还是按保险金额赔呢？

某天上午，宣武区法院审理了这起“超额保险”案。尹先生介绍说，2008年11月14日，他和某保险公司签订了车辆保险合同，其中设有盗抢险，保险责任为21 502.15元，保险期限自2008年11月15日至2009年11月14日。投保的车辆为五菱客车，后该车于2009年6月29日变更车牌号，并于7月份丢失，保险公司会如何赔偿？

6. 李先生去年6月买了一辆二手捷达轿车，不久后，这辆车的保险到期了。于是，他找了一位买车时遇到的朋友，因为这位朋友曾经向他提到过，如果上车险可以找他，他可以以比较低的价格买到保险。李先生去年8月交给这位朋友2 000多元保费，算是给车上了保险。今年1月李先生开车时发生轻微碰撞，车体一侧被撞得有些凹陷，等李先生找到保险公司要求理赔时，却被告知他持有的保单是假的，保险公司会给予赔偿吗？如何购买车险才能有保障？

7. 某企业一辆货车因年久且设备老化，经批准予以报废。但该企业并未按规定将该车作为报废车处理，而是以数千元的价格卖给王某。王某将该车重新加以拼装整修，并通过关系经当地车管部门年审合格后，以1.5万元的价格卖给了运输个体户赵某。赵某明知该车有问题，但抵不住价格的诱惑，将车买下，并向某保险公司投保了车辆基本险，保险金额为6万元。几个月后，该车翻在路沟，损毁较重，保险公司派人勘查后决定以8 000元将其修复，但赵某不同意，而是要求保险公司全额赔偿。请问保险公司是否应进行赔偿？

（二）理论考核

［单选题］

1. 下列汽车保险保障方案中，基本保障方案是（　　）。

A. 机动车交通事故责任强制保险 + 车辆损失险

B. 机动车交通事故责任强制保险 + 车辆损失险 + 第三者责任险

C. 机动车交通事故责任强制保险 + 车辆损失险 + 第三者责任险 + 不计免赔特约险 + 全车盗抢险

D. 机动车交通事故责任强制保险 + 车辆损失险 + 第三者责任险 + 不计免赔特约险 + 全车盗抢险 + 玻璃单独破碎险

2. 可以选择的车险投保方式有（　　）。

A. 电话投保　　B. 网上投保

C. 到营业厅投保　　D. 通过代理人、经纪人投保

3. 保险合同争议的解决方式有（　　）。

A. 协商　　B. 调解　　C. 仲裁　　D. 诉讼

4. 属于汽车损失险保险责任范围的是（　　）。

A. 仅发生轮胎、轮辋、轮毂罩的分别单独损坏

B. 轮胎、轮辋、轮毂当中任意二者共同损坏

C. 轮胎、轮辋、轮毂罩三者的共同损坏

D. 以上答案均不正确。

5. 下列关于车上人员责任保险说法正确的是（　　）。

A. 前排座位每座保 10 万　　B. 后排座位每座保 5 万

C. 驾驶员单独保 1 万　　D. 驾驶员及乘客座位每座保 11 万

6. 客户 A 投保了三者险，一次客户 A 在驾驶被保险机动车的过程中发生了意外事故，撞到了第三方的机动车，导致对方受损，以下（　　）是客户 A 的三者险负责赔偿的内容。

A. 对方车子受损修复费用

B. 客户 A 的车子损失需要修复费用

C. 第三方受到惊吓产生的精神损害赔偿

D. 对方车子被撞之后冲向路边的护栏导致护栏的损失

7. 下列哪一项不属于车上人员的保险责任？（　　）

A. 发生车祸造成车上人员受伤

B. 车祸造成车上人员财产损失

C. 被保险人在车上发生车祸受伤

D. 驾驶人负全责造成车上人员受伤

8. 下列哪些情形导致的被保险车辆损失保险公司不负责赔偿。（　　）

A. 雷击　　B. 滑坡

C. 地震导致的泥石流　　D. 外界物体坠落

9. 客户有一辆 7 个座的非营运私家车，上一个年度发生了一次有责不涉及死亡的道路交通事故，今年交强险保费为（　　）元。

A. 950　　B. 1 100　　C. 1 045　　D. 1 210

10. 精神损害抚慰金在交强险哪项限额内负责赔偿？（　　）

A. 死亡伤残　　B. 医疗费用　　C. 财产损失　　D. 误工费用

11. 在机动车辆保险中，办理了（　　）的机动车辆发生所投保的车辆损失险、第三者责任险等保险事故造成损失，对其在符合赔偿规定的金额内按责任承担的免赔金额，保险

人负责赔偿。

A. 车上责任险　　B. 无过失责任险

C. 车辆停驶损失险　　D. 不计免赔率特约条款

12. 不属于交强险死亡伤残赔偿限额项下负责赔偿的是（　）。

A. 丧葬费　　B. 医药费

C. 误工费　　D. 精神损害抚慰金

13. 客户在保险公司投保了车损险，下列哪项损失可以获得保险公司理赔？（　）

A. 发动机进水导致发动机的损失

B. 被保险机动车在修理厂修理期间导致车大灯损坏

C. 第三方肇事逃逸导致被保险机动车保险杠损坏

D. 被保险机动车所载货物坠落导致天窗玻璃碎裂

14. 某公司下属的甲、乙两个分公司分别向 A、B 保险公司投保了机动车辆保险基本险。在保险期间内，一次甲公司的保险车辆在进本公司大门时撞到了前来办事的乙公司的汽车，并且撞坏了本公司的大门，造成损失。那么，A 保险公司应该赔偿（　）。

A. 甲公司的保险车辆、某公司的大门和乙公司车辆的损失

B. 甲公司的保险车辆、乙公司车辆的损失

C. 甲公司的保险车辆、某公司的大门的损失

D. 某公司的大门和乙公司车辆的损失

15. 某客户投保了玻璃单独破碎险，下列哪项损失可以在玻璃单独破碎险赔付？（　）

A. 车子在高速路上行驶，被飞起的石子击碎了前挡风玻璃

B. 车子停放在小区被高空坠物砸碎了天窗玻璃

C. 车子在修理厂修理过程中导致后挡风玻璃破碎

D. 被保险人故意打碎车窗玻璃

16. 下列对于自燃损失险描述准确的是（　）。

A. 部分损失的，在保险金额以内按被保险机动车的实际价值计算赔偿

B. 全部损失的，在保险金额以内按出险时被保险机动车实际损失计算赔偿

C. 施救费用在保险金额内按实际支出计算赔偿

D. 对附加险每次赔偿均实行 15% 的绝对免赔率

17. 某客户投保了交强险，一次在驾驶被保险机动车的过程中发生意外事故，双方均有不同程度的人身伤亡，以下哪个选项是保险人在赔偿限额内负责赔偿的。（　）

A. 本车驾驶员的人身伤亡　　B. 本车驾驶员的财产损失

C. 本车后座乘客的人身伤亡　　D. 对方车上乘客的人身伤亡

18. 三者险中，违反安全装载规定的加扣免赔率为（　）。

A. 10%　　B. 15%　　C. 20%　　D. 100%

19. 三者险中，被保险机动车负有全责、主责、同责、次责分别对应的免赔率为（　）。

A. 20%、10%、8%、5%　　B. 15%、10%、8%、5%

C. 20%、15%、10%、5%　　D. 20%、10%、8%、5%

20. 下列关于三者险的表述错误的是（　）。

A. 三者险和交强险一样按照责任限额进行赔偿

B. 被保险机动车违反安全装载规定，增加 10% 免赔率

C. 被保险人的故意行为导致第三方财产损失，保险公司不负责赔偿

D. 被保险机动车导致的间接损失，保险公司不负责赔偿

21. 划痕险和自燃险的免赔额分别为（　　）。

A. 15%、20%　　B. 20%、15%　　C. 15%、15%　　D. 20%、20%

22. 非营业用汽车因违反安全装载规定导致保险事故发生的，保险人（　　）。

A. 不承担车损险赔偿责任　　B. 车损险增加免赔率 5%

C. 不承担三者险赔偿责任　　D. 三者险增加免赔率 10%

23. 以下哪个说法是正确的？（　　）

A. 被保险机动车为非允许驾驶员驾驶造成车上人员受伤，车上人员险不负责赔偿

B. 被保险机动车在行驶过程中车上人员由于惊吓产生的精神损害赔偿属于车上人员险的赔偿责任

C. 被保险机动车车上人员的手机损坏，车上人员险负责赔偿

D. 由于被保险机动车紧急刹车造成的车上人员头部受伤，车上人员险不负责赔偿

24. 2 吨以下非营业货车交强险基础保费是（　　）元。

A. 1 100　　B. 1 000　　C. 950　　D. 1 200

25. 以下哪些车辆可以通过电销渠道进行投保？（　　）

A. 家庭自用 7 座商务车　　B. 非营业 3 吨低速货车

C. 非法载客的 5 座私家车　　D. 家庭自用 10 座客车

26. 家庭自用汽车损失保险条款投保时约定行驶区域，保险事故发生在约定行驶区域以外的，增加免赔率（　　）。

A. 15%　　B. 20%　　C. 10%　　D. 30%

27. 发生盗抢险保险事故的，被保险人应在（　　）内向当地公安刑侦部门报案，并通知保险人。

A. 48 小时　　B. 24 小时　　C. 72 小时　　D. 10 小时

28. 在交强险的各项赔偿限额内，死亡赔付在无责情况下最高赔偿限额是（　　）元。

A. 11 万　　B. 1.1 万　　C. 1 万　　D. 2 000

29. 在未保不计免赔的情况下，车身划痕险的绝对免赔率为（　　）。

A. 5%　　B. 10%　　C. 15%　　D. 20%

30. 下列选项中三者险负责赔偿的是（　　）。

A. 被保险人及其家庭成员的人身伤亡、所有或代管的财产的损失

B. 发生意外事故时对方车辆上人员的人身伤亡或者财产直接损毁

C. 被保险机动车驾驶人及其家庭成员的人身伤亡、所有或代管的财产的损失

D. 被保险机动车本车上其他人员的人身伤亡或财产损失

31. 投保车辆损失保险的车辆在行驶中发生碰撞事故，造成车辆损失 5 000 元。交通部门裁定本车负主要责任，承担经济损失 70%，则本车损失可得到保险公司的赔偿（　　）元。

A. 5 000　　B. 3 500　　C. 3150　　D. 2 840

32. 发生车损险保险事故后，被保险人负全责，其应承担的事故责任免赔率是（　　）。

A. 20%　　B. 15%　　C. 10%　　D. 5%

33. 以下可以在第三者责任险中赔付的是（　　）。

A. 车上人员　　B. 正在下车的乘客

C. 已下车的乘客　　D. 家庭车辆被保险人的家庭成员

34. 按《交强险费率浮动暂行办法》，不可能出现的浮动比例是（　　）。

A. 0%　　B. 10%　　C. 20%　　D. 30%

35. 客户想要给五个座的私家车投保车上人员责任险，可以按照下列哪个投保方案进行投保？（　　）

A. 司机座位投保 1 万，副驾驶座投保 2 万

B. 后排乘客每个座投保 5 万

C. 司机座位投保 1 万，四个乘客每座投保 2 万

D. 司机和副驾驶座位分别投保 3 万，后排座位每座投保 2 万

36. 车上货物责任险是下列哪项主险的附加险？（　　）

A. 车损险　　B. 三者险　　C. 盗抢险　　D. 座位险

37. 车身划痕损失险条款每次赔偿实行（　　）的免赔率。

A. 20%　　B. 10%　　C. 15%　　D. 30%

38. 附加条款与基本条款有冲突的，效力是（　　）。

A. 前者大于后者　　B. 前者小于后者

C. 相等　　D. 视具体情况而定

39. 第三者责任险事故赔偿金额达到保额时，保险合同应（　　）。

A. 失效　　B. 继续有效

C. 增加保费后有效　　D. 部分有效

40. 购买不计免赔率特别条款，保险事故发生后，保险人负责赔偿的是（　　）。

A. 车损险中应当由第三方负责赔偿而无法找到第三方的

B. 被保人根据有关法律规定选择自行协商方式处理交通事故，但不能证明事故原因的

C. 全车遭盗抢 20% 的免赔率

D. 违反安全装载规定的

41. 对被保险人依照法院判决或者调解承担的精神损害抚慰金，原则上在其他赔偿项目足额赔偿后，在（　　）限额内赔偿。

A. 医疗费赔偿限额　　B. 死亡伤残赔偿限额

C. 财产损失赔偿限额　　D. 精神损害赔偿限额

42. 车上人员责任保险中，被保险机动车负有全责、主责、同责、次责分别对应的免赔率为（　　）

A. 20%、10%、8%、5%　　B. 15%、10%、8%、5%

C. 20%、15%、10%、5%　　D. 20%、10%、8%、5%

43. 机动车盗抢险规定，发生全车损失的，免赔率为（　　）。

A. 30%　　B. 20%　　C. 15%　　D. 10%

44. 被保险机动车上一年度发生一次有责任不涉及死亡的道路交通事故，该车今年交强险浮动比率为（　　）。

A. 增加10%　　B. 减少10%　　C. 增加30%　　D. 0

[多选题]

1. 三者险的保险责任包括（　　）。
   A. 第三者的人身伤亡　　B. 第三者的财产直接损毁
   C. 被保险人的财产损失　　D. 被保险人的人身伤亡
2. 下列哪些属于自燃损失险免除的条款？（　　）
   A. 被保险人在使用车辆过程中，因人工直接供油、高温烘烤等违反车辆安全操作规则造成的损失
   B. 因自燃仅造成电路、线路、供油系统的损失烧毁
   C. 运载货物自燃引起的全车损失
   D. 被保险人的故意行为或违法行为造成保险车辆的损失
3. 在投保了（　　）之中任何一个险种的基础上，可以投保不计免赔率特约条款。
   A. 车辆损失险　　B. 第三者责任险
   C. 车上人员责任险　　D. 玻璃单独破碎险
4. 每次事故均实行20%的绝对免赔率的险种有（　　）。
   A. 车上人员责任险　　B. 盗抢险
   C. 自燃险　　D. 新增设备损失险
5. 下列哪些原因致使被保险车辆车上人员受伤，保险人不负责赔偿？（　　）
   A. 驾驶员紧急刹车导致车上人员头部受伤
   B. 乘客发生口角互相斗殴导致车上人员受伤
   C. 紧急刹车导致乘客被抛出车外被车碾压受伤
   D. 违法、违章搭乘人员时伤亡
6. 在第三者责任险中，下列说法正确的是（　　）。
   A. 第三者责任险事故一次性赔偿结案后，对被保险人提出的由于受害者第三者的任何赔偿费用的增加，本公司不再负责
   B. 第三者责任险事故一次性赔偿结案后，对被保险人提出的由于受害者第三者的赔偿费用的增加，本公司在责任限额内负责
   C. 第三者责任保险的被保险人获得赔偿后，该保险项下的保险责任继续有效，直至保险期间届满
   D. 第三者责任保险的被保险人获得赔偿后，该保险项下的保险责任继续有效，但责任限额相应减少
7. 客户投保了交强险，在什么情况下客户可以解除交强险合同？（　　）
   A. 投保时车辆信息核对错误
   B. 客户去了国外，被保险机动车办理了停驶
   C. 被保险机动车被依法注销登记
   D. 被保险机动车经公安机关证实丢失
8. 下列哪些原因导致被保险车辆受损保险公司不负责赔偿？（　　）
   A. 第三方肇事逃逸

B. 选择自行协商处理但是无法证明事故原因

C. 驾驶人饮酒期间驾驶被保险机动车导致车子刮伤

D. 被保险机动车线路老化导致车子燃烧

9. 车损险的保险金额投保方式有哪几种？（　　）

A. 新车购置价　　B. 实际价值

C. 折旧金额　　D. 新车购置价内协商

10. 下列哪些是三者险的责任限额？（　　）

A. 5 万　　B. 15 万　　C. 30 万　　D. 80 万

11. 对于交强险而言，上一个年度未发生有责任的道路交通事故，浮动比率为（　　）；上一年度发生两次及两次以上有责任的道路交通事故，浮动比率为（　　）。

A. －10%　　B. 0　　C. 10%　　D. 20%

12. 交强险费率实行与被保险机动车（　　）相联系的浮动机制。

A. 车型　　B. 道路交通安全违法行为记录

C. 去年赔付率　　D. 交通事故记录

13. 下列哪些险种不负责赔偿精神损害赔偿？（　　）

A. 交强险　　B. 三者险

C. 车上人员责任保险　　D. 机动车盗抢险

14. 盗抢险的保险责任包括（　　）。

A. 公安刑侦部门立案，满 60 天未查明下落的

B. 被保险机动车丢失后找回，车身受到损坏所需的修理费用

C. 被保险机动车没有丢失，只有四个车轮丢失

D. 被保险机动车四个车轮和前后挡风玻璃均有损坏

15. 客户给自己的私家车投保了三者险，下列哪些选项受损不属于第三者责任范畴？（　　）

A. 被保险人两辆车互撞受损

B. 车上人员宠物狗被撞伤

C. 客户开车不小心撞到了朋友的车，导致朋友的车子受损

D. 该车撞到大地公司的电线杆引发停电，导致该公司营业额受损

16. 下列哪些情况，三者险不负责赔偿？（　　）

A. 驾驶证有效期已满

B. 驾驶的被保险机动车与驾驶证载明的准驾车型不符

C. 驾驶证未按规定审验，以及驾驶证被暂扣、扣留、吊销、注销

D. 驾驶证忘在家里

17. 在下列哪些条件下，投保人可以要求解除交强险合同？（　　）

A. 被保险机动车依法注销登记

B. 被保险机动车办理停驶

C. 被保险机动车经公安机关证实丢失

D. 被保险机动车转让他人

18. 下列哪些情况，造成对第三者的损害赔偿责任，保险人均不负责赔偿？（　　）

A. 驾驶人饮酒使用被保险机动车

B. 无证驾驶或驾驶证有效期届满

C. 驾驶的被保险机动车与行驶证上载明的准驾车型不符

D. 被保险机动车在盗抢期间肇事

19. 短期投保交强险的条件（　　）。

A. 境外机动车临时入境

B. 机动车临时上路行驶

C. 机动车距规定报废期限不足一年

D. 保监会规定的其他情形

E. 机动车即将过户

20. 下列哪些情况，商业险均不负责赔偿？（　　）

A. 地震及其次生灾害

B. 在养护场所修理或养护期间

C. 驾驶人饮酒后使用被保险机动车

D. 非被保险人允许的驾驶人使用被保险机动车

［**判断题**］

1. 引起自燃事故的电器、线路、供油系统自身的损失，自燃损失险不负责赔偿。（　　）

2. 机动车损失保险属于不定值保险合同，也是财产保险合同。（　　）

3. 非整车腾空，仅由于颠簸造成保险车辆损失的，不属坠落责任。（　　）

4. 自燃损失险每次赔偿实行 20% 的免赔率。（　　）

5. 机动车第三者责任保险合同中的机动车包括摩托车、拖拉机和特种车。（　　）

6. 被保险人家庭成员伤亡的损失不属于第三者责任保险赔付的范围，也不属于强制责任保险赔付的范围。（　　）

7. 对于因自然灾害引起的不涉及第三者损害赔偿的单纯车损险案件，在免赔率的确定上，只要被保险人尽到了妥善保管或及时施救义务，就可不扣免赔。（　　）

8. 涉及财产损失及人员伤亡、损失金额较小的案件，可以按“互碰自赔”进行处理。（　　）

9. 被保险机动车在汽车修理厂发生自燃，自燃损失险不负责赔偿。（　　）

10. 机动车商业三者险不承担精神损害赔偿责任。（　　）

11. 对于交强险垫付的抢救费用，保险人有权向致害人追偿。（　　）

12. 车辆停放时前后风挡玻璃同时被砸，应按车损险三者肇事逃逸处理。（　　）

13. 根据保险条款，玻璃单独破碎是指未发生被保险机动车其他部位的损坏，仅发生被保险机动车前后风挡玻璃和左右车窗玻璃的损坏。（　　）

14. 凡涉及机动车第三者责任保险合同的约定，应如实告知被保险人，可采用口头或书面形式。（　　）

15. 投保三者险或车上人员责任保险中的任何一个，都可以投保交通事故精神损害赔偿责任险。（　　）

16. 新车购置价包含车辆购置税。（　　）

17. 无论是交强险还是第三者责任险，对于精神损害赔偿费用都承担赔偿责任。 ( )

18. 保险车辆全车被盗窃期间受到损坏或者车上零部件附属设备丢失，需要修复的合理费用，应按实际修复费用计算赔偿。 ( )

19. 全车盗抢险发生全车损失的，免赔率为 30%。 ( )

20. 被保险机动车拖带未投保交强险的机动车，或被未投保交强险的机动车拖带，发生意外事故，机动车商业三者险不负责赔偿。 ( )

21. 汽车投保是指投保人到保险公司或保险代理公司购买汽车保险，办理保险手续，与保险人正式签订汽车保险合同的过程。 ( )

22. 业务员上门服务是由保险公司的业务员对保险内容条款进行解释和提供咨询服务，协助投保人进行正确合理的投保险种选择，指导投保人正确填写保单的服务。并且可以提供代送保险单、发票等各项服务。 ( )

23. 交强险是由保险公司对被保险机动车发生道路交通事故造成受害人（包括本车人员和被保险人）的人身伤亡、财产损失，予以赔偿的强制性责任保险。 ( )

24. 保险期限是指投保人提出申请的次日零时至终保日 24 时止。交强险和商业险的保险期限原则上为 2 年。 ( )

25. 售车信用保险作为汽车保险中的一种特别约定保险，其投保人为汽车分期付款售车信用保险的投保人，被保险人为分期付款的售车人，担保人是按照被保险人的要求，接受分期付款购车人的请求，为分期付款购车人所欠债务承担连带责任者。 ( )

[简答题]

1. 什么是投保？汽车投保应该具备哪些条件？
2. 选择汽车投保应遵循哪些原则？
3. 评价保险公司的标准是什么？
4. 分别指出最大保障保险方案、基本保障保险方案、经济保障保险方案、最佳保障保险方案、完全保障保险方案的险种组合、使用对象和优缺点。
5. 什么是投保单？通常投保单需要填写哪些项目？
6. 填写投保单需要注意哪些问题？

五、理论知识

知识一 汽车保险条款

为规范机动车辆保险行业，促进其有序竞争和良性发展，我国于 2006 年 7 月 1 日开始实施由保险行业协会统一制定的 A、B、C 三套条款。A、B、C 三套条款只是对车辆损失保险和第三者责任保险两个主要险种的条款进行了统一，其他险种的条款由各保险公司自己制定，报保险监督管理部门备案即可。作为行业标准产品，A、B、C 三款的保障范围、费率结构、费率水平和费率调节系数基本一致，其他地方略有差异，最大的不同在于条款体例。A 款是分客户群、分车种、分险种的个性化产品体例；B 款是综合条款体例；C 款为分险种的条款体例。A、B、C 三款无论是条款还是费率，差异主要在于表现形式的不同，实质性内容基本一致。我国现行的机动车辆商业保险险种，是由基本统一的主险险种和主要的附加险险种，结合个性化的各家保险公司自主制定的其他附加险险种组成的。车险险种的内容一般包括总则、保险责任、责任免除、保险金额、保险期间、保险人义务、投保人义务、赔偿处理等。

一、机动车交通事故责任强制保险

（一）总则

（1）根据《中华人民共和国道路交通安全法》《中华人民共和国保险法》《机动车交通事故责任强制保险条例》等法律、法规制定机动车交通事故责任强制保险条款。

（2）机动车交通事故责任强制保险合同由本条款与投保单、保险单、批单和特别约定共同组成，凡与交强险合同有关的约定都应当采用书面形式。

（3）交强险费率实行与被保险机动车道路交通安全违法行为、交通事故记录相联系的浮动机制。

（4）签订交强险合同时，投保人应当一次性支付全部保险费，保险费按照中国保险监督委员会批准的交强险费率计算。

（二）保险责任

（1）在中华人民共和国境内（不含港、澳、台地区），被保险人在使用被保险机动车的过程中发生交通事故，致使受害人遭受人身伤亡或财产损失，依法应当由被保险人承担的损害赔偿责任，保险人按照交强险合同的约定，对每次事故在下列赔偿限额内负责赔偿：

死亡伤残赔偿限额为 11 万元；

医疗费用赔偿限额为 1 万元；

财产损失赔偿限额，2 000 元；

被保险人无责任时，无责任死亡伤残赔偿限额为 11 000 元，无责任医疗费用赔偿限额为 1 000 元，无责任财产损失赔偿限额为 100 元。

（2）保险责任解释：

①交强险合同中的被保险人是指投保人及其允许的合法驾驶人，投保人是指与保险人订立交强险合同并按照合同负有支付保险费义务的机动车的所有人、管理人。

②交强险合同中的受害人是指因被保险机动车发生交通事故遭受人身伤亡或者财产损失的人，但不包括被保险机动车本车车上人员、被保险人。

③交强险合同中的责任限额是指被保险机动车发生交通事故，保险人对每次保险事故所有受害人的人身伤亡和财产损失所承担的最高赔偿金额，责任限额分为死亡伤残赔偿限额、医疗费用赔偿限额、财产损失赔偿限额以及被保险人在道路交通事故中无责任的赔偿限额。其中无责任的赔偿限额分为无责任死亡伤残赔偿限额、无责任医疗费用赔偿限额以及无责任财产损失赔偿限额。

④交强险合同中的抢救费用是指被保险机动车发生交通事故导致受害人受伤时，医疗机构对生命体征不平稳和虽然生命体征平稳但如果不采取处理措施会产生生命危险，或者导致残疾、器官功能障碍，或者导致病程明显延长的受害人，参照国务院卫生主管部门组织制定

的交通事故人员创伤临床诊疗指南和国家基本医疗保险标准，采取必要的处理措施所产生的医疗费用。

⑤死亡伤残赔偿限额和无责任死亡伤残赔偿限额项下负责赔偿丧葬费、死亡补偿费、受害人亲属办理丧葬事宜支出的交通费用、残疾赔偿金、残疾辅助器具费、护理费、康复费、交通费、被抚养人生活费、住宿费、误工费、被保险人依照法院判决或者调解承担的精神损害抚慰金。

⑥医疗费用赔偿限额和无责任医疗费用赔偿限额项下负责赔偿医药费、诊疗费、住院费、住院伙食补助费、必要的合理的后续治疗费、整容费、营养费。

（三）垫付和追偿

被保险机动车在本条（1）～（4）之一的情形下发生交通事故，造成受害人受伤需要抢救的，保险人在接到公安机关交通管理部门的书面通知和医疗机构出具的抢救费用清单后，按照国务院卫生主管部门组织制定的交通事故人员创伤临床诊疗指南和国家基本医疗保险标准进行核实。对于符合规定的抢救费用，保险人在医疗费用赔偿限额内垫付；被保险人在交通事故当中无责任的，保险人在无责任医疗费用赔偿限额内垫付；对其他损失和费用保险人不负责垫付和赔偿。

（1）驾驶人未取得驾驶资格的。

（2）驾驶人醉酒的。

（3）被保险机动车被盗抢期间肇事。

（4）被保险人故意制造交通事故的。

对于垫付的抢救费用，保险人有权向致害人追偿。

（四）责任免除

下列损失和费用，交强险不负责赔偿和垫付（绝对不赔）：

（1）因受害人故意造成的交通事故的损失。

（2）被保险人所有的财产及被保险机动车上的财产遭受的损失。

（3）被保险机动车发生交通事故，致使受害人停业、停驶、停电、停水、停气、停产、通信或者网络中断、数据丢失、电压变化等造成的损失以及受害人财产因市场价格变动造成的贬值、修理后因价值降低造成的损失等其他间接损失。

（4）因交通事故产生的仲裁或者诉讼费用以及其他相关费用。

（五）保险期间

除国家法律、行政法规另有规定外，交强险合同的保险期间为一年，以保险单载明的起止时间为准。

（六）投保人、被保险人义务

（1）投保人投保时应当如实填写投保单，向保险人如实告知重要事项，并提供被保险机动车的行驶证和驾驶证复印件。重要事项包括机动车的种类、厂牌型号、识别代码、品牌号码、使用性质和机动车所有人或者管理人的姓名、性别、年龄、住所、身份证或者驾驶证号码、续保前该机动车发生事故的情况以及保监会规定的其他事项。投保人未如实告知重要事项，对保险费计算有影响的，保险人按照保单年度重新核定保险费计收。

（2）签订交强险合同时，投保人不得在保险条款和保险费率之外，向保险人提出附加其他条件的要求。

（3）投保人续保应当提供被保险机动车上一年度交强险的保险单。

（4）在保险合同有效期内，被保险机动车因改装、加装、使用性质改变等导致危险程度增加的，被保险人应当及时通知保险人并办理批改手续，否则保险人按照保险单年度重新核定保险费计收。

（5）被保险机动车发生交通事故，被保险人应当及时采取合理必要的施救和保护措施，并在事故发生后及时通知保险人。

（6）发生保险事故后，被保险人应积极协助保险人进行现场查勘和事故调查。

（七）合同变更和终止

（1）在交强险合同有效期内，被保险机动车所有权发生转移的，投保人应当及时通知保险人，并办理交强险合同变更手续。

（2）在下列 3 种情况下，投保人可以要求解除交强险合同：

①被保险机动车被依法注销登记的。

②被保险机动车办理停驶的。

③被保险机动车经公安机关证实丢失的。

（3）交强险合同解除后，投保人应当及时将保险单、保险标志交还保险人，无法交回保险标志的应当向保险人说明情况，征得保险人同意。

（4）发生《机动车交通事故责任强制保险条例》所列明的投保人、保险人解除交强险合同的情况时，保险人按照日费率收取自保险责任开始之日至合同解除之日期间的保险费。

（八）互碰自赔

互碰自赔是指在满足互碰自赔的条件下，由各保险公司在本方机动车交强险有责任财产损失赔偿限额内对本车损失进行赔付。同时满足以下条件，适用互碰自赔：

（1）两车或多车互碰，各方均投保了交强险；

（2）仅涉及车辆损失（包括车上财产和车上货物）、不涉及人员伤亡和车外财产损失，各方车损金额均在交强险有责任财产损失赔偿限额（2 000 元）以内。

（3）由交通警察认定或当事人根据出险地关于交通事故快速处理的有关规定自行协商确定双方均有责任。

（4）当时人同意采用“互碰自赔”方式处理。

二、车辆损失保险

汽车损失保险是指以汽车为保险标的，当因发生保险责任范围内的自然灾害或者意外事故造成保险汽车本身损失时，保险公司按照合同约定负责赔偿或支付保险金的一种保险。

车辆损失保险（简称车损险）的合同为不定值保险合同。不定值保险合同是指双方当事人在订立保险合同时不预先确定保险标的的保险价值，而是按照保险事故发生时保险标的的实际价值确定保险价值的保险合同。

（一）保险责任

保险责任采用列明式，由以下列明的原因造成的保险车辆的损失，保险人负责赔偿：

1. 意外事故导致的被保险车辆损失由保险人负责赔偿

（1）一般内容包括：

①碰撞、倾覆、坠落；

②火灾、爆炸；

③外界物体坠落、倒塌。

（2）具体解释如下：

①碰撞指被保险机动车与外界物体直接接触并发生意外撞击产生撞击痕迹的现象，包括被保险机动车按规定载运货物时所载货物与外界物体的意外撞击。

②倾覆指意外事故导致被保险机动车翻倒（两轮以上离地、车体触地），处于失去正常状态和行驶能力、不经施救不能恢复行驶的状态。

③坠落指被保险机动车在行驶中发生意外事故整车腾空后下落造成本车损失的情况。非整车腾空，仅由于颠簸造成被保险机动车损失的不属于坠落责任。

④火灾指被保险机动车本身以外的火源引起的、在时间或空间上失去控制的燃烧（即有热、有光、有火焰的剧烈的氧化反应）所造成的灾害。

⑤爆炸指车辆以外的物体在瞬间分解或燃烧时放出大量的热和气体并以很大压力向四周扩散，形成破坏力进而导致车辆损失的灾害。

⑥外界物体坠落指车辆以外的物体掉落到车上导致车辆损失的灾害。

2. 自然灾害导致的车辆损失由保险人负责赔偿

（1）一般内容包括：

①暴风、龙卷风；

②雷击、雹灾、暴雨、洪水、海啸；

③地陷、冰陷、崖崩、雪崩、泥石流、滑坡；

④载运被保险机动车的渡船遭受自然灾害。

（2）具体解释如下：

①暴风指风速在28.5m/s以上的大风，风速以气象部门公布的数据为准。

②龙卷风是指范围小而时间短的猛烈旋风，平均风速在79～103m/s。

③雷击指由于雷电直接击中被保险车辆或通过其他物体引起车辆损失。

④雹灾是指由于冰雹降落造成车辆受损。

⑤暴雨是指每小时降雨量达16mm以上或连续12小时降雨量达30mm以上或连续24小时降雨量达50mm以上的大雨。

⑥洪水是指因江河泛滥、山洪暴发、潮水上岸及倒灌，致使车辆遭受浸泡、淹没损失。

⑦海啸是指由于地震或风暴而造成海面巨大涨落现象，以致海水上岸泡损、淹没、冲失车辆。

⑧地陷指地壳因为自然变异、地层收缩而发生突然塌陷以及海潮、河流、大雨侵蚀时，地下有孔穴、矿穴，以致地面突然坍塌。

⑨冰陷是指在公安交通管理部门允许车辆行驶的冰面上，车辆通行时，冰面突然下陷，造成车辆损失。

⑩崖崩是指石崖、土崖因自然风化、雨蚀而崩裂下塌或山上岩石滚落或雨水使山上沙土湿透而崩塌。

⑪雪崩是指由于大量积雪突然崩落，致使车辆遭受损失。

⑫泥石流是指山地突然暴发，使含大量泥沙、石块儿的洪流造成车辆受损。

⑬滑坡是指斜坡上不稳的岩体或土体在重力作用下突然整体向下滑动，造成车辆损失。

⑭载运被保险机动车的渡船遭受自然灾害是指车辆在行驶途中因需跨过江河、湖泊、海峡才能恢复到道路行驶而过渡，驾驶员把车辆开上渡船，并随船同行把车照料到对岸，这期间因遭受自然灾害致使车辆本身发生损失。

3. 事故的施救责任

发生保险事故时，被保险人为防止或者减少被保险机动车的损失所支付的必要的、合理的施救费用，由保险人承担，最高不超过保险金额的数额。

（二）责任免除

车辆损失保险的责任免除一般分为两大类：

1. 由于不可保风险造成的被保险机动车损失，保险人均不负责赔偿

（1）地震及其次生灾害。

（2）战争、军事冲突、恐怖活动、暴乱、扣押、收缴、没收、政府征用；

（3）竞赛、测试、在营业性维修、养护场所修理、养护期间；

（4）利用被保险机动车从事违法活动；

（5）驾驶人饮酒、吸食或注射毒品，被药物麻醉后使用被保险机动车；

（6）事故发生后，被保险人或其允许的驾驶人在未依法采取措施的情况下，驾驶被保险机动车或者遗弃被保险机动车逃离事故现场或故意破坏、伪造现场毁灭证据；

（7）驾驶人不合法的，被认定有下列情形之一者：

①无驾驶证或驾驶证有效期已届满；

②驾驶的被保险机动车与驾驶证载明的准驾车型不符；

③持未按规定审验的驾驶证，以及在暂扣、吊销、注销驾驶证期间驾驶被保险机动车；

④实习期内驾驶公共汽车、营运客车、易燃易爆化学物品、剧毒或者放射性等危险物品的被保险机动车；

⑤使用各种专用机动车、特种车的人员，无国家有关部门核发的有效操作证；

⑥依照法律、法规或公安机关交通管理部门有关规定不允许驾驶被保险机动车的其他情况下驾车。

⑦非被保险人允许的驾驶人使用被保险机动车；

⑧除另有约定外，发生保险事故时被保险机动车无公安机关交通管理部门核发的行驶证或号牌，或未按规定检验或检验不合格。

2. 属于不可赔偿范围的损失和费用，保险人不负责赔偿

（1）自然磨损、锈蚀、腐蚀、故障；

（2）玻璃单独破碎，车轮单独损坏；

（3）无明显碰撞痕迹的车身划痕；

（4）人工直接供油、高温烘烤造成的损失；

（5）自燃以及不明原因火灾造成的损失；

（6）遭受保险责任范围内的损失后，未经必要修理，继续使用被保险机动车致使损失

扩大的部分；

（7）因污染（含放射性污染）造成的损失；

（8）市场价格变动造成的贬值、修理后价值降低引起的损失；

（9）标准配置以外新增设备的损失；

（10）发动机进水后导致的发动机损坏；

（11）被保险机动车所载货物坠落、倒塌、撞击、泄漏造成的损失；

（12）被盗窃、抢劫、抢夺以及因被盗窃、抢劫、抢夺受到损坏或车上零部件附属设备丢失；

（13）被保险人或驾驶人的故意行为造成的损失；

（14）应当由机动车交通事故责任强制保险赔偿的金额。

（三）保险金额

保险金额由投保人和保险人从下列 3 种方式中选择确定，保险人根据确定保险金额的不同方式，承担相应的赔偿责任：

1. 按投保时被保险机动车的新车购置价确定

新车购置价是指在保险合同签订地购置与被保险机动车同类型新车的价格（含车辆购置税）。投保时的新车购置价根据投保时保险合同签订地同类型新车的市场销售价格确定，并在保险单中载明。无同类型新车市场销售价格的，由投保人与保险人协商确定。

2. 按投保时被保险机动车的实际价值确定

保险合同中的实际价值是指新车购置价减去折旧金额后的价格。折旧率如表 2.1 所示。

表 2.1　折旧率

车辆种类	月折旧率/%				
	家庭自用	非营业	营业		特种车
			出租	其他	
9 座以下客车	0.60	0.60	1.10	0.90	/
10 座以上客车	0.90	0.90	1.10	0.90	/
微型载货汽车	/	0.90	1.10	1.10	/
带拖挂的载货汽车	/	0.90	1.40	1.10	/
低速货车和三轮汽车	/	1.10	1.40	1.40	/
矿山专用车	/	/	/	/	1.10
其他车辆	/	0.90	0.90	0.90	0.90

投保时被保险机动车的实际价值，根据投保时的新车购置价减去折旧金额后的价值确定。

折旧金额 = 投保时的新车购置价 × 被保险机动车已使用月数 × 月折旧率

3. 在投保时被保险机动车的新车购置价内协商确定

投保人和保险人可根据实际情况，选择保险金额的确定方式，原则上新车按第一种方式承保，旧车可以在3种方式中由投保人和保险人自愿协商确定。但保险金额的不同确定方式直接影响和决定发生保险事故时保险赔偿的计算原则。保险人根据保险金额确定方式的不同承担相应的赔偿责任。另外，投保车辆标准配置以外的新增设备，应在保险合同中列明设备名称和价格清单，并按设备的实际价值相应增加保险金额，新增设备随保险车辆一并折旧。

（四）保险期间

除另有约定外，汽车保险保险期间为一年，以保险单载明的起讫时间为准。

（五）免赔率

保险人在依据本保险合同约定计算赔款的基础上，按照下列免赔率免赔：

（1）负次要事故责任的免赔率为5%；负同等事故责任的免赔率为8%；负主要事故责任的免赔率为10%；负全部事故责任或单方肇事事故责任的免赔率为15%；

（2）被保险机动车的损失应当由第三方负责赔偿，无法找到第三方时，免赔率为30%；

（3）被保险人根据有关法律法规规定选择自行协商方式处理交通事故，不能证明事故原因的，免赔率为20%；

（4）投保时指定驾驶人，保险事故发生时为非指定驾驶人使用被保险机动车的，增加免赔率10%；

（5）投保时约定行驶区域，保险事故发生在约定行驶区域以外的，增加免赔率10%。

（六）保险费的计算

保险费=基础保费+保险金额×费率

（七）争议处理

因履行本保险合同发生的争议，由当事人协商解决，协商不成的，提交保险单载明的仲裁机构仲裁，保险单未载明仲裁机构或者争议发生后，未达成仲裁协议的，可向人民法院起诉。本保险合同争议处理适用中华人民共和国法律。

（八）合同变更和终止

（1）本保险合同的内容变更须经保险人与投保人书面协商一致；

（2）在保险期间内将被保险机动车转让他人的投保人，应当书面通知保险人并办理批改手续；

（3）保险责任开始前，投保人要求解除本保险合同的，应当向保险人支付应交保险费5%的退保手续费，保险人应当退还保险费；

（4）保险责任开始后，投保人要求解除本保险合同，自通知保险人之日起本保险合同解除，保险人按短期月费率收取自保险责任开始之日至合同解除之日期间的保险费，并退还剩余部分保险费。短期月费率如表2.2所示。

表2.2　短期月费率　%

保险期间（月）	1	2	3	4	5	6	7	8	9	10	11	12
短期月费率（年保险费的百分比）	10	20	30	40	50	60	70	80	85	90	95	100

三、第三者责任保险

汽车第三者责任保险（又称第三者险或三者险）是指保险车辆因意外事故，致使他人遭受人身伤亡或财产的直接损毁，保险人依照保险合同的规定给予赔偿的保险。

（一）保险责任

在保险期间内被保险人或其允许的合法驾驶人在使用被保险机动车过程中发生意外事故，致使第三者遭受人身伤亡或财产直接损毁，依法应当由被保险人承担的损害赔偿责任，保险人依照保险合同的规定，对于超过机动车交通事故责任强制保险各分项赔偿限额以上的部分负责赔偿。

（二）责任免除

1. 被保险机动车造成下列人身伤亡或财产损失，不论在法律上是否应当由被保险人承担赔偿责任，保险人均不负责赔偿

（1）被保险人及其家庭成员的人身伤亡、所有或代管的财产的损失；

（2）被保险机动车本车驾驶人及其家庭成员的人身伤亡、所有或代管的财产的损失；

（3）被保险机动车本车车上其他人员的人身伤亡或财产损失。

2. 下列损失和费用，保险人不负责赔偿

（1）被保险机动车发生意外事故，致使第三者停业、停驶、停电、停水、停气、停产、通信或者网络中断、数据丢失、电压变化等造成的损失以及其他间接损失；

（2）精神损害赔偿；

（3）因污染（含放射性污染）造成的损失；

（4）第三者财产因市场价格变动造成的贬值或修理后因价值降低引起的损失；

（5）被保险机动车被盗窃、抢劫、抢夺期间造成的第三者人身伤亡或财产损失；

（6）被保险人或驾驶人的故意行为造成的损失；

（7）仲裁或者诉讼费用以及其他相关费用；

（8）应当由机动车交通事故责任强制保险赔偿的损失和费用；

（9）保险人在依据保险合同约定计算赔款的基础上，在保险单载明的责任限额内，按下列免赔率免赔：

①负次要事故责任的免赔率为5%，负同等事故责任的免赔率为10%，负主要事故责任的免赔率为15%，负全部事故责任的免赔率为20%；

②违反安全装载规定的，增加免赔率10%；

③投保时指定驾驶人，保险事故发生时为非指定驾驶人使用被保险机动车的，增加免赔率10%；

④投保时约定行驶区域，保险事故发生在约定行驶区域以外的，增加免赔率10%。

3. 不可保风险造成的第三者责任，保险人不负责赔偿

第三者责任险的不可保风险与汽车损失保险的不可保风险相同。

（三）责任限额

每次事故的责任限额由投保人和保险人在签订本保险合同时按保险监管部门批准的限额档次协商确定。

主车和挂车连接使用时视为一体，发生保险事故，是由主车保险人和挂车保险人按照保险单上载明的机动车第三者责任保险责任限额的比例，在各自的责任限额内承担赔偿责任，但赔偿金额总和以主车的责任限额为限。

第三者责任险的责任限额分为8个档次，即5万元、10万元、15万元、20万元、30万元、50万元、100万元以及100万元以上。

（四）保险期限

除另有约定外，保险期限为一年，以保险单载明的起讫时间为准。

（五）合同变更与终止

第三者责任保险条款中的合同变更和终止内容与汽车损失保险条款中的合同变更和终止内容相同。

（六）争议处理

第三者责任保险条款中的争议处理与机动车损失保险条款中的争议处理内容相同。

四、车上人员责任险

车上人员是指保险事故发生时在被保险机动车上的自然人。

（一）保险责任

保险期间内，被保险人或其允许的合法驾驶人在使用被保险机动车过程中发生意外事故，致使车上人员遭受人身伤亡，依法应当由被保险人承担的损害赔偿，保险人依照本保险合同的约定负责赔偿。

（二）责任免除

1. 被保险机动车造成下列人身伤亡，无论在法律上是否应当由被保险人承担赔偿责任，保险人均不负责赔偿

（1）被保险人或驾驶人的故意行为造成的人身伤亡；

（2）被保险人及驾驶人以外的其他车上人员的故意重大过失行为造成的自身伤亡；

（3）违法违章搭乘人员的人身伤亡；

（4）车上人员因疾病、分娩、自残、斗殴、自杀、犯罪行为造成的自身伤亡；

（5）车上人员在被保险机动车车下时遭受的人身伤亡。

2. 由不可保风险造成的车上人员的损害赔偿责任，保险人均不负责赔偿

除上述车上人员责任险的损害赔偿，基本与第三者责任保险相同。

（三）责任限额

驾驶人每次事故责任限额和乘客每次事故责任限额由投保人和保险人在投保时协商确定。投保乘客座位数按照被保险机动车的核定载客数确定。

（四）赔偿处理

每次事故车上人员的人身伤亡按照国家有关法律、法规规定的赔偿范围、项目和标准以及本保险合同的约定进行赔偿。驾驶人的赔偿金额不超过保险单载明的驾驶人每次事故责任限额；每位乘客的赔偿金额不超过保险单载明的乘客每次事故每人责任限额，赔偿人数以投

保乘客座位数为限。保险人按照国家基本医疗保险的标准核定医疗费用的赔偿金额。未经保险人书面同意，被保险人自行承诺或支付的赔偿金额，保险人有权重新核定，不属于保险人赔偿范围或超出保险人应赔偿金额的，保险人不承担赔偿责任。

五、全车盗抢险

（一）保险责任

保险期间内被保险机动车的下列损失和费用，保险人依照本保险合同的约定负责赔偿：

（1）被保险机动车被盗窃、抢劫、抢夺，经出险当地县级以上公安刑侦部门立案证明，满 60 天未查明下落的全车损失。

（2）被保险机动车全车被盗窃、抢劫、抢夺后，受到损坏或车上零部件、附属设备丢失，需要修复的合理费用。

（3）被保险机动车在被抢劫抢夺过程中受到损坏，需要修复的合理费用。

（二）责任免除

（1）被保险人索赔时未能提供机动车停驶手续或出险当地县级以上公安刑侦部门出具的盗抢立案证明，保险人均不负责赔偿。

（2）被保险机动车的下列损失和费用，保险人不负责赔偿：

①自然磨损、腐蚀、故障；

②遭受保险责任范围内的损失，未经必要修理，继续使用被保险机动车，致使损失扩大的部分；

③市场价格变动造成的贬值，修理后价值降低引起的损失；

④标准配置以外新增设备的损失；

⑤非全车遭盗窃，车上零部件或附属设备被盗窃或损坏；

⑥被保险机动车被诈骗造成的损失；

⑦被保险人因民事、经济纠纷而导致被保险机动车被抢劫、抢夺；

⑧被保险人及其家庭成员、被保险人允许的驾驶人的故意行为或违法行为造成的损失。

（3）被保险机动车被盗窃、抢劫、抢夺期间造成人身伤亡或本车以外的财产损失，保险人不负责赔偿。

（4）保险人在依据本保险合同约定计算赔款的基础上，按下列免赔率免赔：

①发生全车损失的，免赔率为 20%；

②发生全车损失，被保险人未能提供机动车行驶证、机动车登记证书、机动车来历凭证、车辆购置税完税证明或免税证明的，每缺少一项，增加免赔率 1%；

③投保时指定驾驶人，保险事故发生时为非指定驾驶人使用被保险机动车的，增加免赔率 5%；

④投保时约定行驶区域，保险事故发生在约定行驶区域以外的，增加免赔率 10%；

⑤其他不属于保险责任范围内的损失和费用。

（三）保险金额

保险金额由投保人和保险人在投保时被保险机动车的实际价值内协商确定。

（四）赔偿处理

（1）被保险人索赔时，须提供保险单、机动车行驶证、机动车登记证书、机动车来历凭证、车辆购置完税证明或免税证明的，每缺少一项，增加1%的免赔率；

（2）全车损失时，在保险金额内计算赔偿，并实行20%的免赔率。

六、附加险

（一）玻璃单独破碎险

投保了机动车损失保险的汽车，可投保本附加险。

1. 保险责任

被保险机动车挡风玻璃或车窗玻璃的单独破碎，保险人负责赔偿。

2. 投保方式

投保人与保险人可协商选择按进口玻璃或国产玻璃投保。保险人根据协商选择投保时承担相应的赔偿责任。

3. 责任免除

安装、维修机动车过程中造成的玻璃单独破碎。

（二）自燃损失险

投保了机动车损失保险的机动车，可投保本附加险。

1. 保险责任

因被保险机动车电器、线路、供油系统、供气系统发生故障或所载货物自身原因起火燃烧造成本车的损失；发生保险事故时，被保险人为防止或者减少被保险机动车的损失所支付的必要的、合理的施救费用。

2. 责任免除

自燃仅造成电器、线路、供油系统、供气系统的损失；所载货物自身的损失。

3. 保险金额

保险金额由投保人和保险人在投保时被保险机动车的实际价值内协商确定。

4. 赔偿处理

全部损失在保险金额内计算赔偿；部分损失在保险金额内按实际修理费用计算赔偿。每次赔偿实行20%的免赔率。

（三）车身划痕险

投保了机动车损失保险的机动车，可投保本附加险。

1. 保险责任

无明显碰撞痕迹的车身划痕损失，保险人负责赔偿。

2. 责任免除

被保险人及其家庭成员、驾驶人及其家庭成员的故意行为造成的损失。因投保人、被保险人与他人的民事、经济纠纷导致的划痕，平安保险公司与太平洋保险公司不赔，中国人民财产保险股份有限公司未作说明；被保险人或驾驶人的故意行为和车身表面自然老化、损坏造成的损失。

3. 保险金额

保险金额为2 000元、5 000元、10 000元或20 000元，由投保人和保险人在投保时协商确定。

4．赔偿处理

在保险金额内按实际修理费用计算赔偿。每次赔偿实行 15% 的免赔率。在保险期间内，累计赔款金额达到保险金额，本附加险保险责任终止。

（四）车上货物责任险

保险期间内，发生意外事故致使被保险机动车所载货物遭受直接损毁，依法应由被保险人承担的损害赔偿责任，保险人负责赔偿。

1．保险责任

被保险机动车在被保险人或其允许的合法驾驶人使用过程中发生意外事故，致使被保险机动车上所载的货物直接损毁，对被保险人依法应支付的赔偿金额，保险人在扣除机动车交通事故责任强制保险应当支付的赔款后，依照本保险合同的约定给予赔偿。

2．责任免除

下列损失和费用，保险人不负责赔偿：

（1）车上货物所有人的故意行为、犯罪行为、与被保险人或其他致害人恶意串通行为导致的任何损失；

（2）因包装、紧固不善，装载、遮盖不当导致的任何损失；

（3）载运的易碎货物因震动、挤压、与车体或车体以内的货物碰撞造成的损失；

（4）货物遭盗窃、遭抢劫、遭哄抢、再燃损耗、本身缺陷、短少、死亡、腐烂、贬值、串位、生锈、动物走失、飞走；

（5）保险事故导致的货物减值、运输延迟、营业损失及其他各种间接损失；

（6）法律、行政法规禁止运输的货物或车上人员携带的物品；

（7）其他不属于保险责任范围内的损失和费用。

3．赔偿限额及处理

该附加险每次事故赔偿限额由投保人和保险人在签订保险合同时按照保险监管部门批准的机动车辆保险费方案协商确定。具体赔偿处理如下：

1）绝对免赔

车上货物因保险事故受损，不论是否经公安机关交通管理部门或其他国家机关进行检验或损失评估，被保险人均应会同保险人检验，确定损失情况，否则，保险人有权重新核定；因被保险人原因导致损失金额无法确定的，保险人有权拒赔。

2）核定赔偿和按比例赔偿

承运的货物发生保险责任范围内的损失，保险人按起运地价格在赔偿限额内核定损失。若出险时保险机动车实载质量超过核载质量，且超载不是事故的直接原因，保险人按保险机动车核载质量与实载质量的比例承担赔偿责任。

保险人根据被保险机动车一方在事故中所承担的责任比例，在符合赔偿规定的金额内实行绝对免赔率：负全部责任的免赔 15%，负主要责任的免赔 10%，负同等事故责任的免赔 8%，负次要事故责任的免赔 5%，单方事故绝对免赔率 15%。被保险机动车发生保险责任范围内的事故，应由第三方负责赔偿却无法找到第三方的，保险人予以赔偿，但在符合赔偿规定的金额内实行 30% 的绝对免赔率。发生保险事故时，被保险机动车实际行驶区域超出保险合同约定区域的，增加 10% 的绝对免赔率。

（五）车载货物掉落责任险

投保了该保险的机动车辆在使用过程中，所载货物从车上掉下致使第三者遭受人身伤亡或财产的直接损毁，依法应由被保险人承担的经济赔偿责任，保险人在保险单所载明的该保险赔偿限额内计算赔款。

1．保险责任

在保险期间内，保险车辆在使用过程中，所载货物从车上掉落致使第三者遭受人身伤亡或财产的直接损毁，依法应由被保险人承担的经济赔偿责任，保险人在扣除交强险应赔偿部分后，按照本合同的规定在保险单载明的赔偿限额内计算赔偿。

2．责任免除

被保险人或驾驶人及其家庭成员的人身伤亡、财产损失，或者驾驶人故意行为或车上所载气体、液体泄漏所造成的损失；或者装卸货物造成的损失；或者应当由交强险赔偿的损失和费用，保险人不负责赔偿。

3．赔偿限额及处理

该保险每次事故的赔偿限额由投保人与保险人在投保时协商确定，同时每次赔偿均实行20%的绝对免赔率。

（六）机动车停驶损失险

保险期间内，因发生机动车损失保险的保险事故，致使被保险机动车停驶，保险人在保险单载明的保险金额内承担赔偿责任。

1．保险责任

投保了该保险的机动车辆在使用过程中，因发生保险事故造成车身损毁，致使车辆停驶，保险人按以下规定承担赔偿责任：

（1）部分损失的，保险人在双方约定的修复时间内，按保险单约定的日赔偿金额乘以送修之日至修复竣工之日的实际天数计算赔款，即

$$部分损失赔款 = 日赔偿金额 \times 实际修理天数$$

（2）全车损毁的，按保险单约定的赔偿限额计算赔款，即

$$全车损毁赔偿 = 日赔偿金额 \times 约定赔偿天数$$

在保险期限内上述赔款累计计算，最高以保险单约定的赔偿天数为限。

2．责任免除

保险人对下列停驶、损失不负责赔偿：

车辆被扣押期间的损失；因车辆修理质量不合格，要求造成返修期间的损失；被保险人及其驾驶员拖延车辆送修或修复时间的损失。

3．赔偿限额及处理

赔偿限额以投保人与保险人投保时约定的赔偿天数乘以约定的日赔偿金额为准，但本保险的最高约定赔偿天数为90天。在保险期限内，每次赔偿后要冲减约定的赔偿天数，赔偿天数累计达到约定赔偿天数时，保险责任即行终止。附加险的保险期限到期时，保险责任即行终止；但保险期限到期时，保险车辆尚未修复完毕，保险人在约定的赔偿天数内继续承担赔偿责任。

（七）发动机特别损失险

发动机特别损失险，也可以称为涉水损失险（简称涉水险），它是指保险车辆由于水进入发动机内，导致了车辆损坏，保险公司可以赔偿。涉水险为车损险的附加险，在投保车损险后方可投保该险种。

1. 保险责任

由于遭受雨水、洪水，保险机动车被水淹及排气筒或进气管进水，驾驶人继续启动机动车或利用惯性启动机动车，未经必要处理而启动机动车导致的发动机损坏。

2. 赔偿限额及处理

1）保险金额

保险金额以新车购置价作为保额进行投保，如经某保险公司审核确认的新车购置价为12万元，则12万元就是涉水险的保险金额，最高赔偿金额以机动车损失保险金额为限。

2）免赔率

太平洋保险公司涉水险实行15%的免赔率，平安保险公司、中国人民财产保险股份有限公司免赔20%。

（八）新增设备损失险

该保险所指的新增设备，是指保险车辆出厂时原有各项设备以外，被保险人另外加装的设备及设施。办理该保险时，应列明车上新增设备明细表及价格。当你为自己的车辆安装了空调、CD音响、防盗器、真皮座椅等不是车辆出厂时所带的设备时，可以考虑投保新增设备损失险。投保后，在这些设备因事故受损时可以得到保险公司的赔偿。这些设备一般都安装在车内，发生事故时很少能撞到，所以购买价值不大。

1. 保险责任

投保了该保险的机动车辆，在使用过程中发生基本险第一条所列的保险事故，造成车上新增设备的直接损毁，保险人在保险单该项目所载明的保险金额内，按实际损失计算赔偿。

2. 赔偿限额及处理

保险金额以新增设备的实际价值确定，该保险每次赔偿均实行绝对免赔率。

（九）不计免赔特约险

（1）不计免赔特约险承保的是事故发生后，对应险种规定的应当由被保险人自行承担的免赔金额，由保险人负责赔偿。

（2）下列情况下，应当由被保险人自行承担的免赔金额，保险人不负责赔偿：

①机动车损失保险中应当由第三方负责赔偿，而无法找到第三方的。

②被保险人根据有关法律、法规规定，选择以自行协商方式处理交通事故，但不能证明事故原因的。

③因为违反安全装载规定的。

④投保时指定驾驶人，保险事故发生时为非指定驾驶人使用被保险机动车的。

⑤投保时约定行驶区域，保险事故发生在约定行驶区域以外的。

⑥因保险期间内发生多次保险事故的。

⑦发生机动车盗抢保险规定的全车损失保险事故时，被保险人未能提供机动车行驶证、机动车登记证、机动车来历凭证、机动车购置税完税证明（车辆购置附加税缴税证明）或

免税证明的。

⑧可附加该条款但未选择附加该条款的险种规定的。

⑨不可附加该条款的险种规定的。

（十）交通事故精神损害赔偿责任保险

投保人在同时投保了机动车第三者责任保险和车上人员责任险的基础上，可以投保本附加险。

1. 保险责任

保险期间内，被保险机动车在使用过程中，发生意外事故，致使第三者人员或本车上人员残疾、烧伤、死亡或怀孕妇女流产，受害方据此提出的精神损害赔偿请求，依照法院生效判决或者经事故双方当事人协商一致并经保险人书面同意的，应由被保险人承担的精神损害赔偿责任，保险人在本保险合同约定的责任限额内负责赔偿。

2. 责任免除

（1）被保险机动车驾驶人在事故中无过错。

（2）被保险机动车未发生直接碰撞事故，仅因第三者人员或本车人员的惊恐而引起的损害。

（3）被保险机动车违反安全装载规定。

（4）怀孕妇女的流产发生在交通事故发生之日起 30 天以内。

（5）应当由机动车交通事故责任强制保险赔偿的损失和费用。

3. 责任限额

每次事故责任限额和每次事故每人责任限额由投保人和保险人在签订保险合同时协商确定，其中每次事故每人责任限额不超过 5 万元。

4. 赔偿处理

按人民法院对被保险人应承担精神损害赔偿责任的生效判决以及保险合同的约定进行赔偿；协商、调解结果中所确定的被保险人的精神损害赔偿责任，经保险人书面同意后，保险人负责赔偿。每次事故赔偿实行 20% 的免赔率。

知识二　车主投保方案设计

一、投保方式的种类及特点

汽车保险的投保是指对保险车辆有保险利益的一方，如汽车的所有者等购买汽车保险的过程。

国内财产保险投保方式五花八门，汽车保险有以下几种投保方式：保险公司直接投保、4S 店保险直赔业务、4S 店代理保险公司投保、保险公司电话投保、保险公司网上投保、保险代理公司投保、找专门的保险经纪人或者保险经纪公司投保。

（一）保险公司

特点：自己有自己公司的产品并出售保险产品。

利：车主亲自到保险公司投保，由保险公司的业务人员对每个险种的保险条款进行详细的介绍和讲解，并根据投保人的实际情况提出保险建议供参考，使投保人能选择到更适合自己的保险产品，使自己的利益得到更充分的保障。投保人直接到保险公司投保，由于降低了营业成本，商业车险费率折扣会高，最重要的一点就是，可以避免被一些非法中介误导和欺骗。

弊：客户必须事事自己动手操办，尤其是出险后索赔时，对很多不了解理赔程序的客户来说，在办理手续时会觉得相对比较麻烦。

（二）保险公司电话网络营销

特点：这是近几年来比较流行的投保渠道，免去了保险中介人的参与，在保费方面的优势很强。消费者直接与保险公司沟通，但是在出险后的一切流程需要投保人自行自主执行。

利：随着近年来电话车险模式的成熟和火热，直接通过电话到保险公司投保，已成为一种新兴的投保方式。首先，电话营销因为免去了保险中介代理的参与，能拿到低于其他任何渠道的折扣。其次，直接面对保险公司，避免被不良中介误导和欺骗。电话车险运营商均是保监会审核通过的优质企业，投保方式公正透明，服务承诺有保障。以起步最早的平安电话车险的运营模式为例，在报价透明方面，直接按照保监会规定的折扣比例统一报价，同时，平安电话车险的投保电话均有录音，车主可随时要求复查自己投保时的录音。

弊：电话网络营销保险在车辆出险后没有中介人帮助投保人进行车辆的定损、维修和理赔，整个过程需要消费者自己解决，对于不了解理赔流程的消费者来说会是一件非常头疼的事情。而且看到保险公司电话和网络营销商机的不只有正规的保险公司，中介公司和代理经纪人的电话轰炸、不合理竞争也给电话和网络保险营销带来很多麻烦，消费者要尽量选择正规公司的电话和网络营销渠道。

（三）保险代理公司

特点：自己公司无产品，主要渠道是代理各个保险公司的产品，帮助保险公司销售产品。

利：由于目前各保险中介竞争比较激烈，为争抢客户，他们给予的保险折扣也比较大，相对而言价格会比较低廉。同时保险中介可以上门服务或代理客户办理各种投保理赔所需的各种手续，对于客户而言会比较便捷。

弊：保险代理人为促成车主购买保险，对车主进行很多口头承诺，但之后在出现理赔时却无法兑现。由于客户很容易相信个人承诺，尤其是所谓的朋友、熟人介绍的，会直接向个人递交保费，一些非法保险中介或个人则会私自拖欠和挪用客户的保费，致使保费无法及时、顺畅、安全地到达保险公司，客户在后期就难以正常享受保险公司的理赔。

（四）保险经纪公司/保险经纪人

特点：自己公司无产品，主要渠道是代理各个保险公司的产品，向保险人提供保险方案，帮助投保人选择产品。

利：保险代理公司的代理人受雇于保险公司，为其所受雇的保险公司推销保险产品，而保险经纪人和保险公司受雇于投保人，不仅可以横向比较各公司条款的优劣，还可以根据投保人情况，为其量身定做。

弊：保险经纪人是为客户采购保险产品的，最终还要保险公司进行承保。保险经纪人或经纪公司业务的增加会使保险公司保费收入大幅增加，国内保险行业规范仍有欠缺，无法避免一些不法商家与保险公司串通起来欺骗消费者。

（五）4S 店代理保险公司投保

特点：4S 店是新车主投保之前的第一联系人，为了提高自身盈利和竞争力，4S 店与各大保险公司合作，增加可保险代理业务，性质与保险代理公司相同。

利：现在各品牌 4S 店都推出了一条龙的购车服务，车主在店内购车后，即可在店里购买车辆保险。车主通过 4S 店购买车辆商业保险，日后如果出现意外需要保险公司出险、赔偿时，不仅可以通过拨打保险公司的出险电话，还可以通过 4S 店的保险顾问进行保险。除此之外，通过 4S 店的保险顾问报险，车主可以享受"一对一"的直线服务。

弊：保险和汽车打包一起卖，最开心的是 4S 店。各家 4S 店的促销方式不同，很多商家选用购车送保险的方式吸引消费者，高额的保费赠送乍一看与现金降价并无二致，但是消费者购车时的购置价是跟随汽车一生的，保费是一年一交的，如果第一年节省了部分保险费，第二年续保的时候是以新车购置价来计算保费的。

（六）汽车修理厂、4S 店保险直赔

特点：消费者在购车的同时选择店内直赔业务，车辆出险后的赔偿、修理等全部由 4S 店和汽车修理厂代办。

利：这里要和 4S 店代理保险公司加以区别，保险直赔业务的意思是 4S 店内具有保险定损和维修的职能，车辆出险后，只需要与 4S 店联系，到店内定损和维修即可，省去了定损、跑维修站维修、等待保险公司理赔的过程。

弊：相对而言，直赔业务的保费与保险公司的保费相比要高一些。

在以上投保渠道的选择中，大多数消费者会选择在 4S 店投保，不管是选择代理还是直赔，在店内上保险省去了与保险公司沟通的麻烦。而对于平时出险较少的老车主来说，选择其他渠道购买车险的也不少，毕竟可以节省很大一笔保费。

车主在为车辆投保时尽量去正规的保险公司办理，车主选择保险中介投保时，最好亲自对保单进行确认，如果确实没有时间亲自去办理保险，需要委托相关的中介或保险代理人，也一定要通过查询保险公司等方式核实他们的保险代理人资格证和展业证书等相关证件，并在其开具正规的盖有保险公司的印章的收据后，再交付保费，并及时要求其在一定期限内给你置换正规发票和与投保相关的合同及其他需要的票据，需要自己签名的地方，切不可为省时间而让他人代劳。投保人拿到保单后除了要及时查询保单是否生效、处理保单编号外，还要逐一核对投保人、受益人、投保险种等细节。

二、汽车保险的一般投保流程

由于各家保险公司推出的汽车保险条款种类繁多，价格各异，因此投保人在购买汽车保险时，一般投保流程如下：

（一）了解保险条款及费率，根据实际需要购买

投保人选择汽车保险时，应了解自身的风险和特征，根据实际情况选择个人所需的风险保障。对于汽车保险市场现有产品应进行充分了解，以便购买适合自身需要的汽车保险。

投保人认真了解汽车保险条款内容，重点是汽车保险有关险种的保险责任、除外责任和特别约定、被保险人权利和义务、免赔率或免赔额的计算、申请赔偿的手续、退保和折旧、保费计算的规定等。此外还应当注意汽车保险的费率是否与保监会批准的费率一致，了解保险公司的费率优惠规定和无赔款优待的规定。通常保险责任比较全面的产品，保险费较高；保险责任少的产品，保险费较低。

（二）选择保险公司

投保人应选择具有合法资格的保险公司营业机构购买汽车保险。汽车保险的售后服务与产品本身一样重要，投保人在选择保险公司时，要了解各公司提供服务的内容及信誉度，以充分保障自己的利益。

（三）选择保险代理人

投保人也可以通过代理人购买汽车保险。选择代理人时，应选择具有职业资格证书、展业证及与保险公司签有正式代理合同的代理人；应当了解汽车保险条款中涉及赔偿责任和权利义务的部分，防止个别代理人片面夸大产品的保证功能，回避责任免除条款的内容。

（四）选择投保险种

1. 最低保障方案

险种组合：机动车交通事故责任强制保险。

保障范围：只对第三者的损失负赔偿责任。

特点：适用于那些怀有侥幸心理，认为上保险没用的人或急于拿保险单去上牌照或验车的人。

适用对象：急于上牌照或通过年检的个人。

优点：可以用来应付上牌照或验车。

缺点：一旦撞车或撞人，对方的损失能得到保险公司的一些赔偿，但是自己车的损失只有自己负担。

2. 基本保障方案

险种组合：机动车交通事故责任强制保险 + 车辆损失险 + 第三者责任险。

保障范围：只投保基本险，不含任何附加险。

特点：适用部分认为发生事故后修车费用很高的车主，他们认为意外事故发生率比较高，为自己的车和第三者的人身伤亡和财产损毁寻求保障，此组合为很多车主所青睐。

适用对象：有一定经济压力的个人或单位。

优点：必要性最高。

缺点：不是最佳组合，最好加入不计免赔特约险。

3. 经济保障方案

险种组合：机动车交通事故责任强制保险 + 车辆损失险 + 第三者责任险 + 不计免赔特约险 + 全车盗抢险。

特点：投保最必要、最有价值的险种。

适用对象：个人，是精打细算的最佳选择。

优点：这是投保最有价值的险种，保险性价比最高；人们最关心的车辆丢失和 100% 赔付等大风险都有保障，保费不高，但包含了比较实用的不计免赔特约险。

4. 最佳保障方案

险种组合：机动车交通事故责任强制保险 + 车辆损失险 + 第三者责任险 + 车上人员责任险 + 玻璃单独破碎险 + 不计免赔特约险 + 全车盗抢险。

特点：在经济投保方案的基础上，加入了车上人员责任险和玻璃单独损失险，使乘客及车辆易损部分得到安全保障。

适用对象：一般公司或个人。

优点：这也是投保价值大的险种，不花冤枉钱，物有所值。

5. 完全保障方案

险种组合：机动车交通事故责任强制保险 + 车辆损失险 + 第三者责任险 + 车上人员责任险 + 玻璃单独破碎险 + 不计免赔特约险 + 新增设备损失险 + 自燃损失险 + 全车盗抢险。

特点：保全险，居安思危才能有备无患。能保的险种全部投保，从容上路，不必担心交通所带来的种种风险。

适用对象：机关、事业单位、大公司。

优点：几乎与汽车有关的全部事故损失都能得到赔偿。投保的人员不必为少保某一个险种而得不到赔偿承担投保决策失误的损失。

缺点：保费较高，某些险种出现的概率非常小。

（五）填写投保单

投保单是保险合同订立过程中的重要单证，是投保人向保险人进行要约的证明，是确定保险合同内容的重要依据。

1. 机动车辆须满足投保条件

（1）有交通管理部门核发的车辆号牌，对于新车投保，需要购车发票。

（2）有交通管理部门签发的机动车行驶证。

（3）有车辆检验合格证。

2. 投保人必备证件

机动车行驶证、被保险人身份证复印件、投保人身份证复印件；被保险人与车主不一致时，应提供由车主出具的能够证明被保险人与投保车辆关系的证明或契约。并且投保人需要根据保险公司提供的一些资料，如条款和费率等，针对投保单的主要内容，如投保人的有关情况、汽车的厂牌车型、车辆种类、车牌号码、发动机号码和车架号码、汽车的使用性质、吨位或座位数、行驶证初次登记年月、汽车的保险价值、保险金额或赔偿限额以及特别约定等信息，按照保险人的要求认真填写投保单并将其交付给保险人，切忌让保险代理人代投保人填写投保单。

3. 汽车投保单的填写形式

投保人或经办人口述，由保险企业人员或代理人员录入业务处理系统，打印后由投保人签字；投保人利用公司电子商务投保系统等工具自动录入，打印后由投保人签字；投保人手工填写后签字或盖章。

4. 投保单填写基本规则（要求）

（1）投保单必须保持整洁，不允许折叠和不规范涂改，撕断投保单应视为作废，需重新填写。

（2）填写资料应完整，填写时必须使用黑色钢笔或签字笔以简体字填写。若有难以辨认或繁体字的，需用简体字注明，如遇到难（偏）字，请用铅笔以拼音注明。

（3）投保人、被保险人需亲笔签字，不得代签；若投保人或被保险人为文盲，需在相应签名处亲自按下大拇指手印儿。

（4）每份投保单最多可更改三处，须在更改内容处画两道“左下右上”的斜线，并将正确内容填在更改内容上方，不得使用涂改液或采用刮划的方式。投保人须在更改处亲笔签名，若涉及被保险人，还须被保险人签名确认。

（5）身份证号码填写有更改，须附相关人员身份证复印件。

（6）投保单的几个重要栏目不能涂改：

①投保人及被保险人姓名及签名；

②受益人的姓名；

③投保事项、告知书；

④投保申请日期。

（7）身份证号码与实际情况有出入或无身份证号码者，均须附有效法定证件的复印件。

5. 填写投保单的注意事项

1）投保人情况

（1）投保人名称或姓名：其主要目的是确定其资格问题。投保人是保险合同不可缺少的当事人。投保人除应当具有相应权利能力和行为能力外，对保险标的必须具有保险利益。因此投保人应当在投保单上填写自己的姓名，以便保险人核实其资格，避免出现保险纠纷。

（2）投保人住处：法人或其他组织填写主要的办事机构，自然人填写常住地址，精确到门牌号。

2）被保险人情况

被保险人必须是保险事故发生时遭受损失的人，即受保障的人，因此，投保单上必须注明被保险人的姓名。投保单上需要填写具体投保人与被保险人的详细地址、邮编、电话和联系人，以便联系和作为确定保险费率的参考因素。合同生效后，保险人须定期或不定期地向客户调研自身的服务质量或通知被保险人有关信息。

3）被保险车辆

（1）分散业务：投保单一般为一车一单。

（2）多车业务：投保单可以使用附表形式，投保人情况、被保险人情况、投保车辆种类、投保车辆使用性质及投保主险条款名称等共性的内容在投保单主页上填写，个性的内容填写在机动车辆保险投保单附表上。如果上述共性的内容有一项有差别，均要另外启用一份投保单，填写共性内容及其附表。比如某企业投保20辆客车，投保人情况、被保险人情况、投保车辆种类、车辆使用性质均相同，其中15辆车选择非营业用汽车损失保险条款和第三者责任险条款投保，另外5辆车只选择第三者责任险条款投保，此时投保主险条款名称不同，要启用两份投保单，分别填写投保单主页和附表。

（3）被保险人与车辆的关系：被保险人与投保车辆机动车行驶证上载明的车主相同时，选择“所有”，被保险人与车主不相符的时候，根据实际情况选择使用或管理。

（4）车主：被保险人与车辆的关系为“所有”时，可省略不填写；被保险人不是车主时，需填写投保机动车行驶证上载明的车主名称或姓名。

（5）汽车本身资料：包括号牌号码、厂牌型号、发动机号、车架号、车辆种类、座位/吨位、车身颜色等内容。填写车辆管理机关核发的号牌号码并注明底色。填写号牌号码应该与行驶证号牌号码一致。

（6）汽车所有与使用情况：包括该汽车所属性质是什么、该汽车是否为分期付款购买的、卖方是谁、该汽车的行驶证所列明的车主是谁、该汽车的使用性质是什么、行驶区域如何……

4）投保人签名或签章

投保人对投保单各项内容核对无误并对投保险种对应的保险条款（包括责任免除和投保人义务、被保险人义务）明白理解后，须在“投保人签名/签章”处签名签章，投保人为自然人时，必须由投保人亲笔签字；投保人为法人或者其他组织时，必须加盖公章，有委托书的可不必签章，投保人签章与投保人名称要一致。

5）确定投保险种及期限

（六）保险人核保，投保人交保险费，签发保险单

保险人审核投保单，如果符合保险条件，则保险人在投保单上签章，作出对投保人要求的承诺即承保，投保人交保险费，并得到保险人签发的保险单；如果不符合保险条件，则保险人做出拒绝承保的决定，将投保单退回给投保人。

另外，投保人购买汽车保险时，应注意以下事项：

1．对保险重要单证的使用和保管

投保者在购买汽车保险时，应如实填写投保单上规定的各项内容，取得保险单后，应核对其内容是否与投保单上的有关内容完全一致。对所有的保险单、保险卡、批单、保费发票等有关重要凭证应妥善保管，以便在出险时能及时提供理赔依据。

2．如实告知义务

投保者在购买汽车保险时，应履行如实告知义务，对与保险标的的风险有直接关系的情况，比如保险车辆的行驶区域有变动或保险车辆的使用性质或所有权发生变化等重要事实，应当如实告知保险公司。

3．缴纳保险费

购买汽车保险后，应及时缴纳保险费，并按照条款规定履行被保险人的义务。

4．合同纠纷的解决方式

对于保险合同产生的纠纷，消费者应当依据在购买汽车保险时与保险公司的约定，以仲裁或诉讼方式解决。

5．投诉

消费者在购买汽车保险的过程当中，如发现保险公司或中介机构有误导或销售未经批准的汽车保险等行为，可及时向保险监督管理部门投诉，以维护自身的正当权益。

三、投保时的注意事项

（一）不要投重复保险

有些投保人自以为多投几分保，就可以使被保险车辆多几份赔偿。按照《保险法》第40条规定：“重复保险的车辆，各保险人的赔偿金额的总和不得超过保险价值。”因此即使投保人重复投保，也不会得到超价值赔偿。

（二）保险要保全

有些车主为了节省保费，想少保几种险或者只保车损险不保第三者责任险，或者保主险不保附加险等。其实各险种都有各自的保险责任，假如车辆真的出事，保险公司只能依据当初订立的保险合同承担保险责任给予赔付，而车主的其他损失有可能就得不到赔偿。

（三）及时续保

车主在保险合同到期后没有及时续保，但天有不测风云，万一车辆就在这几天出了事故，岂不是悔之晚矣。

（四）要认真审阅保险单证

当接到保险单证时一定要认真核对，看看单据第三联是否采用了白色无碳复写纸印刷并加印浅褐色防伪底纹，其左上角是否印有中国保险监督委员会监制字样，右上角是否印有“限在××省（市、自治区）销售”的字样，如果没有，可以拒绝签单。

（五）注意审核代理人真伪

投保时要选择国家批准的保险公司所属机构投保，而不能只图省事，随便找一家保险代理机构投保，更不能被所谓的高返还所引诱，只求小利而上假代理人的当。

（六）核对保单

办理完保险手续，拿到保险单正本后，要及时核对保险单上所列项目中车牌号、发动机号等，如有错漏，要立即提出更正。

（七）随身携带保险卡

保险卡应随车携带，如果发生事故，要立即通知保险公司，并向交通管理部门报案。

（八）提前续保

记住保险的截止日期，提前办理续保。

（九）注意陌生人骗赔伎俩

有极少人总想把保险当作发财的捷径，如有的人先出险后投保；有的人人为地制造出险事故；有的人伪造、涂改，添加修车、医疗等发票和证明，这些都属于骗赔的范围，是触犯法律的行为。因此各位车主在这些问题上千万不要耍小聪明。

（十）车损险中对第三方的界定，应排除家人在外

保险公司的除外责任中有这样一条规定：“被保险人或其允许的驾驶人，以及他们的家庭成员的人身伤亡及所有的或代管的财产的损失。”汽车发生事故时的驾驶员及其家庭成员、被保险人的家庭成员是不算在第三者范围内的。汽车保险条款的这一规定是为了防范被保险人为了获取保险金而对家庭成员进行故意伤害。

四、投保方案设计

（一）家庭自用汽车的投保

1. 险种选择

家庭自用汽车在投保前，需要综合考虑车辆本身的风险程度。就新车新手而言，上路出险率相对较高，容易出现刮擦的情况，且新车丢失的概率较大，因此在投保机动车交通责任强制保险的基础上，最好选择投保车辆损失险、第三者责任险、车身划痕险、不计免赔特约险。如果没有固定的停车点，最好再投保全车盗抢险。

2. 责任限额选择

如果车主出车率较高，或者经常开夜车，则建议第三者责任险限额最好买 20 万元作为交强险的补充。若家人未投保人身意外险，建议再投保车上人员责任险。

3. 保险公司的选择

如果车主经常跑长途，或经常到所在地以外的地区，建议选择服务周到、信誉优良的保险公司进行投保，因为便捷的服务是选择保险公司的关键。保险与其他商品不同，不是一次性消费，而关系到人的一生。选择一个服务态度周到的公司，无疑会使以后投保和索赔更加方便。

（二）非营业用汽车的投保

1. 险种选择

作为用车单位，除投保机动车交通事故责任强制保险之外，首选的险种是车损险、商业第三者责任险、盗抢险、车上人员责任险和不计免赔特约险。必要时，可投保无过失责任险和精神损害赔偿险。

2. 责任限额选择

作为单位用车，商业第三者责任险的责任限额最好选择 50 万元，这样可以获得更大的保障。

3. 保险公司的选择

对于非营业汽车，投保不能只重价格，保障和服务才是最重要的。比如有的公司报价低，但是它的保障功能可能也随之降低，理赔服务也会相对较慢，某些险种条款升值存在漏洞，真正出了险，很有可能遭到拒赔。

除保费价格、险种条款外，保险公司推出的个性化服务也是选择保险公司的一个依据。

（三）营业用汽车的投保

1. 险种选择

作为营业用车，使用频率较高，且会经常跑长途，出险率较高。除投保机动车交通事故责任强制保险外，建议首选险种为车损险，商业第三者责任险，火灾、爆炸、自燃损失险，车上人员责任险，车上货物责任险，车辆停驶损失险，不计免赔特约险。

2. 责任限额选择

一般情况下，36 座以下的客车或 10t 以下的货车，其商业第三者责任险的责任限额最好选择 20 万元或 50 万元，而 36 座以上的客车或 10t 以上的货车，其商业第三者责任险的责任限额最好选择 50 万元或 100 万元。

3. 保险公司的选择

各公司对营业用汽车保险的保险费做了调整，适度提高了保险费。建议选择服务网点较多的公司投保，这样就能满足跑长途的客车或货车的特殊要求。

（四）特种车辆的投保

1. 险种选择

特种车型行驶区域比较固定，使用频率不高，但车内装有特殊仪器，且价值一般都较高，一旦发生保险事故，损失巨大。因此，在投保机动车交通事故责任强制保险的基础上，建议投保车辆损失险、商业三者险、不计免赔特约险以及附加特种车辆损失责任的扩展条款。

2. 责任限额选择

作为特种车型，建议商业第三者责任险的责任限额最好选择50万元或50万元以上比较合适。

3. 保险公司的选择

对于特种车来说，面临的最大的风险就是操作过程中造成的损失和车内仪器的损失，因此要选择有特种车辆保险条款和拓展条款的公司进行投保，在众多公司中，挑选出所提供的条款能提供特种车所能发生的各种风险的公司。

（五）新车投保

新车建议选择投保全险，一方面，因为新手开车还不太熟，出险的概率相对较高，同时新手也会特别爱惜新车；另一方面，因为全险基本上涵盖了大部分出险的情况，会有比较全面的保障，对于不懂得判断车险一般买哪些的新手来讲比较省时省心省力。一般来讲，不同的保险公司开设的全险会稍微有点差别，车主在投保全险时也要仔细考虑。

（六）二手车投保

二手车在交易过程中，交强险有“随车”原则，除条款约定的特殊情况，不得解除保险合同。也就是说，二手车在买卖后，交强险自动转到新车主名下。因此，车主购买到二手车后，不必先问“二手车交强险多少钱”，而应查看二手车是否还带有交强险。另外，车主除“继承”交强险外，新车主还应过户剩余车险。虽然按照新《保险法》的规定，保险标的转让后，无论保险标的的转让是否通知保险公司，保险公司都将承担保险责任。但对于购买二手车的车主来说，依然有义务完成车辆变更后，及时向保险公司申请车险变更手续。

（七）旧车的投保

因为这类车的实际价值很低，投保金额过多显然不合算。可以选择主险的车辆损失险和自燃损失险。

投保时注意，既不能只考虑省钱而不足额投保，也不能多花不必要的钱超额投保。由于汽车保险费的费率是固定的，因而缴费多少取决于新车购置价。明智的选择是足额投保。就是车辆价值多少就保多少，不能因为要节省保险费就不足额投保，如20万的轿车只保10万元，一旦发生交通事故，就得不到足额赔付了。如果车辆是旧车或已临近报废期，那么建议保车损险、自燃损失险、第三者责任险和司乘人员保险，因为旧车或临近报废期的车车况较差，所以车身划痕和盗抢险就可以不保。专家建议，旧车在投保时，车主不要认为投保的数额越高，保险公司赔付的就越多。实际上，保险公司只按汽车出险时的实际损失及车辆折旧程度确定赔付金额。

六、课外拓展

【拓展一】 车上人员责任险和人身意外险的不同

1. 保障对象

车上人员责任险保障的是指定座位上的人员，为不确定的人；人身意外险，一般为确定的人。

2. 事故范围

车上人员责任险责任范围是使用车辆时发生的意外伤害事故；人身意外险是所有意外伤害事故。

3. 赔偿范围

车上人员责任险赔偿范围包括属于车主需要负担的丧葬费、伤亡赔偿、医疗费和误工费等项目。人身意外险是身故、残疾和医疗费用，部分还包括紧急救援和费用垫付的增值费用。

4. 价格水平

车上人员责任险的价格是司机每个座位每万元约 40 元，其他座位每万元约 25 万元。人身意外险是每万元约 10 元。

5. 适合状况

车上人员责任险主要是适合车辆经常由不同人员驾驶或搭载不同人员，人身意外险是适合车辆主要由固定几个家庭成员使用。

【拓展二】 汽车自燃的原因

引起车辆自燃的原因很多，最常见的有三种，分别是随意改装油路、电路故障及外界高温影响。

改装音响、加装防盗器是车主最常见的做法。很多车主为了贪图方便或者节省费用，找到一些综合维修厂或者路边小店进行改装或加装，有可能因改装人员不熟悉车辆路线情况造成车辆线路短路，或者保险丝功率过大，为自燃埋下隐患。

从燃油方面来说，汽车燃油的燃烧必须经过油泵进行加压汽化，因此燃油管道在高压下很容易被损伤，车主应该定期检查汽油格和油箱内 EGR（废气循环系统）的碳罐，汽油格堵塞容易引起燃油管道压力过大，EGR 碳罐的活性炭滤孔堵塞则容易导致油箱内废气压力过大，造成油箱内铆接口出现裂痕，引起漏油，碰到火花时必然自燃。在正常情况下，汽油格 3 万 ~6 万公里更换一次，废气再循环碳罐要经常检查。

引起自燃的外界因素主要是高温和猛烈撞击。一般情况下，车主不要在仪表盘上方或中控台储物格放置打火机、香水等易燃易爆物品。特别是在盛夏时节，车厢内温度可达50℃ ~60℃，打火机、香水在阳光的暴晒下极容易引爆，从而发生汽车自燃。另外，夏天停车时注意不要在有杂草、废纸堆的地面停放，滚烫的排气管可能引燃杂草或废纸而导致汽车自燃。

【拓展三】 车辆新增设备

车上新增设备是指除车辆原有设备以外，被保险人另行加装的设备及设施，包括加装制冷设备、CD、电视录像设备、真皮或电动座椅等。

如果加装的音响是因为交通事故而被撞坏，或者因全车失窃而丢失，承保新增设备损失险的保险公司应承担赔偿责任。但如果只是新增设备单独被盗窃、丢失、被破坏，保险公司不负责赔偿。

车辆出险后，保险公司会根据车主在事故中所负责任的大小，赔偿所有应赔偿总金额的 80% ~95%（其余部分为保险条款规定的免于赔偿部分），被保险人在事故中负全部责任的赔偿 80%，负主要责任的赔偿 85%，事故双方负同等责任的赔偿 90%，被保险人负次要责任的赔偿 95%。

【拓展四】 汽车消费贷款保证保险

1. 汽车消费贷款保证保险条款的基本知识

1）基本概念

（1）投保人。

汽车消费贷款投保人指根据中国人民银行《汽车消费贷款管理办法》的规定，与被保险人订立《汽车消费贷款合同》，以贷款购买汽车的中国公民、企业、事业单位法人。

（2）被保险人。

汽车消费贷款被保险人指为投保人提供贷款的国有商业银行或经中国人民银行批准经营汽车消费贷款业务的其他金融机构。

（3）保险责任事故。

投保人逾期未能按《汽车消费贷款合同》规定的期限偿还投保人的欠款满一个月的，视为保险责任事故发生。

保险责任事故发生后6个月，投保人不能履行规定的还款责任，保险人负责偿还投保人的欠款。但是下列几种情况可以免除相应责任：

①由于下列原因造成投保人不按期偿还欠款，导致被保险人的贷款损失时，保险人不负责赔偿：

战争、军事行动、暴动、政府征用、核爆炸、核辐射或放射性污染。

因投保人的违法行为、民事侵权行为或经济纠纷致使其车辆及其他财产被罚没、查封、扣押、抵债及车辆被转卖、转让。

因所购车辆的质量问题及车辆价格变动致使投保人拒付或拖欠车款。

②由于被保险人对投保人提供的材料审查不严或双方签订的《汽车消费贷款合同》及其附件内容进行修订而事先未征得投保人书面同意，导致被保险人不能按期收回贷款的损失。

③由于投保人不履行《汽车消费贷款合同》规定的还款义务而导致的罚金、违约金，保险人不负责赔偿。

2）保险期限和保险金额

汽车消费贷款保险期限是从投保人获得贷款之日起，至付清最后一笔贷款之日止，但最长不得超过《汽车消费贷款合同》规定的最后还款日后的一个月。

汽车消费贷款保险金额为投保人的贷款金额（不包括利息、罚金及违约金）。

3）相关方义务

（1）投保人义务。

投保人必须在本合同生效前，履行以下义务：

①一次性交齐全部保费。

②必须依法办理抵押物登记。

③必须按中国人民银行《汽车消费贷款管理办法》的规定为抵押车辆办理车辆损失险、第三者责任险、盗抢险、自燃损失险等保险，且保险期限至少比汽车消费贷款期限长6个月，中途不得中断或退保。

（2）被保险人义务。

①被保险人发放汽车消费贷款的对象必须为贷款购车的最终用户。

②被保险人应按照中国人民银行《汽车消费贷款管理办法》严格审查投保人的资信情

况，在确认其资信良好的情况下，方可同意向其贷款。

③资信审查时应向投保人收取以下证明文件，并将其复印件提供给保险人，内容包括：个人的身份证及户籍证明原件、工作单位人事及工资证明或居委会出具的长期居住证明；企业法人的营业执照、税务资信证明等。

④被保险人应严格遵守国家法律、法规，做好欠款的催收工作和催收记录。

⑤被保险人与投保人所签订的《汽车消费贷款合同》内容如有变动，须事先征得保险人的书面同意。

⑥被保险人在获得保险赔款的同时，应将其有关追偿权益书转让给保险人，并协助保险人向投保人追偿欠款。

⑦被保险人不履行上述规定的各项义务，保险人有权解除保险合同或不承担赔偿责任。

任务项目三

车辆保险承保实务

一、任务描述

刘小姐，某企业员工，年龄30岁，月收入5 000元。刘小姐买了一辆斯柯达晶锐用于上下班代步。车子一般停放在小区，新车购置价8万元，有发动机防盗，无新增设备。若投保第三者责任险、机动车损失险、全车盗抢险、车上人员责任险，约定第三者责任险的责任限额为20万元，机动车损失险保险金额为8万元，车上人员责任险的每座每次事故责任限额均为2万元，盗抢险的保险金额为8万元，并对以上险种均约定不计免赔特约条款，刘小姐需要缴纳多少保险费？若刘小姐一年保险期届满后需续保，应该怎么进行业务办理？作为汽车保险从业人员，如何开展汽车保险展业？如何进行汽车保险险种推介？对客户的投保请求进行核保时应该注意什么问题？

二、能力要求

- 熟悉汽车保险的承保流程；
- 熟悉汽车保险合同的内容和形式；
- 掌握汽车投保单的填写要求；
- 掌握汽车保险费的计算方法；
- 掌握汽车保险的承保与核保制度。

三、场所、设备要求

多媒体教室。

汽车仿真实训室；配备汽车投保仿真实训软件。

四、操作考核

案例一：李小姐，某私企员工，年龄29岁，月收入5 000元。李小姐买了一辆日产阳光车，主要用于上下班代步用。由于没有车库，车辆停放在小区。新车购置价7.18万元，有发动机防盗，无新增设备。李小姐想为自己的新车购买保险，但不知道如何购买，需要经过哪些环节，有哪些注意事项，最后可获得哪些保险单据。

请学生根据案例掌握汽车保险合同的内容和形式，在掌握汽车保险单的填写要求等知识的基础上，具备指导投保人正确填写投保单以及缮制和签发保险单的能力。

案例二：王小姐，某私企员工，年龄30岁，月收入6 000元。王小姐买了一辆悦达起亚，主要用于上下班代步用。由于没有车库，车辆停放在小区。新车购置价7.18万元，有发动机防盗，无新增设备。如李小姐给车辆投保交强险、车损险、第三者责任险（责任限额30万元）、车上人员责任险（驾驶员，每座每次事故责任限额2万元）、全车盗抢险、不计免赔特约险。刘小姐现在应该缴纳多少保险费？

请学生根据汽车保险费率相关知识，帮助李小姐计算保险费用。

五、理论知识

知识一　承保流程

一、保险展业

保险展业的根本目的就是要增加保险标的，以分散风险、扩大保险基金。展业面越宽，承保面越大，获得的风险保障的风险单位数越多，风险就越能在空间和时间上被分散。在保险展业过程中，保险展业人员要学会如何做好展业前的各项准备，了解保险展业的工作内容和方法，根据不同客户的需求，向客户提供相应的保险产品。

（一）保险展业的含义

保险展业是指保险的销售活动，即拓展保险市场，推销保险业务（保险单）。保险展业包括两大渠道：直接展业和通过代理人展业（保险代理人展业和保险经纪人展业）。保险展业所具有的重大意义是由保险服务本身的特点所决定的，主要表现在以下几个方面：

①通过保险展业，唤起人们对保险的潜在需求；

②通过保险展业，对保险标的的风险进行选择；

③通过保险展业，争夺市场份额，提高经济效益；

④通过保险展业，提高人们的保险意识。

（二）保险展业的环节

1. 保险展业的准备工作

开展保险业务之前，应事先对保险市场环境、潜在顾客状况、保险公司自身优势和劣势以及保险商品的特点进行全面的分析，制定出战略规划和策略，做到知己知彼，才能取得预期的展业效果，其具体的准备工作如下：

1）调查背景情况，制定展业规划

调查背景情况，是制定展业规划和实施展业的依据，它包括对保险公司自身经营状况的考察和对外经营环境的调查。前者包括对公司经营状况、信誉、市场占有率、所销保险产品的特点等方面进行全面细致的研究和分析，以便在制定和实施展业规划过程中扬长避短。后者包括对保险市场供求环境的调查、市场购买力的调查；对其他保险公司经营情况和相应保险产品的调查；以及对展业区特点、风俗习惯、风险状况等各种与展业相关因素的调查和研究。

2）了解潜在顾客的情况

潜在顾客是那些在主观上或客观上需要保险且具有购买力的尚未购买保险商品的企业、团体或个人。对潜在顾客的了解，主要包括潜在顾客的行业、经济实力、风险状况、保险意识等与展业直接或间接相关的因素。在充分了解的基础上，对潜在顾客进行分类，归纳出各类顾客的共同保险需求及不同顾客的特殊保险需求，以便根据具体的情况扩大展业成果。

3）确定展业宣传对象

根据展业计划、潜在顾客情况和所销保险产品的特点来确定展业宣传对象。这样可以使保险展业目标更加明确，使展业宣传具有针对性，从而取得更好的展业效果。

4）做好出勤前的各项准备

根据展业工作的需要，备齐必要的各种单证、条款、费率表、宣传资料和其他宣传工具，做好出勤前的各项准备工作。

2. 接触展业对象

接触展业对象的方法有两种：介绍接触和直接接触。

1）介绍接触

介绍接触是指展业人员通过第三者介绍而接触展业对象。介绍接触的优点是，第三者的中介作用可以使展业气氛轻松和谐，便于展业宣传深入进行，且赋予其更强的说服力，有利于达成展业成果。介绍接触的途径很多，如亲友介绍、同学介绍等私人关系介绍、合作单位、展业对象的主管机关以及老顾客的介绍和团体组织介绍等。介绍接触必须找合适的中介人，中介人必须对展业对象有积极的影响，否则介绍接触不仅不能促使展业成功，反而会起到相反的效果，所以应慎重选择介绍人。

2）直接接触

直接接触是指展业人员利用工作关系直接接近展业对象。直接接触时，一般需持有展业证件或其他证件，备有联系业务的自荐名片。直接接触时，应首先对展业对象及其负责人进行了解，以便于寻找共同语言，增加交谈的说服力。同时，掌握好接近的时间和地点，尽量安排在对方时间较宽裕的时候去拜访，以便于深入交谈，直接接触展业对象的优点是简捷，但往往会遇到“坐冷板凳”的情况，这就要求展业人员要以耐心、诚心、责任心来认真细致地工作，采取适当的交际方式接近展业对象，完成展业任务。

3. 面谈

面谈是展业工作的关键环节，除了提供优质的保险商业和服务以外，展业人员的交谈方式和技巧也是促成展业成果的重要因素。

1）为了争取面谈成功，要求展业人员必须做到的事项

（1）把面谈预约展业对象的工作提前做好；

（2）落落大方，开朗乐观，满怀信心地进行展业宣传工作；

（3）突出保险“以少量保费，获得切实保障”的特点；

（4）用比较的方法进行宣传；

（5）针对不同类型的展业对象，采取不同的面谈方法；

（6）正确回答人们提出的异议；

（7）坚持实事求是的原则；

（8）注意语言艺术。

2）展业交谈语言艺术的基本要求

（1）必须以满足展业对象的需求为前提；

（2）必须能准确传递保险商品信息，即要求语言简明通俗，易读易懂，力求使对方完全理解所接收的信息，尽量避免使用对方难懂的专业术语或容易造成误解的含糊词汇；

（3）必须能引起展业对象的愉悦反应，以诚心赢得顾客的理解与合作。

（三）展业人员应具备的素质

保险展业是一项思想性、政策性、技术性都很强的工作。完成好这一工作，要求展业人员具备良好的素质。

1. 政策观念和法制观念强

保险关系的确立是双方当事人在协商自愿的基础上，通过订立保险合同的方式实现的。所以在保险展业中，必须明确和牢记双方平等的法律地位，要坚持自愿投保的原则，不能采取不正当手段强迫展业对象投保。

2. 熟悉业务、博学多识

推销一种商品，必须首先了解这种产品。保险展业人员必须熟练掌握保险的各种知识和保险商品的全部知识，这是完成展业任务的一个基本条件。否则，面对顾客的疑问和异议，就会出现无言以对或解答失误的局面。这不仅影响展业工作效果，而且严重损害保险公司的形象。保险展业与社会各界进行着广泛的接触，涉及许多学科的知识和技能，保险展业人员不仅要熟悉业务，广采博学，而且要不断更新知识，提高技能。

二、承保

（一）承保的概念

承保指保险人在投保人提出要保请求后，经审核认为符合承保条件并同意接受承保人申请，承担保险合同规定的保险责任的行为。承保工作中最主要的环节为核保。保险公司在进行承保时，应做好以下几个方面的工作：

1. 应当由承保部门制定与公司目标相一致的承保方针和编制承保手册

承保手册具体规定承保的险种、展业的地区、所使用的保险单和费率厘定计划，以及可以接受的、难以确定的和拒保的业务、保险金额等。承保手册，便于保险展业人员贯彻执行公司的方针政策。

2. 承保部门在决定是否接受投保时要对投保人作出评价

评价时需要得到有关信息，信息的种类随险种而定。

3. 承保部门在对有关信息进行评估后，要作出承保决策

决策的方式有：

（1）接受投保，出立保险单；

（2）有条件地接受投保；

（3）优惠承保；

(4) 拒保。

(二) 承保流程

各保险公司承保的业务流程大体相近，一般通过七个步骤完成：

(1) 通过保险展业向投保人介绍条款，履行说明义务、设计方案；

(2) 客户填写投保单；

(3) 保险公司工作人员进行初审，检验有关车辆的单证；

(4) 保险公司审核投保资料；

(5) 审核通过，客户缴纳保险费；

(6) 缮制保险合同，送达并签收；

(7) 客户服务中心进行回访。

三、核保

保险核保是指保险人对投保申请进行审核，决定是否接受承保这一风险，并在接受承保风险的情况下，确定保险费率的过程。在核保过程中，核保人员会按标的物的不同风险类别给予不同的费率，保证业务质量，保证保险经营的稳定性。核保是承保业务中的核心业务，而承保部分又是保险公司控制风险、提高保险资产质量最为关键的一个步骤。核保属于保险公司的重要业务管理岗位。核保人的日常工作是对保单的承保条件进行审核，看投保项目的风险状况和最终的承保条件是否匹配，保单是否符合公司的相关承保规定，能否允许承保。

(一) 核保的业务流程

核保的业务流程如图3.1所示。

(二) 核保的主要内容

1. 审核投保单

业务人员在收到投保单后，首先根据保险公司内部制定的承保办法决定是否接受该业务。如果不属于拒保业务，应立即加盖公章，载明收件日期。要求所审查的投保单所填写的各项内容完整、清楚、准确。

1) 投保人资格

核心是认定投保人对保险标的拥有保险利益，汽车保险业务中是通过核对行驶证完成的。

2) 投保人或被保险人的基本情况

了解车辆的使用情况、主要行驶路线等。

3) 投保人或被保险人的信誉

投保人或被保险人的信誉是汽车核保工作的重要内容。保险业务人员要尽量对其以往的损失和赔付情况进行了解，以避免风险。

4) 保险金额

应根据公司制定的汽车市场指导价格确定保险金额。对投保人要求按照低于这一价格投保的，要尽量将理赔时可能出现的问题进行说明。

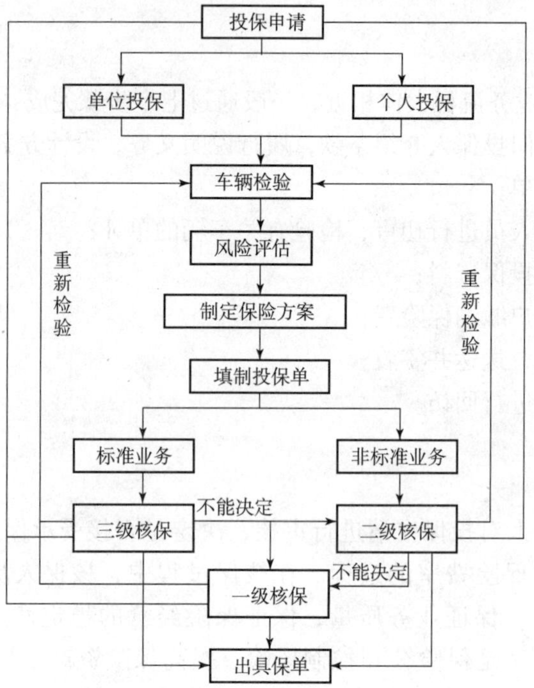

图 3.1　核保业务流程

5）保险费

主要适用费率的审核与计算的审核。

6）附加条款

主险和标准条款提供的是适应车辆风险共性的保障，附加条款适用于风险的个性问题。特殊性往往意味着高风险，所以对于附加条款就更应当注意对风险的特别评估和分析，谨慎接受和制定条件。

2．查验有关证件

包括机动车行驶证、车辆登记证、临时号牌、机动车驾驶证等证件是否真实、有效。

3．查验车辆

要根据投保人提供的车辆行驶证等有关证件进行详细核查。在具体操作过程中要注意对重点车辆的检查和重点检查工作。

（1）检查工作的重点包括投保人称谓和行驶证签章的一致性、保险车辆与行驶证的吻合、投保车辆的合法性、牌照与发动机号码的正确性、保险车辆是否年检、车辆的技术状况、消防设备和防盗设备是否齐全、有无受损等；

（2）重点车辆。重点车辆包括首次投保的车辆、未按期续保的车辆、申请增加附加险的车辆、接近报废的车辆、特种车辆、重大事故后修复的车辆、经常"跳槽"的车辆。

4．核定保险费率

应根据投保单上所列的车辆情况、驾驶人员情况和保险公司的《机动车辆保险费率标准》，逐项确定投保车辆的保险费率。

5．计算保险费用

在确定车辆保险费率的基础上，保险公司业务人员根据投保人所选择的保险金额和赔款限额计算保险费。

（三）核保人员的等级和权限

1. 等级

目前核保人一般分为 3 个等级，根据不同的等级授予不同的权限。

1）一级核保人

主要负责审核特殊风险业务，包括高价值车辆的核保、特殊车型业务的核保、车队业务的核保、投保人特别要求业务的核保以及下级核保人员无力核保的业务。同时还应及时解决其管辖范围内出现的有关核保技术方面的问题，如果自己无法解决，应及时向上级核保部门反映。

2）二级核保人

主要负责审核非标准业务，包括不属于三级核保人员业务范围的非标准业务，即在核保手册中没有明确指示核保条件的业务，主要是指在日常工作中可能出现的承保条件方面的问题，如保险金额、赔偿限额、免赔额等有特殊要求的业务。二级核保人可以完成费率标准业务核保。

3）三级核保人

主要负责对常规业务的核保，即按照核保手册的有关规定，对投保单的各个要素进行形式上的审核，亦称投保单核保。三级核保人主要完成标准业务核保。

保险人员经过核保后，根据具体情况作出正常承保、优惠承保、有条件承保、拒绝承保的决策。

2. 当前车险业务各级核保权限

1）省公司核保权限

车辆损失险：单车保险金额 500 万元以下；第三者责任险：单车责任限额 500 万元以下。

2）分公司核保权

车辆损失险保险金额或第三者责任限额：一级权限公司 260 万元以下（含 260 万元，下同），二级权限公司 180 万元以下，三级权限公司 100 万元以下。

3）附加险承保权限

车上责任险每座责任限额 20 万元以下，其他附加险保险金额或责任限额 150 万元以下。

（四）缮制和签发保险单证

核保通过后，保险公司保险系统按预先设置的编制规则生成保险单号码，交强险和商业险分别出具保险单、保险标志、保险卡和发票。保险单证经过打印盖章后清分，保险单、正本发票、保险标志等一并交给投保人，其余单证留存保险机构。对投保单及其附表、保险单及其附表、保险费收据、保险证等，应由保险公司业务人员清理归类。各附表要粘在保险单的背面，加盖骑缝章，分别交给财务部门和业务部门留存。

知识二　汽车保险保费计算

一、机动车交通事故责任强制保险保险费率及计算

（一）交强险基础保费的计算

1. 一年期基础保费的计算

投保一年期机动车交通事故责任强制保险的，根据《机动车交通事故责任强制保险

基础费率表》中相对应的金额确定基础保险费。2008 版交强险基础费率表如表 3.1 所示。

表 3.1 2008 版交强险基础费率表

车辆大类	序号	车辆明细分类	保险费/元
一、家庭自用车	1	家庭自用汽车 6 座以下	950
	2	家庭自用汽车 6 座及以上	1 100
二、非营业客车	3	企业非营业汽车 6 座以下	100
	4	企业非营业汽车 6 ~ 10 座	1 130
	5	企业非营业汽车 10 ~ 20 座	1 220
	6	企业非营业汽车 20 座以上	1 270
	7	机关非营业汽车 6 座以下	950
	8	机关非营业汽车 6 ~ 10 座	1 070
	9	机关非营业汽车 10 ~ 20 座	1 140
	10	机关非营业汽车 20 座以上	1 320
营业客车	11	营业出租租赁	1 800
	12	营业出租租赁 6 ~ 10 座	2 360
	13	营业出租租赁 10 ~ 20 座	2 400
	14	营业出租租赁 20 ~ 36 座	2 560
	15	营业出租租赁 36 座以上	3 530
	16	营业城市公交 6 ~ 10 座	2 250
	17	营业城市公交 10 ~ 20 座	2 520
	18	营业城市公交 20 ~ 36 座	3 020
	19	营业城市公交 36 座以上	3 140
	20	营业公路客运 6 ~ 10 座	2 350
	21	营业公路客运 10 ~ 20 座	2 620
	22	营业公路客运 20 ~ 36 座	3 420
	23	营业公路客运 36 座以上	4 690

续表

车辆大类	序号	车辆明细分类	保险费/元
非营业货车	24	非营业货车 2 吨以下	1 200
	25	非营业货车 2 ~5 吨	1 470
	26	非营业货车 5 ~10 吨	1 650
	27	非营业货车 10 吨以上	2 220
营业货车	28	营业货车 2 吨以下	1 850
	29	营业货车 2 ~5 吨	3 070
	30	营业货车 5 ~10 吨	3 450
	31	营业货车 10 吨以上	4 480
特种车	32	特种车一	3 710
	33	特种车二	2 430
	34	特种车三	1 080
	35	特种车四	3 980
摩托车	36	摩托车 50cc 及以下	80
	37	摩托车 50 ~250cc（含）	120
	38	摩托车 250cc 以上及侧三轮	400

注：

①座位和吨位的分类都按照“含起点不含终点”的原则来解释。

②特种车一：油罐车、气罐车、液罐车。

③特种车二：专用净水车、特种车一以外的罐式货车，以及用于清障、清扫、清洁、起重、装卸、升降、搅拌、挖掘、推土、冷藏、保温的各种专用机动车。

④特种车三：装有固定专用仪器设备，从事专业工作的监测、消防、运钞、医疗、电视转播等各种专用机动车。

⑤特种车四：集装箱拖头。

2. 保险费的计算方法

交强险最终保险费 = 交强险基础保险费 ×（1 + 与道路交通事故相联系的浮动比率）

1）机动车交通事故责任强制保险基础费率浮动因素和浮动比率按照《机动车交通事故责任强制保险费率浮动暂行办法》执行

具体如下：

（1）A1：上一个年度未发生有责任道路交通事故优惠 10%；

（2）A2：上两个年度未发生有责任道路交通事故优惠 20%；

（3）A3：上三个及以上年度未发生有责任道路交通事故优惠 30%；

（4）A4：上一个年度发生一次有责任不涉及死亡的道路交通事故无优惠；

（5）A5：上一个年度发生两次及两次以上有责任道路交通事故增加 10%；

（6）A6：上一个年度发生有责任道路交通死亡事故增加 30%。

与道路交通事故相联系的浮动比率 A 为 A1 ~ A6 其中之一，不累加。同时满足多个浮动因素的，按照向上浮动或者向下浮动比率的高者计算；仅发生无责任道路交通事故的，交强险费率仍可享受向下浮动；浮动因素计算区间为上期保单出单日至本期保单出单日；与道路交通事故相联系浮动时，应根据上年度交强险已赔付的赔案浮动。上年度发生赔案但还未赔付的，本期交强险费率不浮动，直至赔付后的下一年度，交强险费率向上浮动。

2）几种特殊情况的交强险费率浮动方法

（1）首次投保交强险的机动车费率不浮动。

（2）在保险期限内，被保险机动车所有权转移，应当办理交强险合同变更手续，且交强险费率不浮动。

（3）机动车临时上道路行驶或境外机动车临时入境投保短期交强险的，交强险费率不浮动。其他在投保短期交强险的情况下，根据交强险短期基准保险费并按照上述标准浮动。

（4）被保险机动车经公安机关证实丢失后追回的，根据投保人提供的公安机关证明，在丢失期间发生道路交通事故的，交强险费率不向上浮动。

（5）机动车上一期交强险保单满期后未及时续保的，浮动因素计算区间仍为上期保单出单日至本期保单出单日。

（6）在全国车险信息平台联网或全国信息交换前，机动车跨省变更投保地时，如投保人能提供相关证明文件的，可享受交强险费率向下浮动。不能提供的，交强险费率不浮动。

（二）第三者责任险保险费率及计算

保险费 = 固定保费

第三者责任险保险费率表如表 3.2 所示。

表 3.2　第三者责任险保险费率表

家庭自用汽车与非营业客车		第三者责任保险/元						
		5 万	10 万	15 万	20 万	30 万	50 万	100 万
家庭自用汽车	6 座以下	607	877	999	1 087	1 226	1 472	1 971
	6 ~ 10 座	562	792	895	965	1 081	1 287	1 676
	10 座以上	562	792	895	965	1 081	1 287	1 676
企业非营业客车	6 座以下	668	942	1 065	1 148	1 287	1 531	1 994
	6 ~ 10 座	620	883	1 001	1 083	1 216	1 453	1 892
	10 ~ 20 座	731	1 044	1 186	1 284	1 445	1 727	2 249
	20 座以上	856	1 262	1 449	1 585	1 799	2 172	2 829

（三）机动车损失险的保险费率及计算

按照投保人类别、车辆用途、座位数/吨位数/排量/功率、车辆使用年限所属档次，查找基础保险费和费率，机动车损失险的保险费率表如表 3.3 所示。

保险费 = 基础保险费 + 实际新车购置价 × 费率

表 3.3　机动车损失险的保险费率表

家庭自用汽车与非营业客车		机动车损失保险							
		1 年以下		1 ~ 2 年		2 ~ 6 年		6 年以上	
		基础保费/元	费率/%	基础保费/元	费率/%	基础保费/元	费率/%	基础保费/元	费率/%
家庭自用汽车	6 座以下	566	1.35	539	1.28	533	1.27	549	1.31
	6 ~ 10 座	679	1.35	646	1.28	640	1.27	659	1.31
	10 座以下	679	1.35	646	1.28	640	1.27	659	1.31
企业非营业客车	6 座以下	368	1.22	351	1.16	347	1.15	358	1.18
	6 ~ 10 座	442	1.16	421	1.10	417	1.09	430	1.13
	10 ~ 20 座	442	1.24	421	1.18	417	1.17	430	1.21
	20 座以上	461	1.24	439	1.18	434	1.17	447	1.21

（四）全车盗抢险、车上人员责任险保险费率及计算

全车盗抢险按照投保人类别、车辆用途、座位数、车辆使用年限查找基础保险费和费率。

保险费 = 保险金额 × 费率 + 基础保险费

车上人员责任险按照投保人类别、车辆用途、座位数、投保方式查找费率。

保险费 = 单座责任限额 × 投保座位数 × 费率

车上人员责任险和盗抢险费率表如表 3.4 所示。

表 3.4　车上人员责任险和盗抢险费率表

家庭自用汽车与非营业客车		车上人员责任险		盗抢险	
		驾驶人/%	乘客/%	基础保费/元	费率/%
家庭自用汽车	6 座以下	0.41	0.26	120	0.41
	6 ~ 10 座	0.40	0.26	140	0.45
	10 座以上	0.40	0.26	140	0.45
企业非营业客车	6 座以下	0.41	0.25	120	0.39
	6 ~ 10 座	0.39	0.23	130	0.46
	10 ~ 20 座	0.39	0.23	130	0.48
	20 座以上	0.41	0.25	140	0.39

（五）附加险保险费率及计算

1. 玻璃单独破碎险的保费计算

玻璃单独破碎险按照投保人类别、座位数、投保国产/进口玻璃查找费率。

$$保险费 = 新车购置价 \times 费率$$

玻璃单独破碎险费率表如表 3.5 所示。

表 3.5　玻璃单独破碎险费率表

家庭自用汽车与企业非营业客车		玻璃单独破碎险	
		国产玻璃/%	进口玻璃/%
家庭自用汽车	6 座以下	0.21	0.36
	6 ~ 10 座	0.21	0.36
	10 座以上	0.25	0.44
企业非营业客车	6 座以下	0.15	0.28
	6 ~ 10 座	0.15	0.28
	10 ~ 20 座	0.17	0.32
	20 座以上	0.18	0.32

2. 车身划痕险保险金额分为 2 000 元、5 000 元、10 000 元、20 000 元四档，由投保人报保险公司商定

一般按新车购置价所属档次直接查找保险费，车身划痕险费率表如表 3.6 所示。

表 3.6　车身划痕险费率表

车身划痕损失险				
车龄	保额/元	新车购置价/元		
		30 万以下	30 万 ~ 50 万	50 万以上
2 年以下	2 000	400	585	850
	5 000	570	900	1 100
	10 000	760	1 170	1 500
	20 000	1 140	1 780	2 250
2 年及以上	2 000	610	900	1 100
	5 000	850	1 350	1 500
	10 000	1 300	1 800	2 000
	20 000	1 900	2 600	3 000

3. 机动车停驶损失险的保费计算

保险费 = 约定的最高赔偿天数 × 约定的最高日责任限额 × 固定费率

以上是常用的附加险计算，其他附加险的保费可查询相关保险公司网站。

二、保险费率浮动机制

中国保监会曾发文：各财产保险公司应于 2016 年 7 月 1 日前，停止使用现行商业车险条款、费率，并按照相关规定，及时拟订、报批新商业车险条款和费率。

（一）汽车保险费改后计算公式

商业车险保费 = 基准纯风险保费/（1 − 附加费用率）× 无赔款优待系数 × 自主核保系数 × 自主渠道系数

（二）车险费改后买车、用车保费变化

保费与买车、用车息息相关，一般车主在买车之后都会购买相应的车险。下面，给大家介绍车险费改后车主买车、用车保费变化。

1. 保费与车型费率表相关

车险费改革参考行业理赔大数据后，制作了车型费率表，不同品牌、不同车型的保险费率均不同。

2. 保费与出险次数相关

违规较多、社会信用差的车主投保将面临更高的费用。

3. 保费与零整比相关

车辆零整比就是市场上该车型全部零配件的价格之和与新车销售价格的比值。一般而言，零整比越高的车，意味着售后维修成本越高，因此车险费率会提高。

（三）车险费改革前后变化（如表 3.7 所示）

（1）出险次数和保费折扣挂钩；

（2）取消车灯倒车镜单独险，并入车损险；

（3）取消三者险不赔直属亲人的条款；

（4）连续三年未出险：打折 60%；

（5）连续两年未出险：打折 70%；

（6）上年未出险：打折 85%；

（7）上年出险一次：不打折；

（8）上年出险两次：上浮 125%；

（9）上年出险三次：上浮 150%；

（10）上年出险四次：上浮 175%；

（11）上年出险五次：上浮 200%。

表 3.7 车险费改革前后变化

车险费改革前	车险费改革后
一年不出险	一年不出险
0.57	0.85

续表

车险费改革前	车险费改革后
两年不出险	两年不出险
0.5225	0.7
三年不出险	三年不出险
0.475	0.6
一年出险一次	一年出险一次
0.665	1
一年出险两次	一年出险两次
0.95	1.25
一年出险三次	一年出险三次
1.045	1.5
一年出险四次	一年出险四次
1.235	1.75
一年出险五次以上	一年出险五次以上
1.425	2.0

（四）车险费改优势

（1）车辆没挂牌出事故可获赔。

（2）司机家人也列入第三者责任险赔付范围。

（3）冰雹台风等自然灾害和所载货物及车上人员意外撞击导致的车损也可获赔。

（4）代位求偿。遭遇交通事故，若交警判定对方全责，但对方拒赔，可让自己的保险公司先行赔付，再由保险公司向对方追偿。

（五）车险续保注意事项

1. 选择性价比高的保险公司投保

由于竞争激烈，除了传统的车险代理人和保险公司的网销渠道，也有不少互联网车险平台提供专业的车险选择建议和优惠投保方案。所以，车主在给爱车续保时，可以通过评估对比，选择性价比更高的渠道进行投保。

2. 根据自身情况决定投保险种

由于新手车主的车辆受损概率比较高，因此选购保险一定要比较全面。但是随着驾龄的增长，驾驶经验也越来越充足，这时候车主续保可以根据自身情况来决定投保哪些险种。

3. 切勿让爱车处于“裸奔”状态

对于爱车来说，没有及时进行续保导致脱保是很危险的。脱保不仅会增加保费，一旦出险，也没有保障。所以及时续保，对于车主而言很有必要。

知识三　机动车保险承保模拟实训教学软件

为了学生让更好地理解机动车保险承保流程，本节知识点以北京运华天地有限公司的汽车营销基本技能考核系统 V1.0 为操作平台，如图 3.2 所示，介绍基本的机动车保险承保操作流程和业务重点。

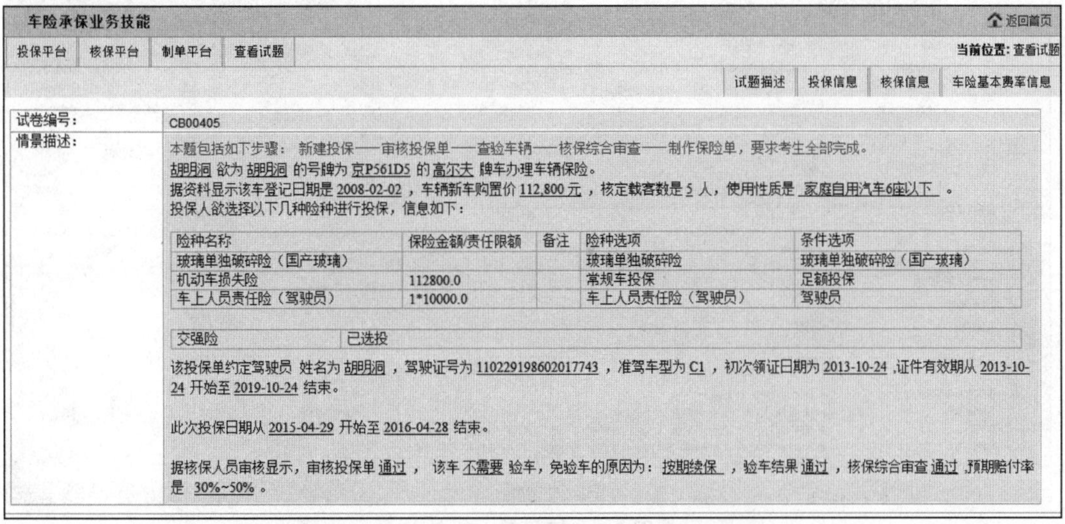

图 3.2　汽车营销基本技能考核系统 V1.0 操作平台

如图 3.2 所示，该页面简要介绍了承保案例、业务技能操作流程，即新建投保——审核投保单——查验车辆——核保综合审查——制作保险单。

一、新建投保

新建投保界面如图 3.3 所示。

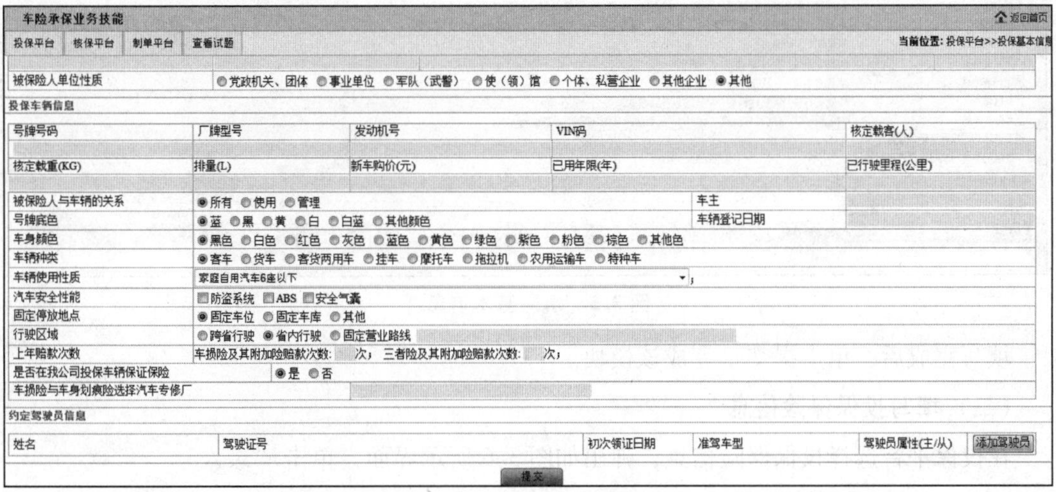

图 3.3　新建投保界面

（一）填写基本信息

该模块中要求按照承保案例基本信息填写投保人信息、投保车辆信息、约定驾驶人信息。填写相应内容时，可随时打开试题描述，查询投保平台模块中的投保基本信息、投保保险信息、投保综合信息。如图 3.4 和图 3.5 所示。

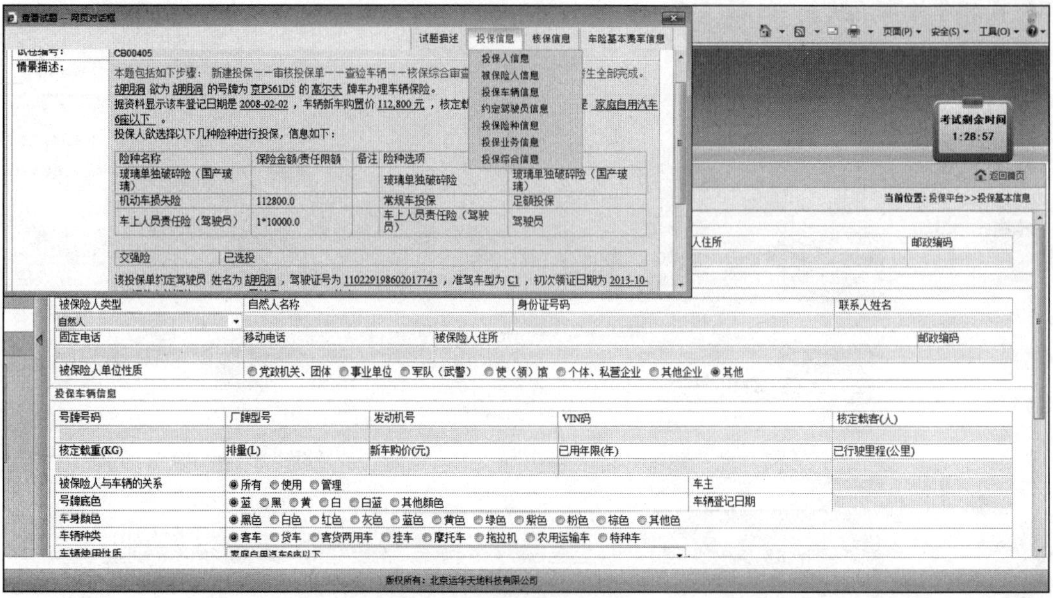

图 3.4　填写基本信息①

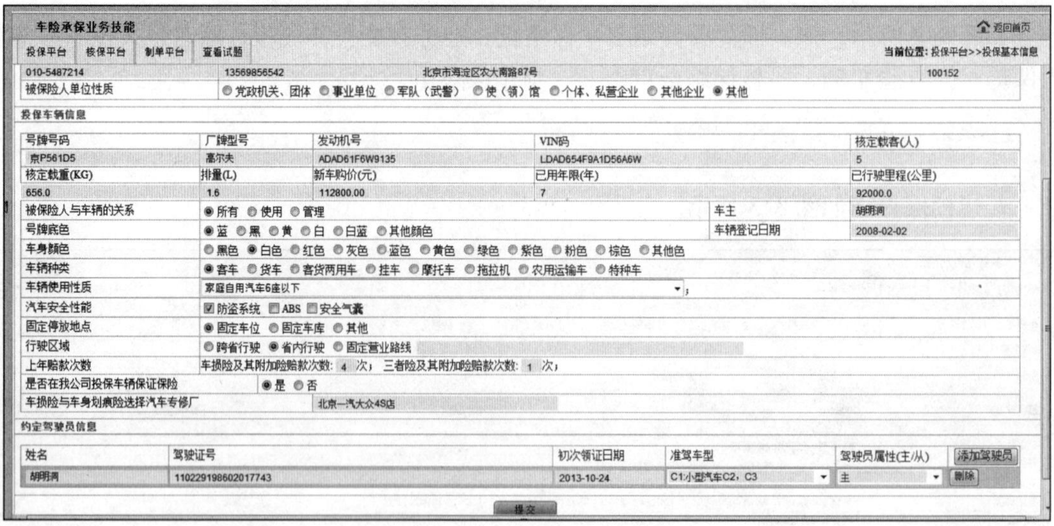

图 3.5　填写基本信息②

填写完成后，单击提交，完成该模块。

（二）填写投保保险信息

在投保平台选择投保保险信息，弹出如图 3.6 所示界面，单击“录入”。

（三）录入险种

按照如图 3.7 所示的投保险种信息，进行投保险种的录入。

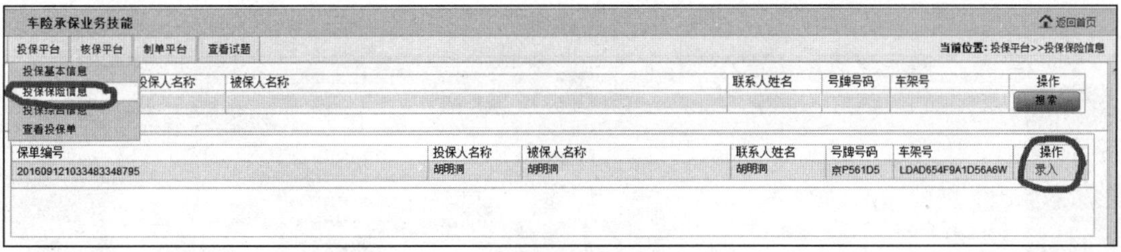

图 3.6　填写投保保险信息

录入完成后单击“提交”。

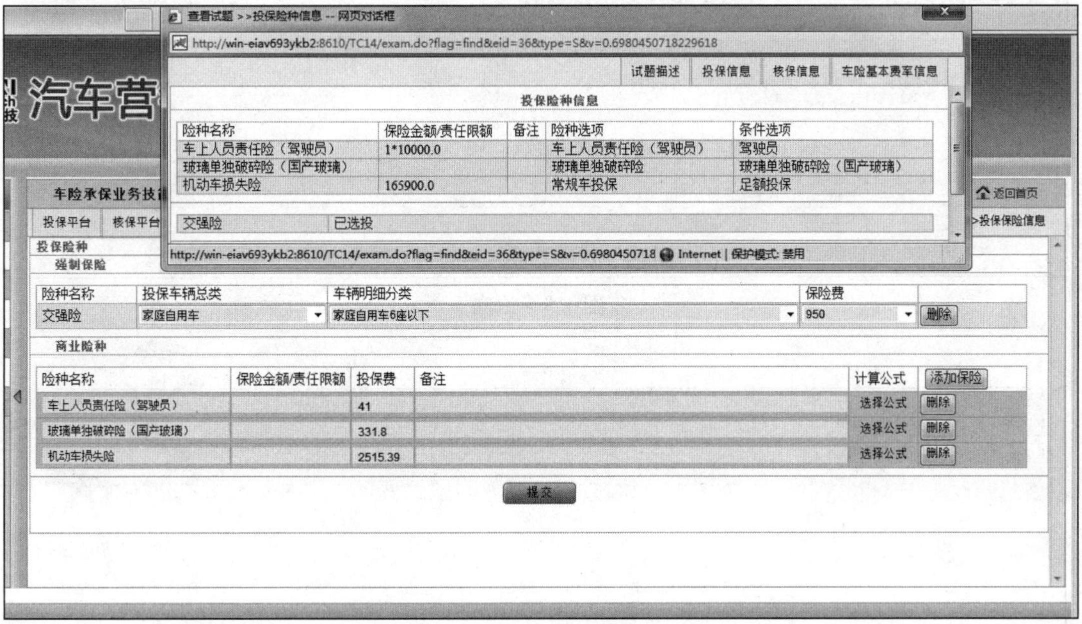

图 3.7　录入险种

（四）录入投保综合信息（如图 3.8 所示）

按照查看试题中的投保业务信息、投保综合信息录入。录入完成后单击“提交”，如图 3.9 所示。

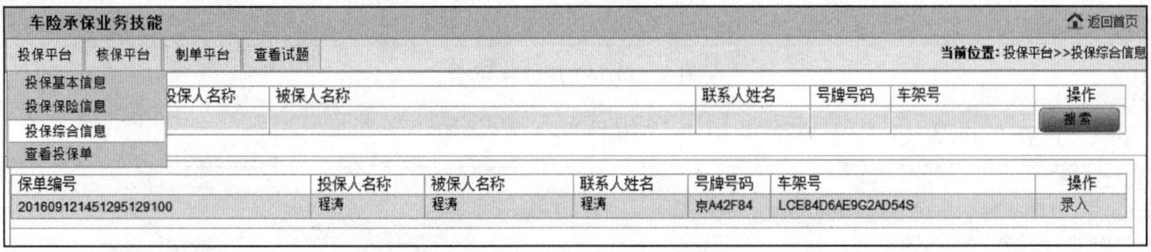

图 3.8　录入投保综合信息

二、核保平台

（1）打开投保平台，单击“搜索”（如图 3.10 所示）；

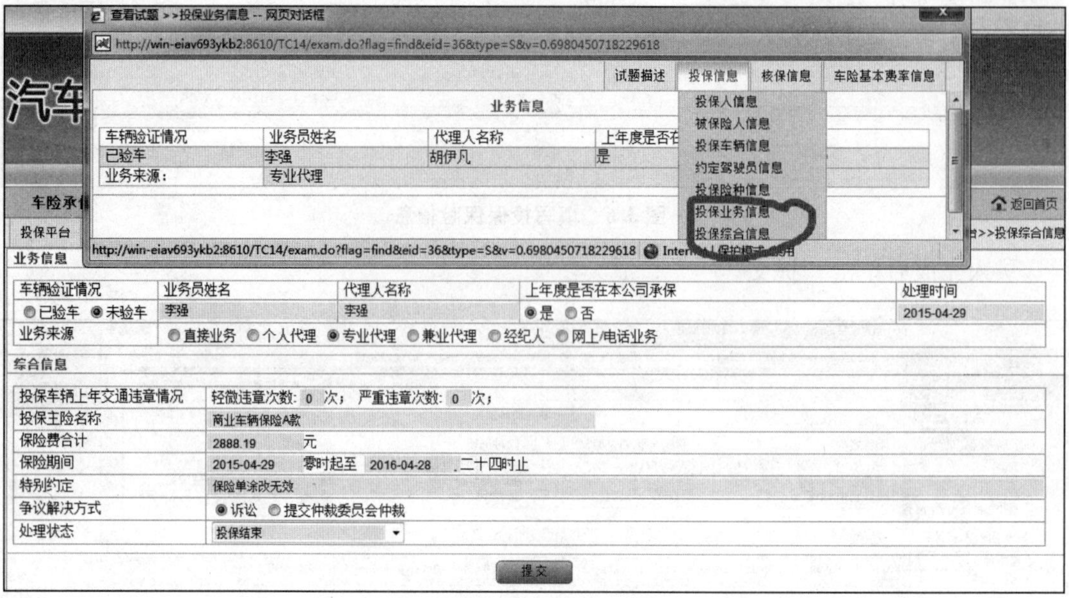

图 3.9　提交

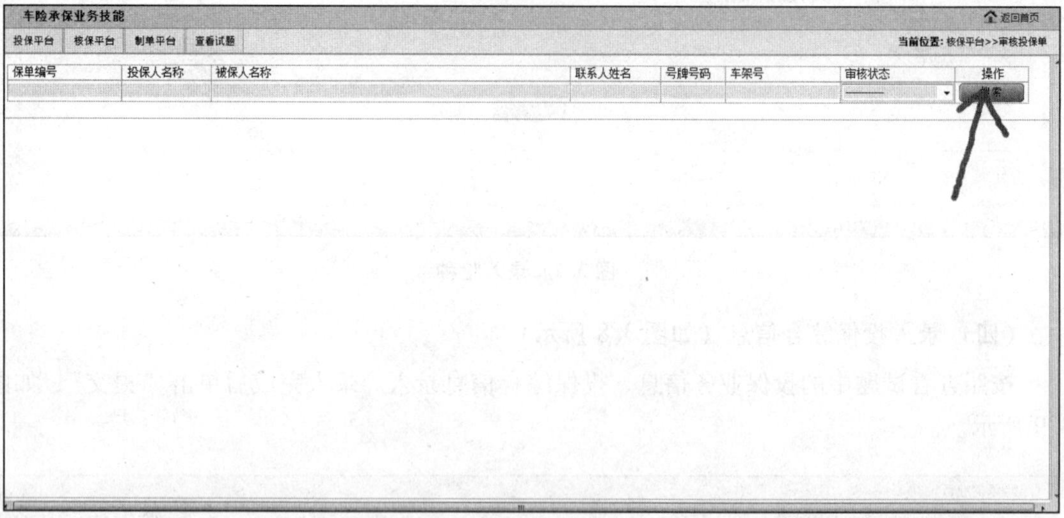

图 3.10　打开投保平台

（2）在如图 3.11 所示界面中单击“审核”；

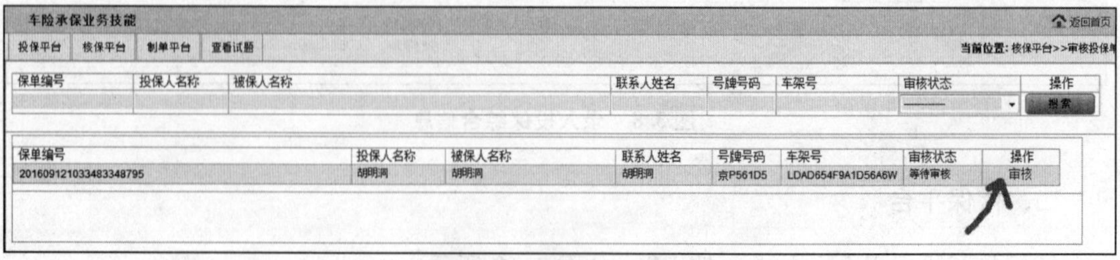

图 3.11　单击“审核”

(3) 查看投保单，进行审核，审核完成后单击“提交”（如图 3.12 所示）；

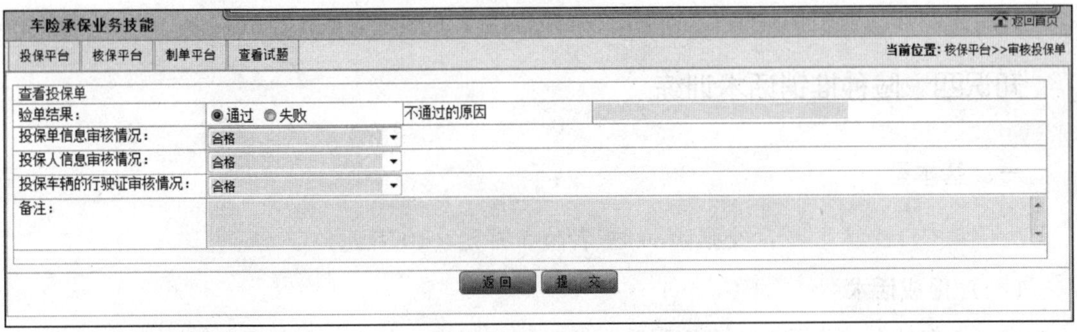

图 3.12　查看投保单

(4) 查验车辆，录入相关信息并单击“提交”（如图 3.13 所示）；

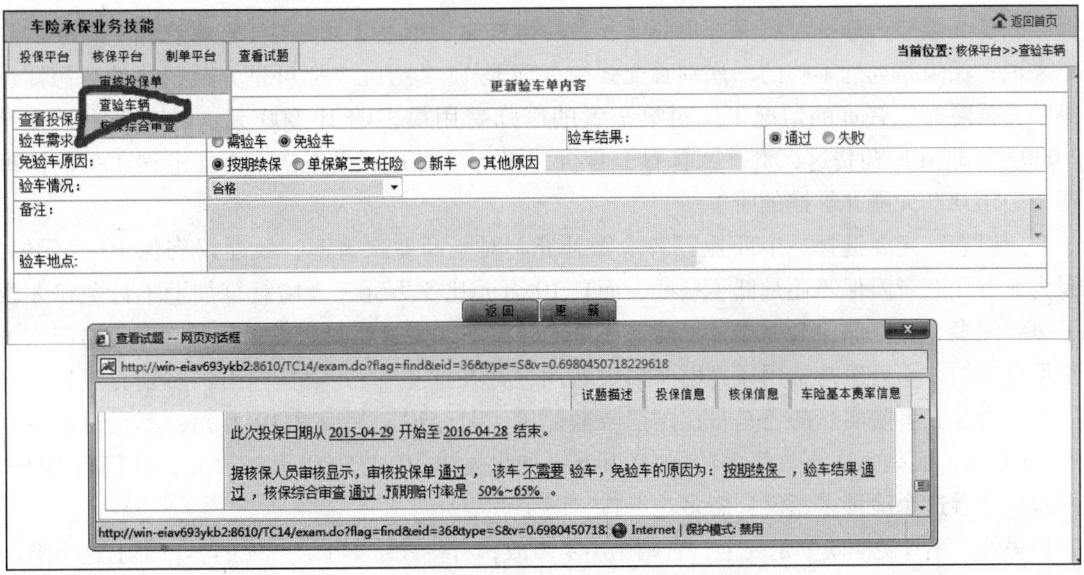

图 3.13　查验车辆

(5) 录入“核保综合审查”并单击“提交”（如图 3.14 所示）。

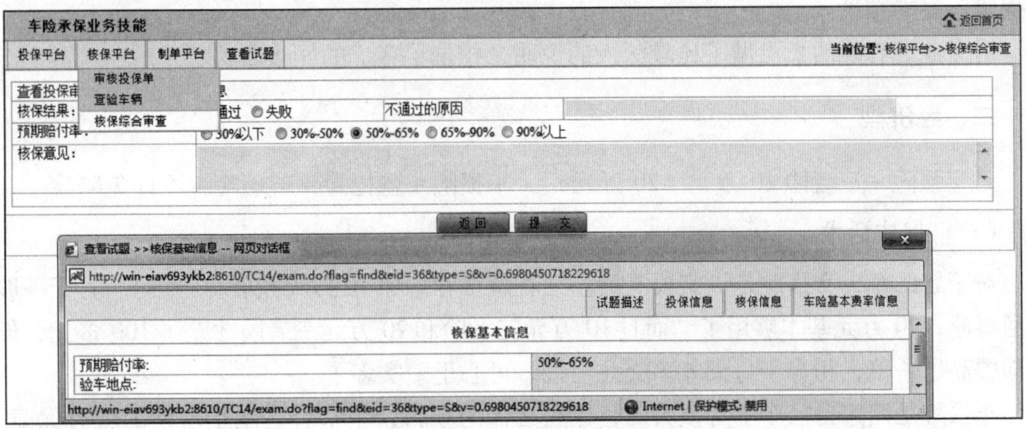

图 3.14　录入“核保综合审查”

三、制作保单

按照先制作商业险保险单、后制作交强险保险单的顺序完成操作流程。

知识四　险种推销话术训练

一、基本型

交强险 + 三者险 5 万元（10 万元）

（一）促成话术

您好，您的车首先要上一个交强险，这是国家规定必须上的，如果您的车不投保交强险就上路的话，一旦被交警抓住，除了要扣车，补交交强险外，还要处以保费两倍的罚款，多不划算！

除了交强险，您一定要保一个商业三者险做补充。单上交强险对于经常在路上行驶的汽车来说，保障是远远不够的。您别看交强险保额是 12.2 万元，那可是分项赔偿的。您知道吗？交强险在您有责的情况下，对第三者的医疗费用最多赔 10 000 元，财产损失最多赔 2 000元，现在医药费这么贵，就算看个骨折，花上一两万都很正常。再加上误工费、护理费……10 000 元哪儿够赔的呀？

所以您一定要选择一个商业三者险做补充。对于商业三者险，我建议您保 10 万元的，因为 5 万元三者险保障还是低了一些，而且 10 万元比 5 万元三者险就算加上不计免赔才贵了 200 元多一点，但保额提高了一倍，还是比较值的。而且我跟您说，商业三者险赔起来可是不分项的，不管医疗费用还是财产损失费用，都在这 10 万元限额内出，多划算啊！不光如此，商业三者险实行的还是每次赔偿限额原则，就是说，您保这 10 万元，不是说最多赔您 10 万元，而是每次事故最多赔您 10 万元，如果发生 10 次 10 万元的事故，我们就赔 100 万元，您看这个险种多超值！您多花点钱，图个放心！

另外，不计免赔险一定要上，否则，出了事故，有些钱赔不了，99% 的客户都上这个险。

（二）话术点评

对交强险做了简要的介绍，较细致地说明了交强险的分项赔偿原则并举例说明，最后得出保障不够的结论。

对商业三者险的卖点做了比较深入的说明，挖掘了客户的风险需求。

二、经济型

交强险 + 三者险 10 万元（20 万元） + 车损险 + 盗抢险 + 玻璃险 + 不计免赔险

（一）促成话术

对于您的车，交强险是一定要上的。三者险推荐您保 10 万元或者 20 万元，对于一般的交通事故，20 万元基本够用了，而且 10 万元三者险和 20 万元三者险才差了 100 多元，但保障却提高了一倍，相当于每天才多交几毛钱，可心里踏实多了。

车损险是赔您自己车本身损失的，也是必保的项目，平常有些剐剐蹭蹭的就有保障了，而且对于火灾、爆炸、雷击、冰雹、暴雨等灾害造成的损失也可以赔付。这是个性价比很高的险种，对于您的车（10 万元/3 年）而言，保险费才 1 200 元，平均一天也就多掏 2 元多，可能还赶不上您一个小时的停车费。

另外，如果您经常在外面停车的话，盗抢险也是必上的。您不上车损险，出了事故最多自己花点钱就修了，但不上盗抢险，一旦车丢了，就什么都没了。对于您的车（10 万元/3 年）而言，保费也就 380 元，一天多花一元钱，图个踏实不是？

不计免赔险就更不用说了，99% 的客户都会上这个险，这个钱可不能省，否则，一旦出了险，您的损失就大了。

另外附加险还有一个玻璃险，这个您也是可以考虑投保的，因为玻璃毕竟属于易碎的物品，平常开车速度快点，崩起个小石子就可能把玻璃碰碎。而且保费不高，才 100 多元钱，也是挺实惠的。

知道您追求最高的性价比，尽量花最少的钱得到最高的保障，其他一些险种就没向您推荐，比如车上人员责任险，就是个不记名的比较实惠的意外险，平常只有您和您太太坐车，您又都买了意外险，就可以选择不投保，虽然保费不贵，才 100 元块，但能省则省嘛。还有划痕险，一般保的都是别人故意或者无意对您车辆的划伤。对于您的车保费要交 427 元，但最多只能赔 2 000 元，就不是那么划算了。自燃险就更是可保可不保了，它保的是车的供油供电供气系统故障或者您车上的货物起火造成的损失。对于您这比较新的车来说，发生自燃的概率还是相对比较低的。

（二）话术点评

向基本保障型客户推荐了车损险、盗抢险和玻璃单独破碎险，突出介绍了这三个险种的性价比。

根据客户情况需要灵活组合险种。对车上人员责任险的承保提出了较专业合理的建议。

简要介绍了不推荐投保的险种，讲明建议不保原因的同时也介绍了风险点，给客户提供了一定选择的空间。

三、保障型

交强险 + 三者险 20 万元 + 车上人员 1 万元 ×5 座 + 盗抢险 + 不计免赔险 + 玻璃单独破碎险 + 车身划痕险（2 000 元） + 自燃险（家庭自备车、营业性机动车）

（一）促成话术

要想让您的车得到比较全的保障，一定要上“全险”，一般来说，我们说的“全险”指的是最实用的 9 个险种，也就是交强险、四个商业主险和四个商业附加险。

首先交强险是必须上的，它赔偿的是交通事故中第三者的人身伤亡和财产损失。交强险实行的是分项赔偿原则，死亡伤残最多赔 11 万元，医疗费用最多才赔 1 万元，财产损失最多赔 2 000 元，所以保障是远远不够的，必须投保一个商业三者险作为补充。商业三者险保额分为 5 万元、10 万元、20 万元……我建议您保 20 万元的，比较实惠，同时基本能得到比较充分的保障。

车损险是赔您自己车本身损失的，也是必保的项目，平常有些刮刮蹭蹭的就可以走保险了，而且对于火灾、爆炸、雷击、冰雹、暴雨等灾害造成的损失也可以赔付。这是个性价比很高的险种，对于您的车（10 万元/3 年）而言，保费才 1 200 元，平均一天也就多掏 2 元多，可能还赶不上您一个小时的停车费。

车上人员责任险是对于交通事故中车上人员人身伤亡负责赔偿的险种，相当于一个比较实惠的意外险，还是不记名的，保费也便宜，才100元多一点，可以得到每个座位1万元的保障。

盗抢险是必上的险种，您不上车损险，出了事故，最多自己花点钱就修了，但不上盗抢险，一旦车丢了，就什么都没了。对于您的车（10万元/3年）而言，保费也就380元，一天多花一元钱，图个踏实不是？

在很多险种的条款中都规定了一定的免赔率，也就是说，在某种情况下，保险公司要免赔百分之多少。投保了不计免赔险，出了事故就可以全赔了，99%的客户都会选择上不计免赔险。

玻璃单独破碎险保的是前后风挡玻璃和四周车窗玻璃单独破碎的风险，对于玻璃这种易碎品，这个保险是必不可少的。

车身划痕险保的是无明显碰撞痕迹的车身划痕，假如车停在路上，被人故意或者无意间划了，这个险种负责赔偿。

自燃险保的是车辆自燃的损失，包括车的电器、线路、供气供油系统发生故障或者车上所载货物因为自身原因燃烧造成的车辆本身的损失。这个险种不贵，推荐您最好保上。

我们的车险条款有34个，但我觉得真正对您有用、性价比又比较高的就是这9个，保了“全险”，您的爱车基本上得到了相对全面的保障。

（二）话术点评

系统、全面地讲解了机动车存在的风险及各险种卖点。

讲解险种时使用了较为专业的术语，提升了专业形象。

六、课外拓展

1. 费改

（1）费改后，以往保险年度索赔纪律折扣系数有浮动区间，其浮动区间详情如下：

①连续3年未出险的业务折扣系数低至0.6；

②上年出险1次的业务折扣系数不上浮、不下浮；

③出险2次的业务折扣系数将会上浮至1.25；

④出险3次的业务折扣系数将会上浮至1.5；

⑤出险4次的业务折扣系数将会上浮至1.75；

⑥出险5次及以上的业务折扣系数将会上浮至2。

（2）新旧以往保险年度索赔纪律折扣系数如表3.8所示。

表3.8 新旧以往保险年度索赔纪律折扣系数

出险情况	现行系数	费改后的系数
连续3年没有发生赔款	0.7	0.6
连续2年没有发生赔款	0.8	0.7

续表

出险情况	现行系数	费改后的系数
上年没有发生赔款	0.9	0.85
新保、上年发生1次赔款	1	1
上年发生2次赔款	1	1.25
上年发生3次赔款	1.1	1.5
上年发生4次赔款	1.2	1.75
上年发生5次及以上赔款	1.3	2

折扣系数浮动区间拉大后，小事故是报保险还是自担损失，究竟哪个更合算？对车主来说还真是个纠结的问题。那如何判断是报保险还是自担损失好呢？简单来说，要比较损失金额与上浮保费后而定，损失金额大于上浮保费的，报保险更合算；损失金额低于上浮保费的，建议自担损失。

那么问题又来了：对于车主而言，小事故的损失金额大致可以预估，但如果报保险的话，来年上浮多少保费呢？很简单，表3.9为多出1次险的折扣系数变化情况。

表3.9　多出1次险的折扣系数变化情况

保单已出现次数	明年续保浮动系数	增加1次出现后的折扣系数	下年系数上浮比例
连续3年没有发生赔款	0.6	1	0.4
连续2年没有发生赔款	0.7	1	0.3
上年没有发生赔款	0.85	1	0.15
1次赔款	1	1.25	0.25
2次赔款	1.25	1.5	0.25
3次赔款	1.5	1.75	0.25
4次赔款	1.75	2	0.25
5次及以上赔款	2	2	0

举两个例子：

①保单基准保费是4 000元，原保险单已连续3年没有发生赔款，若今年发生一次赔款，则下一年的折扣系数由0.6上升至1，保费由4 000×0.6=2 400（元）上升至4 000×1=4 000（元）；若不索赔，则下一年可节省保费1 600元。

②保单基准保费为4 000元，原保单已发生1次赔款，若今年再发生第二次赔款，则下一年折扣系数由1上升至1.25，保费由4 000×1=4 000（元）上升至4 000×1.25=5 000（元），若不索赔，则下一年可节省保费1 000元。

实行新的费率标准，对于安全意识高、具有良好驾驶习惯的车主来说是个利好消息。多年未出险的，保费更是低至5折以下！当然，各位车主朋友们切记：只有安全驾驶、文明出行，才能降低车险保费。

2. 2016 年费改后理赔 40 问

①车辆发生碰撞事故，车上乘客被甩出车外后落地受伤，该乘客应界定为车上人员还是第三者？

答：应界定为车上人员，行业示范条款明确约定，车上人员是指发生意外事故的瞬间，在被保险机动车车体内或车体上的人员，包括正在上下车的人员。

②乘客正在上车过程中，车辆突然起动，导致乘客摔伤，该乘客能否界定为车上人员？

答：界定为车上人员，行业示范条款明确约定，车上人员是指发生意外事故的瞬间，在被保险机动车车体内或车体上的人员，包括正在上下车的人员。

③车辆停放时被其他车辆撞坏，找不到肇事方，该车投保了车损险，保险公司该如何赔付？

答：按照损失 70% 赔付，行业示范条款约定，“被保险机动车的损失应当由第三方负责赔偿，无法找到第三方的，实行 30% 的绝对免赔率”。如果附加机动车损失保险无法找到第三方特约险，则可以在附加险项下赔付免赔的 30% 的车辆损失。

④车辆出险后，如果需要施救，请问保险公司如何给付施救费用？

答：对于必要的、合理的施救费用，保险公司给予赔付。施救费用另行计算，最高不超过保险金额的数额；如果施救的财产中含未投保的财产，按照应施救财产的实际价值占总施救财产的实际价值比例分摊施救费用。

⑤车辆停放时轮胎被盗，该车投保了盗抢险，保险公司如何赔付？

答：不赔，盗抢险条款约定非全车遭盗窃，仅车上零部件或附属设备被盗窃或损坏属于责任免除。

⑥货车由于所载货物超宽，行驶时与桥洞相撞，货车及桥洞损失，保险公司是否赔偿？

答：车损不赔，条款约定违反安全装载是保险事故发生的直接原因，造成保险标的车损失为责任免除；桥洞损失属于第三者财产损失，按照条款约定扣除 10% 的绝对免赔后赔付。

⑦车辆投保第三者责任险，发生意外事故，造成第三者人员死亡，第三者家属向保险公司提出索要精神损害抚慰金，保险公司是否赔付？

答：不能赔付，第三者险条款约定精神损害抚慰金为除外责任；如果投保附加险精神损害抚慰金责任险条款，可以在保险限额内赔偿。

⑧李大妈养了一条宠物狗，平时视为自己儿女，一天晨练时被过往的机动车撞死，李大妈伤痛欲绝，除要求肇事司机赔偿 1 000 元狗款外，还要求肇事司机赔偿其精神损失费 5 000 元，请问如果肇事车辆承保了商业第三者险，并附加了精神损害抚慰金责任险，对于李大妈要求的精神损害抚慰金，保险公司是否应该赔付？

答：不赔付，附加精神损害抚慰金责任险的保险责任约定：只有造成第三者或车上人员的人身伤亡，受害人据此提出精神损害赔偿请求，保险公司依据法院判决及保险合同约定进行赔付，因此本次事故对于小动物的死亡，不赔偿精神抚慰金。

⑨车辆发生事故造成了 4S 店售车前单独加装的前保险杠护杠损坏，保险公司是否赔付护杠的损失？

答：不能赔付，因为车损险条款约定本车标准配置外的新增设备损失为除外责任；如果投保了附加新增设备险，该零部件也在列明的备件范围内，则可以赔付。

⑩如何界定驾驶员饮酒及醉酒？

答：驾驶机动车时每100 mL血液中含有酒精量大于等于20 mg、小于80 mg的为饮酒驾驶；每100 mL血液中含有酒精量大于等于80 mg时则为醉酒驾驶。

⑪张某倒车时，不慎将自己父亲撞伤，同时又撞坏了父亲家的大门，保险公司是否能在商业第三者险项下赔付事故损失？

答：张某父亲受伤，保险公司应赔付，因为第三者险条款责任免除约定了被保险人、被保险人允许的驾驶人、本车车上人员的人身伤亡为责任免除。张某父亲家大门损失，保险公司不赔付，因为第三者险条款责任免除约定了被保险人及其家庭成员所有财产的损失为责任免除。

⑫标的车投保了车损险，附加车身划痕损失险，只要车被划伤了，保险公司均应赔偿吗？

答：不是的。车身划痕险条款约定以下几种情况责任免除：一是被保险人及其家庭成员的故意行为造成的损失；二是因投保人、被保险人与他人的民事、经济纠纷导致的任何损失；三是车身表面自然老化、损坏、腐蚀造成的任何损失。

⑬车辆投保商业三者险，附加车上货物责任险，发生翻车交通事故，车上拉的10头奶牛，当场死亡2头，走失8头，保险公司如何赔付奶牛损失？

答：车上货物责任险条款约定“偷盗、哄抢、自然损耗、本身缺陷、短少、死亡、腐烂、变质、串味、生锈，动物走失、飞失，货物自身起火燃烧或者爆炸造成的货物损失”为责任免除，因此保险公司只能赔付事故中死亡的两头奶牛损失。

⑭车辆投保了车上货物责任险，发生保险事故导致运输期限延迟，这部分损失是否能得到赔偿？

答：不赔偿，根据车上货物责任险免除条款第五款，保险事故导致货物减值、运输延迟、营业损失及其他各种间接损失，属于责任免除。

⑮被保险人将车辆借给朋友使用，其朋友利用车辆盗窃石油途中发生交通事故，造成车辆损坏，保险公司是否赔付？

答：不赔付。条款约定“被保险人或其允许的驾驶人故意或重大过失，导致被保险机动车被利用从事犯罪行为造成的车损”为责任免除。

⑯已获得学习资格的学员独立练习开车发生事故，保险公司是否赔偿？

答：不赔付。行业示范条款约定，学习驾驶时无合法教练员随车指导造成的车损，为责任免除。

⑰驾驶证过了换证时间，但查询公安交管系统该证为有效状态，驾驶员持该驾驶证驾车发生事故，保险公司是否赔付？

答：赔付，行业示范条款删除了2009版条款关于“驾驶证有效期已届满”的责任免除项目，但该行为会受到公安交通管理部门的行政处罚。

⑱三者车辆被交警扣留停车场，产生的停车费，保险公司是否赔付？

答：不赔，按照第三者责任条款约定，停车费、保管费、扣车费、罚款、罚金或惩罚性赔款，为责任免除。

⑲车辆加装氙气大灯，某日车辆因为大灯线路过载起火燃烧，该车已投保自燃损失险，该事故造成的损失保险公司是否赔付？

答：不赔，自燃损失险条款责任免除约定，由于擅自改装、加装电器及设备导致被保险机动车起火造成的损失，属于除外责任。

⑳车辆在涉水行驶过程中导致发动机进水而损毁，保险公司是否赔偿？

答：不赔付，车损险条款约定，发动机进水后导致的发动机损坏为责任免除；如果附加发动机涉水损失险，发动机损失可以赔付，需扣除15%的绝对免赔。

㉑车辆投保了修理期间费用补偿险，发生事故的车辆修复仅需一天，能否得到修理期间费用补偿险的补偿？

答：不能，该附加险约定，每次事故的绝对免赔额为1天的赔偿金额，且不适用主险中的各项免赔率、免赔额的约定。

㉒李某驾车涉水行驶时，前保险杠被水流兜坏，保险公司对前杠损失是否赔付？

答：不赔付，行业示范条款关于碰撞的释义明确为被保险机动车或其符合装载规定的货物与外界固态物体之间发生的、产生撞击痕迹的意外撞击，因此本次事故不构成碰撞责任。

㉓车辆行驶时因急刹车，车厢内所载货物将车体撞坏，此次事故造成的车辆损失保险公司是否赔付？

答：赔付，行业示范条款车损保险责任约定，标的车受到被保险机动车所载货物、车上人员以外撞击为保险责任。

㉔王某投保了交强险。某日王某醉酒驾车，将第三者行人张某撞伤，现伤者张某向保险公司请求赔偿，保险公司是否赔付？

答：先赔付，后向王某（致害人）追偿。根据最高人民法院《关于审理道路交通事故损害赔偿案件适用法律若干问题的解释》规定：因醉酒、服用国家管制的精神药品或者麻醉药品后驾驶机动车发生交通事故导致第三者人身损害，当事人请求保险公司在交强险责任范围内予以赔偿，人民法院应予支持。保险公司在赔偿范围内向侵权人主张追偿权的，人民法院应予以支持。

㉕A车和B车相撞，交警队判定B车车主负全责，双方因交通事故产生矛盾，B车车主不配合赔偿事宜，A车车主的损失是否可以直接向B车的保险公司申请赔偿？

答：可以。《保险法》第65条规定：被保险人怠于请求的，第三者有权就其应获赔偿部分直接向保险人请求赔偿。

㉖A车与B车相撞，交警队判定B车车主负全责，B车车主没有赔偿能力。A车车主的损失是否可以向A车的保险公司申请赔偿？

答：如果A车承保车损险，可以请求保险公司赔付。保险公司代位赔偿A车车主损失后，取得向B车车主追偿的权利，向B车车主追偿A车车主的损失。前提是A车车主在保险公司未赔偿之前，不能放弃对第三方请求赔偿的权利，还需配合提供必要的文件和所知道的有关情况。

㉗车辆投保车上人员责任险，发生交通事故造成车上人员受伤，交警队判定标的车负事故的主要责任，被保险人能向承保的保险公司申请赔偿受伤人的全部损失吗？

答：不能，行业示范条款车上人员责任险条款约定车上人员责任险按责赔付。

㉘保险事故发生后多长时间可以领到赔款？

答：保险人收到被保险人的赔偿请求后，应当及时作出核定，情形复杂的，应当在30日内作出核定。保险人应当将核定结果通知被保险人，对于属于保险责任的，在与被保险人达成赔偿协议后，10 日内履行赔偿义务。保险合同对赔偿期限另有约定的，保险人应当按照约定履行赔偿义务。

㉙一台停放车辆起火燃烧，公安消防部门鉴定结论为“燃烧严重，火因无法确定，不排除自燃原因”请问车辆损失保险公司是否赔付？

答：不赔付，条款约定不明原因火灾造成的车辆损失属于责任免除。

㉚车辆在修理厂修复竣工后，修理工试车过程当中发生碰撞事故，标的车损失保险公司是否赔付？

答：不赔付，车损险条款约定在营业性维修、养护场所改装期间造成的车损为责任免除。

㉛一台自卸车在行驶过程中，翻斗车突然升起，将空中通信电缆刮断，由此造成的通信电缆损失保险公司是否赔付？

答：赔付。

㉜王某驾车撞亡一行人后，驾车逃离现场。迫于压力，第二天，王某投案自首。王某为车辆投保了交强险及商业第三者险，保险公司对亡人损失费用是否赔付？

答：保险公司在交强险责任限额内，赔付行人死亡损失费用，但商业第三者险不赔付。因为交强险没有将肇事逃逸列为责任免除，而商业第三者险约定，事故发生后，在依法采取措施的情况下，驾驶被保险机动车或者遗弃被保险机动车离开事故现场为责任免除。

㉝王某将车借给朋友张某，张某以王某欠款为由，将车辆据为己有并失去联系，王某为该车投保了车损险、盗抢险，保险公司对王某损失是否赔付？

答：不赔付，盗抢险条款约定，因投保人、被保险人与他人的民事经济纠纷导致的任何损失为责任免除。

㉞附加了不计免赔条款，发生保险事故，保险公司是否就可以全额赔付？

答：不是，下列情况下应当由被保险人自行承担的免赔金额保险人不负责赔偿：

a. 机动车损失保险中应当由第三方负责赔偿，而无法找到第三方的；

b. 因违反安全装载规定而增加的；

c. 发生机动车全车盗抢险约定的全车损失保险事故时，保险人未能提供机动车登记证、机动车来历凭证的；

d. 机动车损失保险中约定的每次事故绝对免赔率；

e. 可附加本条款但未选择附加本条款的险种约定的；

f. 不可附加本条款的险种约定的。

㉟驾驶营业性货车发生保险事故，驾驶员没有交通运输管理部门核发的道路货物运输资格证，保险公司对车辆损失是否赔付？

答：不赔付，依照行业示范条款责任免除约定，驾驶出租机动车或营业性机动车，无交通运输管理部门核发的许可证书或其他必备证件，为责任免除。

㊱王某驾车发生一起保险事故，保险公司及时对损失作出核定并达成赔偿协议，但由于保险公司工作人员的原因，赔款耽误了两个月才赔付到账，王某向保险公司提出赔偿赔款利息损失要求，保险公司是否赔付利息损失？

答：赔偿。行业示范条款约定，保险人未及时履行 10 日内赔付义务的，除支付赔款外，应当赔偿被保险人因此受到的损失。

㊲牵引车及挂车投保第三者责任险（主险责任限额 10 万元，挂车限额 5 万元），发生保险事故后，第三者损失 15 万元，保险公司能全部赔偿损失吗？（不考虑交强险）

答：不能全额赔付，第三者险条款约定，主车和挂车连接使用时视为一体，发生保险事故时，由主车保险人和挂车保险人按照保险单上载明的机动车第三者责任险责任限额的比例，在各自责任限额内承担赔偿责任，但赔偿金额总和以主车的责任限额为限，因此保险公司只赔付 10 万元。

㊳因紧急刹车，发生本车上副驾驶室乘坐人员头部碰撞前挡风玻璃，本车前挡风玻璃破碎、乘员受伤的事故。车辆投保车损险，未投保玻璃单独破碎险，也没投保车上人员责任险，保险公司是否赔付挡风玻璃损失？

答：不赔付。车损险条款约定，未发生被保险机动车其他部位的损坏，仅发生被保险机动车前后挡风玻璃和左右车窗玻璃的损坏为责任免除。

㊴被保险机动车被盗窃、抢劫、抢夺，需经出险当地县级以上公安刑侦部门立案证明，满多少天未查明下落的全车损失，保险公司承担全车盗抢险的赔偿责任？

答：60 天。

㊵此次改革实施“无责代赔，先赔后追”的原则，被保险人是否需要向保险公司交“追偿费用”？

答：此次改革在车损险中实施“无责代赔，先赔后追”的原则，被保险人可以更快获得赔偿，享受更好的服务。当然，实施车损险“无责代赔，先赔后追”的原则后，会在一定程度上增加保险公司的成本。但为更好地发挥保险的社会管理功能，促进社会和谐、服务消费者，消费者在保费外无须增加费用。

任务项目四

车辆保险索赔实务

一、任务描述

【任务一】 某日，王先生驾驶车辆在某市的某路段，在拐弯时与台阶相撞，造成前保险杠破损、前雾灯破裂，该车已在保险公司投保。试分析与讨论王某撞车后应如何处理？如何向保险公司报案？保险车辆发生保险责任范围内的损失后，被保险人依据保险合同如何提出索赔请求？顾客王先生想要进行索赔，但他对索赔基本流程不熟悉，怎么办？

【任务二】 2017 年上半年，全国机动车和驾驶人保持快速增长趋势，截至 2017 年 3 月底，全国机动车总保有量突破 3 亿辆，全国机动车驾驶人达 3. 64 亿人，其中汽车驾驶人 3. 2 亿人，2017 年 4 月份，全国公安交通管理部门共受理道路交通事故 43 151 起，造成 9 601人死亡，45 860 人受伤，直接财产损失 1. 8 亿元，交通事故已成为关系到人民财产损失的重要问题，交通事故给车主和第三方都会带来重大损失。

机动车辆出险后，如果事故责任车辆投保了相应的车险，被保险人就可以依据保险合同向保险人提出索赔请求。那么，发生交通事故后，受害者如何进行索赔呢？

二、能力要求

- 掌握索赔的含义，掌握汽车保险索赔的流程；
- 掌握汽车保险车辆出险时车主的报案方式；
- 掌握汽车被保险人的索赔权益；
- 掌握顾客索赔时应提供的索赔资料；
- 掌握索赔申请书的填写内容及注意事项；
- 能够指导顾客熟悉机动车交通事故责任强制保险索赔流程；
- 能够指导顾客在发生保险事故后如何报案；
- 能够指导顾客在发生保险事故后如何进行索赔并向客户作出解释和说明。

三、场所、设备要求

多媒体教室；手机。

四、操作考核

（一）案例分析

1. 徐某驾驶捷达车行驶到一弯路时，由于天冷路滑，在借道超车时驶入逆行，与迎面开来的农用车相遇，农用车司机田某当即向右打方向避让，由于速度较高且转向较快，导致农用车侧翻，造成车辆损坏、一名乘客重伤及司机田某轻伤的交通事故，合计损失2.3万元，而徐某的捷达车却安然无恙，只是徐某被吓出了一身冷汗。经公安交通管理部门裁定：徐某在此次交通事故中负全部责任。

徐某驾驶的捷达车已投保车辆损失险和第三者责任险，事故处理结案后，徐某持保险单向保险公司索赔，要求从第三者责任险中赔偿农用车方的损失。而保险公司根据当时的机动车辆保险条款中第三者责任险保险责任的规定："被保险人在使用被保险车辆过程中发生意外事故，致使第三者遭受人身伤亡或财产的直接损毁，依法应由被保险人支付的赔偿金额，保险人依照保险合同的规定给予赔偿。"保险公司坚持本案中保险车辆并未发生意外事故，不存在给第三者造成损失的前提条件，即使按第三者责任立案，由于两车未发生碰撞，故第三者的损失属于间接损毁，而非直接损毁，因此拒赔，双方遂引起纠纷。请对该案进行评析。

2. 某运输公司为新购买的一辆130型载货汽车投保了车辆损失险。一日，司机蔡某去送货，行至某国道一直行路段，准备超越前方一农用车时，迎面驶来一奔驰轿车。由于当时130型载货汽车速度较快，转向时司机用力过猛，导致转向直拉杆头颈部突然断裂，造成与奔驰轿车相碰撞的重大交通事故。不仅该车受损、驾驶员蔡某受伤，而且奔驰轿车损坏，车上1人死亡、2人重伤，事故发生后，经交通事故处理部门认定，130型载货汽车负事故全部责任，赔偿对方所有损失。运输公司考虑到该车购买了车辆损失险，于是就自家车的损坏向保险公司提出索赔，保险公司通过查勘，认定事故原因为转向直拉杆头颈部突然断裂所致，作为新车出现此问题属于质量问题，保险公司不负责赔偿。运输公司不服，上诉至法院。法院经委托鉴定，获得"质量不合格"的结论，判原告败诉。请对该案进行评析。

3. 翟某为自己的桑塔纳轿车购买了车辆损失险。后来，随着新车型的出现，他有了换车念头，而此时朋友郎某想购一辆二手车，双方商谈后确定成交。郎某向翟某支付购车款后，翟某将汽车钥匙给了郎某，让他先试开几日，然后再去车管部门办理过户手续。没想到，尚未来得及过户，郎某开车就发生碰撞，造成保险杠、大灯、转向灯、翼子板、发动机罩等损坏。事故发生后，郎某立即找到翟某，希望能帮忙找个地方修车。此时，翟某想到自己购买了车损险，遂向保险公司提出索赔。保险公司在了解了事情经过后认为，碰撞属于车损险责任范围，但由于翟某已将标的车辆转卖郎某，对车辆失去了保险利益，翟某未按保单要求通知保险公司并办理批改，保险合同已随之终止，对于车辆的损失，保险公司不予赔偿。翟某认为，虽然自己把车交给了郎某，但该车并未办理过户，不构成保单所说的"转卖"，自己仍是车主，发生损失后有权向保险公司主张赔偿。双方对此产生争议，请分析保险公司应否赔偿事故损失。

4. 某物流公司司机李某驾驶解放牌货车在山路上行驶，忽遇路面滑坡，车辆顺势滑至坡下30余米处，所幸李某没有受伤。李某小心翼翼地下车，发现车子还有可能继续下滑，就从工具箱中取出千斤顶，想把车的前部顶起以防继续下滑。就在李某操作千斤顶时，车辆忽然下滑，李某躲闪不及，被车辆压住，导致腰椎骨折。

事故发生后，物流公司迅速向保险公司报案，并提出索赔请求。保险公司核赔时发现该车只投保了车辆损失险，遂告知物流公司对于李某的伤残费用不负赔偿责任。物流公司认为，李某是在对车辆施救过程中受的伤，其伤残费用应属于“施救费”，应属车损险赔付范围，并申请在车辆修复金额之外单独计算，予以赔偿。保险公司拒绝了物流公司的请求，物流公司遂向法院起诉。请分析保险公司是否应赔偿李某的伤残费用。

5. 单某为自己的奥迪购买了车辆损失险。他驾车外出行至一维修路段时，车底部被乱石托起，便停车检查，未发现异常，便继续前行。行驶了约3km，该车自动变速器连续几次发冲，并出现挡位不清现象，单某随即停车，向保险公司报案，保险公司要求将车拖至修理厂。修理厂检查发现：该车自动变速器外部受损，内部多个调整垫片与轴承烧结，滑阀箱烧损，需更换变速箱总成，修理费预计达2.1万元。车修好后，单某拿着各种费用单据向保险公司索赔，保险公司拒绝赔偿全部损失。保险公司认为，变速箱内部烧结是由于发生保险事故后，单某采取措施不当继续行驶所致，属扩大损失，而对扩大的损失保险公司不予赔偿。单某认为，车辆在行驶中被乱石托起后自己曾停车检查，并未发现车辆受损，作为一名普通司机，不能判断出已经发生了保险事故，只有通过车辆能否继续行驶才能判断车辆是否出事故，保险公司应赔偿全部损失。双方协商未果，单某诉至法院。请对法院的判决结果进行分析预测。

6. 某个体户张某在保险公司为自己的大货车购买了一份机动车辆保险，保险期限一年，并按期交齐了全部保险费。签订保险合同半年之后，其雇员李某驾驶投保的大货车，在城乡结合部某路段发生交通事故，李某看到左右无人便离开了现场。交通事故处理部门在处理交通事故时，认定李某离开现场是“破坏现场证据，使此道路交通事故责任无法认定，李某负事故全部责任”。经交通事故处理部门调解，作为车主的张某与受害人达成赔偿协议，赔偿83 000多元损失后，向承保的保险公司请求赔付，保险公司以机动车事故性质符合免责条款为由拒绝赔偿。

索赔遭拒后，张某向法院起诉。法院根据我国《保险法》第18条规定：“保险合同中规定有关保险人责任免除条款的，保险人在订立保险合同时应当向投保人明确说明，未明确说明的，该条款不产生效力。”认为既然保险单位不能提出证据证明履行了“告知义务”，双方对“肇事逃逸免赔”理解不一，就可以推定保险单位没有向张某明确说明过，因此此项免责条款不能发生法律效力，保险单位应赔偿张某已经向受害人赔偿的96 000多元损失。请对法院的判决进行分析。

7. 王某与赵某为朋友，2016年10月王某从公司辞职后，开始个体经营。开业之初，由于缺乏流动资金，王某向赵某提出借款，并愿意将自己的桑塔纳轿车作为抵押，以保证按时还款。赵某觉得以汽车作为抵押，自己的债权较有保证，同时为以防万一，赵某要为车辆购买保险，王某表示同意。2016年10月，双方到保险公司投保了车损险，并且投保人和被保险人一栏中，都写了赵某的名字。2017年年初，王某驾车外出，途中因驾驶不慎发生翻车，车辆遭到严重损坏，几乎报废，王某也身受重伤。得知事故后，赵某向保险公司提出了索赔，认为该车的事故属于保险责任，保险公司应当赔偿。保险公司认为尽管该车的损失属于保险责任，但是被保险车辆并非赵某所有或使用的车辆，赵某对于车辆没有保险利益，根据《保险法》第 12 条的规定，保险合同无效，保险公司应退还赵某所交的保费，不承担赔偿责任。双方产生争议。请分析保险公司是否应对赵某进行赔偿。

8. 2016 年 1 月 2 日，张某将其私有解放牌汽车向某县保险公司投保了足额车辆损失险和第三者责任险，车辆损失险保险金额为 5 万元，保险期为 1 年。同年 3 月 6 日，该车在途经邻县一险要处时坠入悬崖下一条湍急的河流中，该车驾驶员（系张某堂兄）随车遇难。事故发生后，张某向县保险公司报案索赔。该县保险公司经过现场查勘，认为地形险要，无法打捞，按推定全损处理，当即赔付张某人民币 5 万元，同时声明，车内尸体及善后工作保险公司不负责任，由车主自理。到 12 月 10 日，张某看到堂兄尸体及采购货物的 2 800 元现金均在车内，就将残车以 3 500 元的价格转让给邻县的王某，双方约定：由王某负责打捞，车内尸体及现金归张某，残车归王某。12 月 13 日，残车被打捞起来，张某和王某均按约行事。保险公司知悉后，认为张某未经保险公司允许擅自处理实际所有权已转让的残车是违法的，遂成纠纷。请对该案进行分析。

9. 2017 年，王某在行车途中不慎撞伤行人丁某，造成丁某腿部骨折，住院两星期，费用一共花了 3 200 元，医生嘱咐半年后还须拔除内钉，约需 800 元。交警判定：丁某违反交通规则横穿马路，负主要责任，王某车速过快，负次要责任。王某有任务在身，想尽快了结此案，也出于对丁某的同情，在交警主持调解下，表示愿意承担其中费用的 70%，赔给丁某2 800 元，丁某自负 30%。事后，王某向保险公司提出索赔 2 800 元。保险公司了解事故情况后，扣除免赔率 5%，只赔付王某 1 520 元。王某愤愤不平。你作为保险公司的员工，请给予王某正确的解释。

10. 李某购买了一辆新车，按新车购置价在某保险公司（以下简称保险公司）投保了车辆综合险并附加盗抢险。一个月后，李某的车停在自家院内不慎被盗。保险公司按保险金额免赔 20% 后赔付给李某。一年后，该车被公安机关查获。李某发现该车已破旧不堪，提出不要该车，但向保险公司索要免赔的 20% 赔款。当时适用的机动车辆全车盗抢险对失窃车的赔偿是这样规定的："保险人赔偿后，如被盗抢的保险车辆找回，应将该车辆归还被保险人，同时收回相应的赔款。如果被保险人不愿意收回原车，则车辆的所有权益归保险人。"同时，《保险法》第 44 条规定："保险事故发生后，保险人已支付了全部保险金额，并且保险金额相等于保险价值的，受损保险标的的全部权利归于保险人；保险金额低于保险价值的，保险人按照保险金额与保险价值的比例取得受损保险标的的部分权利。"你作为保险公司的员工，请根据条款和《保险法》的规定对此事进行处理。

11. 某日，驾驶员王某驾驶重型货车在行驶过程中，因轮胎压飞一卵石，卵石高速飞出击中路边行人李某一眼，将李某致重伤，被送医院治疗，共花费 15 000 元。经公安交通事故处理部门认定，双方均不负责任，李某经伤残鉴定为 4 级伤残。由于该车投保了 20 万元的第三者责任险，并且损失较大，王某在收到责任认定书后，立即向保险公司告知，并就李某的治疗费用提出索赔申请。

试分析你对车辆碾压卵石伤害第三者的理赔案例的理赔看法。

12. 某日，一保户报案称自己驾驶牡丹牌厢式货车（采用 492Q 汽油机）为一建筑工地送料时，途中不慎拖底，发动机已不能运转，请保险公司查勘。

查勘人员赶到现场以后，发现牡丹牌厢式货车已经陷在施工现场的坑内，前桥及发动机与地面全面接触，将汽车牵引出坑后，检查发现发动机油底壳大面积变形且向内塌进，但没有发现机油泄漏的现象。搬动曲轴时，根本无法转动，只好送汽车维修厂拆解后再认定。

经汽车维修厂的维修人员拆解发动机后认定：油底壳变形但没有断裂；曲轴与曲轴瓦、连杆与连杆轴瓦粘连抱死；瓦片合金摩擦层烧蚀流化；曲轴与连杆座、瓦盖均烧成蓝色；机油泵与机油泵集滤器的连接部位断裂脱落；其他机件没有变形、烧蚀、损坏的现象。

经询问，驾驶员承认当车陷落坑内后发动机没有及时熄火，而且，为了使汽车能够爬出陷坑，进行了几次低挡大油门的操作，直至发动机突然熄火，再打起动机时，就只有起动机的运转声，发动机根本无法转动。无奈之下，只好找保险公司报案。

试分析该发动机拖底的理赔案例是否属于保险责任？应该赔付哪些费用？为什么？

13. 一保户报案称他们公司的宝马530i轿车在某饭店下边道时不慎拖底，自动变速器底部有液压油泄漏。现在，车已被拖进维修站，请保险公司派员查勘定损。

查勘定损人员赶到维修站后，在向驾驶员了解情况时，感觉驾驶员谈吐清楚，没有酒后驾车之嫌疑。维修站值班人员介绍本单位内部有规定，自动变速器只有专业的维修人员才能拆检，其他人员一概不允许插手。

查勘定损人员与保户一起来到出险现场，发现饭店的停车场在边道上，边道与道路落差较大。在饭店停车管理人员的指引下，发现事故车辆停放的边道台阶上有明显刮痕，痕印很深、很新，并有油点，沿着车辆行走的方向有断续油点。饭店停车场管理人员介绍说，宝马车驶离停车场时，前轮偏离了专为车辆驶下台阶而准备的活动三脚架才造成拖底，不然不可能发生这样的事故。

第二天，查勘定损人员与保户一同去维修站，对自动变速器的损坏情况进行检查，发现变速器油底壳有严重拖痕，并有10cm左右的裂痕，有一个米粒大小的孔洞，变速器壳体没有发生断裂或变形。但维修工提示变速器输出轴转不动，怀疑内部有问题。

解体变速器后发现，变速器离合器、制动器严重烧蚀变形，钢片、摩擦片粘连在一起，行星轮及架、齿圈烧蚀，阀体、变速器壳体内部也有不同程度损坏。总体来说，变速器损坏严重，已无修复价值。

据驾驶员本人介绍：吃饭后开车下边道时感觉前轮突然落地，底部传来刮碰响声，下车查看时，没有发现什么异常，车也能正常运转，以为没什么事，便将车上几位领导送回家，回单位进入车库才发现车底漏油。因第二天单位还有急事用车，赶紧将车送到维修站，请他们夜间修好。没想到快到维修站时，汽车就无法开动了，最后找人帮忙才推进维修站的，饭店到维修站累积行驶50~60公里。

试分析该变速器拖底的理赔案例是否属于保险责任？应该赔付哪些费用？为什么？

14. 一辆克莱斯勒“君王”牌轿车涉水时，因发动机进水而自然熄火。车主非常爱惜自己的汽车，未进行任何企图激活发动机的操作，并及时向保险公司报了案。

查勘人员来到现场后，调来拖车将汽车拖至修理厂。修理工首先将发动机上的火花塞全部拆下，然后转动曲轴，清理发动机内的积水。在转动的过程中，感觉阻力太大，于是通过马达，强行转动曲轴。转完后不久，发现车底有漏出的机油。这一现象被车主清晰地看到了，立即指出责任不在自己，要求保险公司赔付可能造成的损失。拆解之后，发现汽缸果然被捣破。

试分析该起修理不当、扩大损失的案例应该如何赔付？

（二）习题训练

1. 保险车辆在行驶过程中，机盖掀起，造成保险车辆损失，是否属于保险责任？

《家庭自用车辆损失保险》条款承保的保险车辆在行驶中，机盖掀起，风挡和机盖受到损坏。

问：是否属于碰撞保险责任？原因是什么？损失如何赔付？

2. 空气清新剂或液体打火机发生爆炸致车损坏，是否属于保险责任？

驾驶员遗留在车内的液体打火机受太阳照射“爆炸”，将保险车辆仪表台炸坏，被保险人提出索赔。

问：是否赔付？原因是什么？是否免赔？

3. 保险车辆被他人恶意砸坏，或天线等车上零部件被人损坏，是否构成保险责任？

某公司用《家庭自用汽车损失保险》条款承保的车辆，在保期内被保险人将车辆停在一住宅小区内，被人故意将车辆砸坏。

问：是否属于碰撞责任？是否赔付？单独划痕、单独玻璃是否赔付？

4. 损坏道路交通设施该如何赔偿？

某核定载重25吨的载货汽车载货24吨，在高速公路上发生单方事故，除车辆自身损失外，还导致一处护栏被撞坏，需支付维修费600元，罚款400元，共计1 000元；路面被泄漏的机油污损80米，每米需支付清污费10元，罚款5元，共计1 200元；另外，事故发生地导致路面塌陷，被索赔800元。

假设不考虑免责比率，保险公司应该赔付多少钱的第三者损失？

5. 雨天进水晴天坏，应该如何理赔？

一辆美日牌轿车在行驶过程中，因汽车发生轻度的正面碰撞而向保险公司报案，要求查勘。将车拖至修理厂，拆解发动机后发现，第三缸的活塞连杆折断、缸体损坏。

经对车主详细了解情况得知，该车曾在三天前强行涉水，导致当场熄火，车主在将积水进行简单清理并更换空气滤清器后，没有发现什么问题，就继续使用。

试分析该起事故的损坏原因，并说明应该赔付的损失项目。

6. 根据所给的报案单及现场事故照片，请分析以下内容。

（1）本次事故发生的真实原因估计有哪几种可能？（在下列原因中的可能项目上画“√”）（坠落物、追尾、正面碰撞、侧面碰撞、倾覆、擦划、其他）

（2）简单分析事故形成过程以及保险责任界定。

（3）根据资料照片如图4.1～图4.5所示，列出损失项目，并认定换、修、待定项目，填写在表4.1中。

（4）确定相关工时项目，并根据当地工时及工时费标准，确定工时费总额。

图 4.1　事故照片①

图 4.2　事故照片②

图 4.3　事故照片③

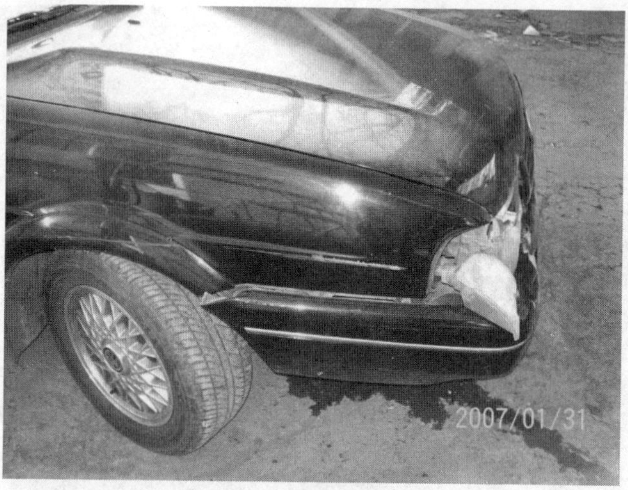

图 4.4　事故照片④

图 4.5　事故照片⑤

表 4.1　损失项目和工时项目表

损失项目					工时项目（指工时量）				
换件项目	修理项目	待定项目	喷漆项目	辅料（含氟、液、油等）		拆装工时	钣金工时	喷漆工时	其他工时
					—				
					—				
					—				
					—				
					—				
					—				
					—				
					—				
					合计				

当地工时费单价：所需工时费总额：

五、理论知识

知识一　事故车索赔流程

一、一般保险事故索赔的流程

当保险事故发生后，被保险人可以就自己的事故损失向保险人提出索赔请求，这是被保险人的权利。具体索赔流程如图 4.6 所示。

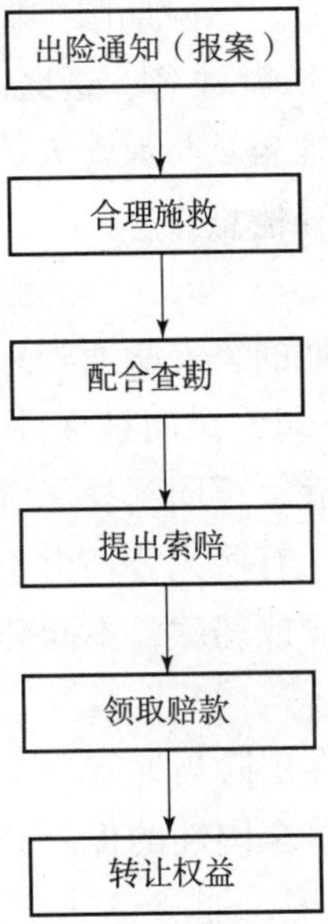

图 4.6　具体索赔流程

（一）出险通知（报案）

根据《保险法》第 21 条规定："投保人、被保险人或者受益人知道保险事故发生后，应当及时通知保险人。故意或者因重大过失未及时通知，致使保险事故的性质、原因、损失程度等难以确定的，保险人对无法确定的部分，不承担赔偿或者给付保险金的责任，但保险人通过其他途径已经及时知道或者应当及时知道保险事故发生的除外。"

报案是指被保险人在发生了保险事故之后通知保险人，要求保险人进行事故处理的过程。根据保险合同的相关规定，投保人、被保险人或者受益人知道保险事故发生后应当及时通知保险人，否则有关权利人应承担延迟导致保险公司增加的查勘、检验等费用。报案是被保险人向保险公司申请索赔的第一步，也是必需的一步，及时报案是被保险人履行合同义务的一个重要内容。

1. 报案期限

事故发生后的 48 小时内通知保险公司。如果是盗抢险，要求在 24 小时内通知保险公司。各保险公司的车险条款都有约定被保险人的报案时限的规定，在不存在不可抗力的情况下，一般要求出险后 48 小时内报案。但不可抗因素（指人力不可抗拒的力量，如：丢车时没及时发现；或发现丢车后由于地震等重大自然灾害或社会动乱不能及时报案等）除外。

2．报案方式

报案有上门、电话、传真、网上、理赔业务员转达等方式。其中，电话报案快捷方便，使用最多。通常被保险人通过上门或电话、电报、传真向保险人的理赔部门、保险人的分支机构及业务人员、保险人的代理人进行报案，还可以通过保险人统一的客户服务中心的报案电话进行报案，目前各大保险公司均开通了各自的全国统一客服热线。中国人民保险（人保）、太平洋保险（太保）、平安保险（平保）等大公司的全国统一报案电话分别为95518、95500、95512。保险公司可接受报案的部门有理赔部门、客服中心等。

3．报案的内容

主要包括：被保险人姓名、保单号、保险期限、保险险别；出险时间、地点、原因、车牌号码、厂牌车型；人员伤亡情况、伤者姓名、送医时间、医院名称；事故损失及施救情况、车辆停放地点；驾驶员、报案人姓名及与保险人关系、联系电话。如果涉及第三者，还需说明第三方车辆的车型、牌照号码等信息。

4．外地出险的报案

在异地出险的客户，可立即向当地的公安交通管理部门和保险公司在当地的分支机构报案，并在48小时内通知承保的保险公司，说明被保险人的保单，出险时间、地点、原因及经过等出险情况。在当地公司代查勘后，再回到投保所在地的保险公司填出险通知书后向承保公司办理索赔。值得注意的是，现在有些大公司由于建立了异地理赔便捷网络，一些事故可以直接在当地保险公司的机构直接领取赔款，不同公司有不同的相关规定，车主可以咨询保险公司的理赔部门。

对于在外地出险的，如果保险人在出险当地有分支机构，被保险人可以直接向保险人的当地分支机构进行报案。因为目前一些全国性的保险公司的内部均建立了相互代理的制度，即“代查勘、代定损”的“双代”制度，能够迅速向这些被保险人提供案件受理的服务。如果保险人在当地没有分支机构，被保险人就直接向承保公司报案，并要求承保公司对事故的处理提出具体的意见。

（二）采取合理的施救措施

《保险法》第57条规定：“保险事故发生时，被保险人应当尽力采取必要的措施，防止或者减少损失。保险事故发生后，被保险人为防止或者减少保险标的的损失所支付的必要的、合理的费用，由保险人承担；保险人所承担的费用数额在保险标的损失赔偿金额以外另行计算，最高不超过保险金额的数额。”因此，在事故发生时，被保险人应该进行积极施救，对受损汽车进行整理、恢复，采取各种必要措施，减少车辆损失。对于因被保险人没有尽到施救义务而使保险标的损失扩大的，保险公司对损失扩大的部分不负赔偿责任。同时，保险公司对合理的施救费用承担补偿义务，即被保险人为了抢救以及保护、整理受损汽车而支付的必要和合理的费用由保险公司负担。这消除了施救人员关于施救费用承担问题的后顾之忧。

机动车辆保险事故发生后，被保险人务必保护事故现场，同时尽力施救已减少财产损失，要主动抢救受伤人员，迅速向公安交通管理部门报案。火灾事故迅速向消防部门报案，盗抢案件在24小时内迅速向当地公安刑侦部门报案。车辆发生撞墙、台阶、水泥柱及树等不涉及向他人赔偿的事故时，可以不向交警等部门报案，及时直接向保险公司报案就可以。在事故现场附近等候保险公司来人查勘，或将车开到保险公司报案、验车。

（三）积极配合保险公司的查勘工作

保险车辆出险后，保险公司的查勘定损人员和有关人员（第三方）会到达出险现场进行事故原因、过程、后果及损失程度的调查，并通过拍照、记录等手段获取第一手材料，这些材料是判断事故是否属于保险责任以及计算、确定保险赔偿金额的重要依据。因此，被保险人应积极配合保险公司相关人员的查勘工作，并提供相应的协助，以保证保险公司及时准确地查明事故的原因，逐项清理、定损，确认损失的程度和损失金额的大小。

（四）向保险公司提出索赔

确属保险事故，根据《道路交通事故处理办法》的规定处理事故时，对财物损失的赔偿需取得相应的票据、凭证。因此，车辆修复及事故处理结案后，被保险人需备齐办理保险索赔所需资料必要的单证，可以凭借这些单证向保险公司及时提出和申请索赔，须认真填写机动车辆保险出险/索赔申请书并签章。索赔申请书如表 4.2 所示。

表 4.2　机动车辆保险索赔申请书

报案号码：

<table>
<tr><td colspan="2">被保险人</td><td colspan="2"></td><td colspan="2">联系电话</td><td colspan="2"></td></tr>
<tr><td colspan="2">地址</td><td colspan="2"></td><td colspan="2">邮政编码</td><td colspan="2"></td></tr>
<tr><td colspan="2">车牌号码</td><td></td><td>厂牌型号</td><td colspan="4"></td></tr>
<tr><td colspan="2">发动机号码</td><td></td><td>车架号码</td><td colspan="4"></td></tr>
<tr><td colspan="2">交强险保单号</td><td colspan="2"></td><td colspan="2">承保公司</td><td colspan="2"></td></tr>
<tr><td colspan="2">商业险保单号</td><td colspan="2"></td><td colspan="2">承保公司</td><td colspan="2"></td></tr>
<tr><td>报案人</td><td></td><td>联系电话</td><td></td><td>出险驾驶员</td><td></td><td>联系电话</td><td></td></tr>
<tr><td colspan="2">出险时间</td><td colspan="2"></td><td colspan="2">出险地点</td><td colspan="2"></td></tr>
<tr><td colspan="2">开户名称</td><td></td><td>账号</td><td colspan="2"></td><td>开户银行</td><td></td></tr>
<tr><td colspan="8">其他事故方交强险信息</td></tr>
<tr><td>车牌号码</td><td>厂牌型号</td><td colspan="2">被保险人</td><td colspan="2">交强险保单号</td><td>承保公司</td><td>定损公司</td></tr>
<tr><td></td><td></td><td></td><td></td><td></td><td></td><td></td><td></td></tr>
<tr><td></td><td></td><td></td><td></td><td></td><td></td><td></td><td></td></tr>
<tr><td></td><td></td><td></td><td></td><td></td><td></td><td></td><td></td></tr>
<tr><td></td><td></td><td></td><td></td><td></td><td></td><td></td><td></td></tr>
</table>

续表

车牌号码	厂牌型号	被保险人	交强险保单号	承保公司	定损公司
出险经过及损失情况： 兹声明本被保险人报案时所陈述以及现在所填写和提供的资料均为真实情况，没有任何虚假或隐瞒，否则，愿放弃本保险单之一切权利并承担相应的法律责任。现就本次事故向贵公司提出正式索赔。 被保险人（索赔权益人）签章： 年 月 日					
特别申明： 1. 本索赔申请书是被保险人就所投保险种向保险人提出索赔的书面凭证。 2. 保险人受理报案、现场查勘、估损核损、参与诉讼、进行抗辩、向被保险人提供专业建议等行为，均不构成保险人对赔偿责任的承诺。					

24 小时客户服务电话 955 × ×

（1）一般情况下索赔申请书应包括如下内容：

①保险单证号码。

②被保险人名称、地址及电话号码。

③保险车辆的种类及厂牌型号、生产日期、第一次申领牌照日期、牌照号码、发动机号码等。

④驾驶员情况，包括姓名、住址、年龄、婚否、驾驶证号码、驾龄和与被保险人的关系等。

⑤出险时间、地点。

⑥出险原因及经过，包括事故形态，如正面碰撞、侧面碰撞、追尾碰撞、倾覆、火灾、失窃等；事故原因，如超速、逆向行车、行车或倒车不当等；发生事故前车辆的动态，如行驶方向、行驶速度、超车、转弯等；撞击部位，如车头、车中、车尾等。

⑦涉及的第三者情况：第三者的财产损失，包括其姓名、住址、电话号码以及第三者车辆损失情况（车牌号码、保险单号码、受损情形及承修场所）或其他财产损失情况；涉及第三者伤害的，包括伤亡者姓名、性别、受伤情形和所救治的医院名称、地址等。

⑧处理的交通管理部门名称、经办人姓名及电话号码等。

⑨被保险人签章与日期。

（2）需特别强调的是，被保险人自保险车辆修复或事故处理结案之日起，3 个月内不向保险公司提出理赔申请，即视为自动放弃权益。

（五）领取赔款

当保险公司按被保险人在事故中的责任比例核实损失并经计算确定保险赔款后，应当通知被保险人领取赔款。《保险法》第 23 条规定：“保险人收到被保险人或者受益人的赔偿或者给付保险金的请求后，应当及时作出核定；情形复杂的，应当在 30 日内作出核定，但合同另有约定的除外。保险人应当将核定结果通知被保险人或者受益人；对属于保险责任的，在与被保险人或者受益人达成赔偿或者给付保险金的协议后 10 日内，履行赔偿或者给付保险金义务。保险合同对赔偿或者给付保险金的期限有约定的，保险人应当按照约定履行赔偿或者给付保险金义务。”

保险人自收到赔偿请求和有关证明、资料之日起 60 日内，对其赔偿数额不能确定的，应当根据已有证明和资料可以确定的数额先予支付；保险人最终确定赔偿数额后，应当支付相应的差额。保险人未及时履行约定义务的，除支付赔款外，应当赔偿被保险人因此受到的损失。

同时，保险公司结案后，被保险人应尽快领取赔款。领取时要携带被保险人及取款人身份证。自保险公司通知被保险人领取保险赔款之日起 1 年内不领取应得的赔款，即视为自动放弃权益。

（六）出具权益转让书

出具权益转让书并不是汽车保险索赔的必经程序，只有保险汽车涉及第三者责任时，被保险人领取赔款后才需要出具权益转让书，把被保险人向第三者索赔的权利转让给保险公司，由保险公司向第三方追偿。《保险法》第 60 条规定：“因第三者对保险标的的损害而造成保险事故的，保险人自向被保险人赔偿保险金之日起，在赔偿金额范围内代位行使被保险人对第三者请求赔偿的权利。”

二、撞车索赔程序

（一）明确责任

若肯定负责任，则向保险公司报案；若肯定不负责任，则不必报案。因为这将决定您明年续保时能不能得到无赔款优待。

（二）报案

（1）带保险单、行驶证、驾驶证到车主投保的保险公司。

（2）在理赔部填写车辆出险登记表、出险通知书。

（三）定损

带车辆出险登记表找理赔部定损员以确定修理项目和费用，并出具一张定损单。注意：不要遗漏修理项目，修理费不能定得太低。

（四）修车

（1）将车、定损单一起交修理厂。修理厂按定损单修车，并出具一张提车单作提车证明。

（2）车修好后，凭提车单支付修理费后提车，并向修理厂索要修车发票、托修单、施工单、材料单（均须盖修理厂公章）。

（五）开事故证明

修完车后，带对方车的修车发票和对方车主一起去交通队结案。结案后，会得到一张事故证明（盖交通队公章），并拿回自己被扣证件。

（六）递交单证

将相关的单证均交保险公司理赔部。

（七）领赔款

递交索赔单证后，接到保险公司领赔款通知，带身份证和车辆出险登记表领赔款。

三、丢车索赔程序

（一）报案

带保险单、行驶证、驾驶证，在保险公司理赔部填写车辆出险登记表、出险通知书、权益转让书和一张盗抢险索赔所需手续清单。

（二）等三个月

在保险公司报案后，耐心等三个月。因为条款规定，保险车辆全车被盗抢，经县级以上公安刑侦部门立案证实，满三个月未查明下落，保险公司才负责赔偿。因此，公安部门需三个月后才能确认车已经丢失并开丢失证明，有丢失证明后保险公司才能赔偿。

（三）开丢失证明

丢车满三个月后，写一份关于丢车情况的报告，并拿一份填好的权益转让书交给丢车地的公安分局，由分局开丢车情况证明；之后，带丢车情况报告、填好的权益转让书和分局开的丢车证明去市公安局，由市公安局开出一份正式的丢失证明，供索赔使用。

（四）开停驶证明

带上市公安局出具的丢失证明，到公路局开一份车辆停驶证明，供保险索赔时使用。

（五）递交索赔单证

交必备单证到保险公司理赔部。

（六）领赔款

递交完索赔单证后，接到保险公司的领赔款通知，带身份证和车辆出险登记表领赔款。

四、汽车自燃的索赔程序

（一）报案

（1）如果车内起火了，应立即停车、灭火，向交警、消防队报警，同时通知保险公司。

（2）带保险单、行驶证、驾驶证到保险公司，若车已不能开，则要保护好现场。

（3）在理赔部填写车辆出险登记表、出险通知书。

（二）定损

带车辆出险登记表找理赔部定损人员，把其中的一联给他们。如果车辆损失属于自燃损失险的赔偿范围，保险公司的定损人员将确定修理项目和修理费用，并出具一张定损单。要留意：

（1）不要遗漏修理项目。

（2）修理费不能定得太低，以防修车时不够用。

（三）修车

（1）送车并拿上定损单，一并交汽车修理厂。汽车修理厂会出具一张提车单作为提车证明。

(2) 提车。修好后，凭提车单付修理费后提车，并向修理厂索要修车发票、托修单、施工单、材料单（均须盖修理厂公章）。

(四) 交单证

注意向处理事故的交警、消防部门索取责任认定书或火灾证明，并将相关单证交到保险公司理赔部。

(五) 领赔款

交完单证，接到保险公司领赔款通知，带身份证和车辆出险登记表领赔款。

五、汽车挡风玻璃损坏的索赔程序

(一) 报案

(1) 带保险单、行驶证、驾驶证，开该事故车到保险公司。

(2) 在理赔部填写车辆出险登记表、出险通知书。

(二) 定损

带车辆出险登记表找理赔部定损人员，由他们确定更换挡风玻璃的费用。定损后，会出具一张定损单，这时留意，修理费不能定得太低，以防更换挡风玻璃时不够用。

(三) 换玻璃

(1) 送车并带上定损单，把它和车一起交给修理厂。修理厂会出具一张提车单作为提车证明。

(2) 交费提车。玻璃换好后，凭提车单支付修理费后提车。并向修理厂索要修车发票、托修单（均须盖上修理厂公章）。

(四) 递交单证

将准备好的单证统统交给保险公司理赔部。

(五) 领赔款

递交单证后，接到保险公司领赔款通知，带身份证和车辆出险登记表领回赔款。

六、汽车撞墙事故的索赔程序

(一) 报案

(1) 带保险单、行驶证、驾驶证，开该事故车到保险公司。

(2) 在理赔部填写车辆出险登记表、出险通知书。

(二) 定损

带车辆出险登记表找理赔部定损人员以确定修理项目和费用。定损后，会出具一张定损单。不要遗漏修理项目，修理费不能定得太低。

(三) 修车

(1) 把车、定损单一起交汽车修理厂。修理厂按定损单修车，并出具一张提车单作提车证明。

（2）车修好后，凭提车单支付修理费后提车，并向修理厂索要修车发票、委托修理单、施工单、材料单（均须盖修理厂公章）。

（四）开事故证明

若损失不大，可任意找人写一个第三方证明；若损失很大，索赔时保险公司有可能需要车主提供交通队出具的事故证明。

（五）递交单证

将相关的单证统统交保险公司理赔部。

（六）领赔款

递交索赔单证后，接到保险公司领赔款通知，带身份证和车辆出险登记表领赔款。

七、汽车撞人的索赔程序

（一）报案

（1）撞伤第三者后应立即停车，查看伤情，向交通队报案，保护出事现场，等候交警处理。若对方伤势轻微，可等交通队来人后再做处理；如果对方伤势严重，则应立即送医院治疗抢救。出事后尽量不要移动现场，因为交通法规规定：擅自移动现场者应负事故的全部责任；如果情况特殊必须移动时，应当在现场标明车辆与行人在出事时的位置。在交通队处理完现场、安顿好受伤人员后，再抽时间向保险公司报案，只要在事发后的 48 小时内向保险公司报案就可以。

（2）带保险单、行驶证、驾驶证到保险公司。

（3）在理赔部填写车辆出险登记表、出险通知书。

（二）交通队结案并开具事故证明

（1）分清双方的责任。

（2）审查对方要求赔偿的项目。

（3）在赔偿对方损失的同时，一定要索要有关单证，因为没有这些单证，保险公司是不予赔付的。

①医疗费——需医院出具的诊断证明、药费收据；

②误工费——需有医院出具的需要休息养病的证明、对方工作单位出具的误工证明；

③交通费——需要提供车票；

④残疾补助费——需要提供残疾证明；

⑤死亡补偿费——需要提供死亡证明。

（4）向交通队索要事故证明和经济赔偿执行凭证。事故证明要求写清双方所负责任和赔偿方式。经济赔偿执行凭证要求写清具体赔偿项目和赔偿金额。

（三）递交索赔单证

相关必备的单证均应交保险公司。

（四）领赔款

递交索赔单证后，接到保险公司的领赔款通知，带身份证和车辆出险登记表去领赔款。

八、司机和乘客出险索赔程序

（一）送院治疗

事故中车上人员司机或乘客受伤后，应及时送医院治疗。

（二）及时报案

（1）带保险单、行驶证、驾驶证向保险公司报案（48 小时内）。

（2）在理赔部填写车辆出险登记表、出险通知书。

（三）递交单证

将相关必备单证统统交保险公司理赔部。

（四）领取赔款

接到保险公司的领赔款通知后，带身份证和车辆出险登记表领赔款。

知识二　事故车索赔资料要求

一、一般保险事故，被保险人索赔时需提供的资料

（1）被保险机动车发生交通事故的，由被保险人向保险人申请赔偿保险金。原则上，索赔员应为被保险人。

（2）当索赔员非被保险人本人时，应持有相应法律证明（法院判决书，被保险人死亡、失踪证明）或符合法律要求的被保险人委托办理索赔的授权委托书。

（3）被保险人索赔时，应当向保险人提供以下材料：

①机动车交通事故责任强制保险单正本。

②被保险人出具的索赔申请书。

③被保险人和受害人的有效身份证明、被保险机动车行驶证和驾驶人的机动车驾驶证、领取赔款人身份证明。

④事故证明材料：公安机关交通管理部门出具的事故证明，或者人民法院等机构出具的有关法律文书及其他证明。交通事故责任认定书、事故调解书或简易事故处理书，被保险人根据有关法律法规规定选择自行协商方式处理交通事故的，应当提供依照《交通事故处理程序规定》规定的记录交通事故情况的交通事故自行协商处理协议书，或法院、仲裁机构的裁决书、调解书、判决书、仲裁书。

⑤损失情况证明：车辆定损单、车辆修理发票、财产损失清单。

⑥人员费用证明：医院诊断证明、医疗费报销凭证、误工证明及收入情况证明、受害人财产损失程度证明、人身伤残程度证明、伤残鉴定书，死亡证明、相关医疗证明以及有关损失清单和费用单据，被抚养人证明材料、户籍证明。

⑦其他与确认保险事故的性质、原因、损失程度等有关的证明和资料。

二、撞车事故，被保险人索赔时需提供的资料

保险车辆发生碰撞、倾覆等撞车事故后，被保险人向保险公司索赔时应提供以下与赔偿

有关的证明材料和有关费用单据：

①出险通知书：保险公司提供，保户填写。车主是单位的需盖章，是个人的则需签字。

②托修单：保险公司提供，修理厂填写并盖章。车主是单位的需盖章，是个人的则需签字。

③定损单：保险公司提供并填写，修理厂使用后交回保险公司。

④修车发票：修理厂提供。

⑤施工单：修理厂提供、填写并盖章。

⑥材料单：修理厂提供、填写并盖章。

⑦事故证明：交通队或安委会提供并盖章。

⑧赔款通知书：保险公司提供。车主是单位的需盖章，是个人的则需签字。

三、机动车盗抢险，被保险人索赔时需提供的资料

被保险人的车辆不幸被盗窃或抢劫时，被保险人需在保险人指定的报纸上登报声明，并到公安机关专门处理此类事故的部门备案。

被保险人向保险公司索赔时，需提供以下单证：

①出险通知书：保险公司提供，保户填写。车主是单位的需盖章，是个人的需签字。

②保险单正本原件。

③机动车行驶证、机动车登记证书、机动车来历凭证原件。

④购车原始发票原件。

⑤车辆购置税完税证明（车辆购置附加费缴费凭证和收据）原件。

⑥权益转让书：保险公司提供。车主是单位的需盖章，是个人的则需签字。

⑦丢失证明：出险当地县级以上公安刑侦部门出具的盗抢立案证明。

⑧汽车钥匙原件。

⑨机动车停驶手续证明：公路局提供。

⑩车主证件：车主是单位的需营业执照；是个人的则需身份证。

⑪养路费收据、损失清单、有关费用单据原件。

⑫赔款结算单：保险公司提供。车主是单位的需盖章，是个人的则需签字。

因此，被保险人或车主最好不要将机动车行驶证、购车原始发票、车辆购置附加费凭证放在车上，以上单证一旦随车丢失，不但需要到原单位去补办比较复杂的证明，而且这些单证每缺少一项可能会增加0.5%的免赔，行驶证、购置费凭证、购车发票、车钥匙每一项可能会增加5%的免赔率，不但减少了赔款金额，而且会在领取赔款时平添许多麻烦。另外，丢失证明、停驶证明必须提供，否则保险公司不予赔偿。

四、机动车自燃险，被保险人索赔时需提供的资料

被保险人的车辆因本车电器、线路、供油系统发生故障或者运载货物自身起火燃烧时，若被保险人投保了车辆自燃险的险种，其索赔手续与车辆碰撞相同，被保险人只需再提供一份当地公安消防部门的火灾鉴定证明。

①出险通知书：保险公司提供，保户填写。车主是单位的需盖章，是个人的则需签字。

②托修单：保险公司提供，修理厂填写并盖章。车主是单位的需盖章，是个人的则需

签字。

③定损单：保险公司提供并填写，汽车修理厂使用后交保险公司。

④修车发票：汽车修理厂提供。

⑤施工单：汽车修理厂提供、填写并盖章。

⑥材料单：汽车修理厂提供、填写并盖章。

⑦赔款结算单：保险公司提供。车主是单位的需盖章，是个人的则需签字。

五、汽车挡风玻璃险，被保险人索赔时需提供的资料

①出险通知书：保险公司提供，保户填写。车主是单位的需盖章，是个人的则需签字。

②托修单：保险公司提供，修理厂填写并盖章。车主是单位的需盖章，是个人的则需签字。

③定损单：保险公司提供并填写，修理厂使用后交保险公司。

④修车发票：修理厂提供。

⑤第三方证明：任意第三方提供。

⑥赔款通知书：保险公司提供。车主是单位的需盖章，是个人的则需签字。

六、汽车撞墙事故，索赔所需资料

当被保险人的车辆撞墙（树木、水泥墩、栏杆、电线杆等物体）时，被保险人应提供以下单证：

①出险通知书：保险公司提供，保户填写。车主是单位的需盖章，是个人的则需签字。

②委托修理单：保险公司提供，汽车修理厂填写并盖章。车主是单位的需盖章，是个人的则需签字。

③定损单：保险公司提供并填写，汽车修理厂使用后交回保险公司。

④修车发票：汽车修理厂提供。

⑤施工单：汽车修理厂提供、填写并盖章。

⑥材料单：汽车修理厂提供、填写并盖章。

⑦第三方证明：保险公司提供。车主是单位的需盖章，是个人的则需签字。

⑧赔款结算书：由保险公司提供。车主是单位的需盖章，是个人的则需签字。

七、汽车撞人事故，索赔所需资料

①出险通知书：保险公司提供，保户填写。车主是单位的需盖章，是个人的则需签字。

②诊断证明：医院提供并盖章。

③医药费发票：医院提供并盖章。

④误工证明：受伤者所在单位提供并盖章，写明其误工时间及月工资。

⑤事故证明：交通队或安委会提供并盖章。证明双方应付责任。

⑥赔偿执行凭证：交通队或安委会提供并盖章。证明赔款已付给受伤者。

⑦赔款结算单：保险公司提供。车主是单位的需盖章，是个人的则需签字。

八、司机和乘客出险，索赔所需资料

①出险通知书：保险公司提供，保户填写。车主是单位的需盖章，是个人的则需签字。
②诊断证明：医院提供并盖章。
③医药费收据：医院提供并盖章。
④事故证明：交通队或安委会提供并盖章，证明应付责任。
⑤赔款结算单：保险公司提供。车主是单位的需盖章，是个人的则需签字。
⑥受伤人员身份证（复印件）。

九、人伤案件索赔所需资料

人伤案件索赔时客户所需提供资料如表 4. 3 所示。

表 4. 3　人伤案件索赔时客户所需提供资料一览表

伤者情况	需提供资料	需提供资料名称	
门诊治疗	①②③④⑥⑪⑬	①门诊病历，诊断证明书	⑨陪护证明
		②医药费原始发票	⑩户口本、身份证复印件
住院治疗	①②③④⑤⑥⑦⑨⑩⑪⑬	③医疗费用清单	⑪损害赔偿调解书
		④休假证明	⑫法院民事判决书
伤残	①②③④⑤⑥⑦⑧⑨⑩⑪⑬	⑤二次手术证明	⑬交通事故责任认定书
		⑥受伤前后三个月工资证明、减少收入证明	⑭死者丧葬费发票
死亡	⑩⑪⑬⑭⑮⑯	⑦住宿费、交通费的票据	⑮死者生前供养证明及被抚养人证明
		⑧伤残评定书	⑯死亡证明书或验尸报告、销户证明或火化证明

十、机动车第三者责任保险，索赔时需提供的资料

当事故发生后，被保险人向保险人索赔时，必须提供以下资料：

①交警确认的保险事故的性质、原因、损失程度等有关的证明和资料。

②被保险人应当提供保险单、损失清单、有关费用单据、被保险机动车行驶证和发生事故时驾驶人的驾驶证。

③属于道路交通事故的，被保险人应当提供公安机关交通管理部门或法院等机构出具的事故证明、有关的法律文书（判决书、调解书、裁定书、裁决书等）及其他证明。

④属于非道路交通事故的，应提供相关的事故证明。

十一、机动车车上人员责任保险，索赔时需提供的资料

（一）事故证明材料

①被保险人索赔时，应当向保险人提供与确认保险事故的性质、原因、损失程度等有关的证明和资料。

②属于道路交通事故的，被保险人应当提供公安机关交通管理部门或法院等机构出具的事故证明、有关的法律文书（判决书、调解书、裁定书、裁决书等）和通过机动车交通事故责任强制保险获得赔偿金额的证明材料。

③属于非道路交通事故的，应提供相关的事故证明。

（二）权益证明材料

被保险人应当提供保险单、损失清单、有关费用单据、被保险机动车行驶证和发生事故时驾驶人的驾驶证。

六、课外拓展

1.《中国保监会关于综合治理车险理赔难的工作方案》

近年来，随着我国经济快速发展，人民生活水平不断提高，机动车保有量迅速增加，机动车保险业务也随之快速发展，承保数量和覆盖面迅速扩展，理赔案件数量急骤增长。财产保险业理赔服务能力和服务质量已不能适应车险业务快速发展的要求，难以满足社会各界不断增长的需要。车险理赔服务质量不高导致理赔难的问题，不但损害了投保人和被保险人的合法权益，破坏了保险业的社会形象，而且已成为制约财产保险业可持续发展的瓶颈。所以，要采取一系列措施，落实 2012 年全国保险监管工作会议关于抓服务、严监管、防风险、促发展的总体要求，提升车险理赔服务质量，保护投保人、被保险人的合法权益的目标。

工作目标：通过综合治理，争取用 3 年左右的时间达到以下目标：

（1）使财产保险公司理赔服务意识明显增强，理赔服务基础建设明显加强，服务体系进一步健全，服务规范化和便捷程度明显提升，服务创新取得新成效；

（2）行业规范统一的车险理赔服务制度、服务流程和服务标准初步形成，以信息化、透明化为基础的车险理赔服务评价机制、公开机制和监督机制初步建立；

（3）车险理赔服务质量监管的制度机制不断健全；

（4）保险消费者对车险理赔服务投诉明显减少，社会公众对车险服务的认可度和满意度明显提高。

2. 汽车出险理赔标准

汽车出险已经成了有车族每天都可能遇到的问题，出险的理赔标准如下：

1）医疗费

在公费医疗范围内，按照医院对当事人的交通事故创伤治疗所必需的费用计算，凭据支付。

2）误工费

当事人有固定收入的，按照本人因误工减少的固定收入计算，对收入高于交通事故发生

地平均生活费3倍以上的，按照3倍计算；无固定收入的，按照交通事故发生地国营同行业的平均收入计算。

3）住院伙食补助费

按照交通事故发生地国家机关工作人员的出差伙食补助标准计算。

4）护理费

伤者住院期间，护理人员有收入的，按照误工费的规定计算；无收入的，按照交通事故发生地平均生活费计算。

5）残疾者生活补助费

根据伤残等级，按照交通事故发生地平均生活费计算。自定残之月起，赔偿2年。

6）残疾用品费

因残疾需要配制补偿功能器具的，凭医院证明按照普及型器具的费用计算。

7）丧葬费

按照交通事故发生地的丧葬费标准支付。

8）死亡补偿费

按照交通事故发生地平均生活费计算，补偿10年。对不满16周岁的，年龄每小1岁减少1年；对70周岁以上的，年龄每增加1岁减少1年，最低均不少于5年。

9）被抚养人生活费

以死者生前或者残者丧失劳动能力前实际抚养的、没有其他生活来源的人为限，按照交通事故发生地居民生活困难补助标准计算。对不满16周岁的人抚养到16周岁，对无劳动能力的人抚养20年。

10）交通费

按照当事人实际必需的费用计算，凭据支付。

11）住宿费

按照交通事故发生地国家机关一般工作人员的出差住宿标准计算，凭据支付。

3. 撞车事故的交通责任区分对索赔的影响

1）负全部责任

事故车车主须承担自己车和对方车的全部损失，要负责给对方修车。索赔时，把双方的车送到车主所在的保险公司定损、修理。修完车后，拿着对方车的修车发票去交通队结案，还要开出一份事故证明。把事故证明和修车手续送到车主所投保的保险公司，等领回赔款。

2）负主要责任

事故车车主要承担双方车辆损失之和的大部分（70%或60%）。索赔时，把双方的车送到双方的保险公司定损，然后去该事故车车主所投保的保险公司指定的修理厂修双方的车。让修理厂把修车手续做成两份：自己一份，交对方车主一份。凡是双方责任（主要、对等、次要）都要由双方保险公司定损，由责任大的一方的保险公司指定修理厂修车。

3）负对等责任

事故车车主要承担双方车辆损失之和的50%。如果双方没有异议，交通队一般会判各修各的车。索赔时，方法和负主要责任索赔差不多。如果是各修各的车，该事故车车主可以按负全部责任的方法去索赔，只是最后要把交通队的事故证明交给该事故车车主所投保的保险公司。

4）负次要责任

若事故车车主承担双方车辆损失之和的小部分（30% 或 40%），那么，报案、定损的方法与负主要责任相同。不同的是，该事故车将由对方的保险公司指定修理厂修理；还要向对方车主索要一份修车手续，连同事故证明一起交给该事故车车主投保的保险公司。

5）不负责任

事故车和对方车的全部损失由对方承担，交通队也不会对该事故车车主进行扣分、罚款。该事故车车主完全不必向保险公司报案，第二年续保时，该事故车车主还可以从保险公司得到 10% 的无赔偿优待。

4. 免赔

对造成交通事故的保险车辆实行免赔，即被保险人自己也要承担责任，这是为了增强被保险人及驾驶人员的交通安全责任心。

我国交通管理部门对交通事故肇事按全责、主责、半责、次责、无责来分别确定车祸双方的责任，保险公司也以此给予不同的免赔比例。

根据保险车辆驾驶员在事故中所负责任，车辆损失险和第三者责任险在符合赔偿规定的金额内实行绝对免赔率：负全部责任的免赔 20%，负主要责任的免赔 15%，负同等责任的免赔 10%，负次要责任的免赔 5%。单方肇事事故的绝对免赔率为 20%。

免赔率规定了不同责任驾驶人员所获赔款的扣除比例。在规定中，所谓单方肇事事故，指不涉及第三者损害赔偿的事故，但不包括自然灾害引起的事故。保险车辆因机械故障引起的事故和事故其他方查寻不着的，视同单方肇事事故，应扣除赔款的 20%。

5. 详解汽车保险的 13 种不理赔案例

1）第三者责任险不保自家人

案例：张女士开车回家，快到自己家门口时，儿子听到妈妈的汽车声飞奔过来迎接，结果张女士不慎将自己儿子撞伤，花了几万元治疗费。张女士想，自己的车上了第三者责任险，应该能得到赔偿，于是，事发后她到保险公司要求索赔，结果遭到拒赔。

专业人士提醒：第三者责任险中的“第三者”，通俗地讲，排除 4 种人，即保险人、被保险人、本车发生事故时的驾驶员及其家庭成员、被保险人的家庭成员。还不仅在车险中，在其他责任险中也有相关规定。

2）超时报案无法索赔

案例：一辆皮卡车在杭州某医院门口掉头转弯时，一位行人走过来，在皮卡车的反光镜上撞了一下摔倒在地。由于当时觉得情况并不严重，双方都没有报案，司机私自给了她 300 元钱，就算了结。

结果，当天晚上，被撞女子出现下身大出血——伤者不久前刚做了人流手术。因为病情严重，进行了子宫切除，造成巨额医药费。伤者家属找到车主索赔，车主才想到向保险公司报案，结果保险公司拒绝理赔。

专业人士提醒：《机动车辆保险条款基本险》第 28 条、第 30 条和《附加险全车盗抢险条款》第 4 条规定，被保险人在保险车辆发生保险事故后应向事故发生地交警部门报案，同时一定要在 48 小时内向保险公司报案，否则有可能直接被拒赔！

因此，按照车险合同，事故发生后，车主应及时向公安交管部门报案，并在出险后有及时向保险公司报案的义务。因未及时报案，导致保险公司对事故的保险责任或损失无法认定的，保险公司有权拒绝赔偿事故损失。同时，车主要切记，车撞车时，如果当时情况不是很严重，可以选择私了，但是在车撞人的情况下，不管当时情况如何，都要选择及时报案，绝对不能私了。

3）要及时采取措施以免扩大损害

案例：2016年8月初，陈小姐开车在03国道金华延伸段的乡村小道上行驶，由于灯光比较暗，汽车底盘碰到路上的铁墩，造成发动机底盘、变速箱底盘发生损伤。当时，撞伤后她并没有及时发现情况，而是继续行驶，导致油漏光，整个发动机报废。等发现情况后，她向保险公司报了案。但保险公司最后认定在事故发生过程中，陈小姐是以100公里每小时左右的速度行驶的，在撞到铁墩后，她并没有停下来采取及时措施而造成油漏光，扩大了汽车损害，所以保险公司拒赔。

专业人士提醒：车辆出险后，应采取相应的措施或及时修理，否则，由此造成的扩大损失部分，保险公司不予理赔。发现汽车有问题要及时修理，千万别硬撑，如果损失扩大，那只有自己承担。另外，需注意的是，车主绝不能用人力推车，由于擅自拖运维修汽车而造成车损扩大，保险公司通常是不负责理赔的。

4）违法驾驶无法获得赔偿

案例：张先生年前买了一辆车，他的妹妹特别高兴，开着哥哥的车想试试新车，结果一个老人突然从岔路出来，张小姐情急之下踩错油门，把老人当场轧死。张小姐马上打电话向交通管理部门和保险公司报案，但是后来保险公司不予理赔，原因是张小姐无证驾驶。

专业人士提醒：除了上面所说的无证驾驶外，类似的例如醉酒驾驶、驾驶证件无效或不符、车辆未做年检等都属于车辆触“红线”范畴。在保险合同中有规定——保险只对合格、合法车辆生效。车主千万要记住持有效证件驾驶、不醉酒后驾驶、按时年检，切不可后延，免得索赔时麻烦。否则，即使到时损失再大，也是无法得到赔偿的，保险就算买了，也是白买。

5）泊车自动溜坡不予理赔

案例：郑先生出去办事，下车后将汽车停在坡道上，结果等他办完事出来，发现汽车车身被刮擦，立刻向交通管理部门和保险公司报案。交警赶到后，认为属于汽车自动溜坡造成，车主自己负全责。郑先生只能将汽车开进修理厂，重新上漆等修理花了几百元。他把修理车的费用向保险公司申请索赔，但保险公司给出的答复是拒绝赔偿。

专业人士提醒：这种自动溜坡现象，保险公司是不予理赔的。因此车主停车时应注意选好安全的停车位置。

6）别忘投保车上人员责任险

案例：周先生每年都要为爱车购买多种保险，但对车上人员险却并未在意。2016年5月，周先生自驾去西藏路上出了事故，受伤住院。由于没投保意外险和车上人员责任险，被保险公司拒赔。

专业人士提醒：车险的两个主险——车损险和第三者责任险，都没有涵盖驾驶员在内，有车族应补充投保人身意外伤害保险或车上人员责任险，特别是对于经常出差或热衷于自驾游的人来说，更是对自身利益多了一道保障。

7）停车场内车辆被盗不予理赔

按照保险公司的规定，凡是车辆在收费停车场或营业性修理厂中被盗，保险公司一概不负责赔偿。因为上述场所对车辆有保管的责任，在保管期间，因保管人保管不善造成车辆损毁、丢失的，保管人应承担责任。因此，无论是车丢了，还是被划了，保险公司一概不管。

攻略：正确的方式是找停车场去索赔。因此，驾驶人一定要注意每次停车时收好停车费收据。虽然很多收费停车场的相关规定中写着“丢失不管”，但根据我国合同法中关于格式合同的规定，这属于单方面推卸自己应负的责任，如无法协商解决，只好诉诸法律，目前已经有人打赢了这样的官司。

8）未年检的车出险不赔

在保险合同中有规定：保险只对合格车辆生效，对于未年检的车辆只能视为不合格车辆。

攻略：车主千万要切记按时年检，切不可后延，免得索赔时“屋漏更遭连夜雨”，罚款事小，被拒赔事大。而且，如果交通事故造成了第三者损失，费用也将由自己承担，保险就白买了。

9）驾驶人未年审不赔

驾驶人没有年审，所开车辆属于不合格车辆，保险公司可以根据保险合同拒绝任何理赔。

攻略：认真一点，别怕麻烦，该年审的时候就去年审。

10）未上牌照的车不赔

车辆在出险时，保险车辆必须具备两个条件：一是保险车辆须有公安交通管理部门核发的行驶证或号牌；二是在规定期间内经公安交通管理部门检验合格。

攻略：新车上牌之前，切记一定要保护好自己的车不要被盗和被撞。

11）撞人后精神损失费保险公司不赔

保险公司不是无条件地完全承担“被保险人依法应当支付的赔偿金额”，而是依照《道路交通事故处理办法》及保险合同的规定给予赔偿。保险条款明确规定了，因保险事故引起的任何有关精神损害赔偿为责任免除。

攻略：一旦出险而且责任在己，最好能和对方商讨一个比较能令大家满意的处理方法，宁可多给对方一点钱，达成私下和解。

12）撞车了，一定要先向第三方索赔

在不幸出险后，如果事故车是由于第三方的责任发生碰撞、倾覆情况，需要公安交通管理部门先确认责任。被保险人必须先向第三方索赔，才有可能获得保险公司的赔偿。如果被保险人放弃了向第三方索赔的权利，而直接向保险公司索赔，保险公司将拒绝赔偿。因为一旦放弃了向第三方索赔、追偿的权利，也就放弃了向保险公司要求赔偿的权利，保险公司将不予受理。

攻略：一旦出险且责任在对方，一定要先找对方赔，未果（最好是有法庭的强制执行未果的证明），才可以理直气壮地找保险公司赔偿。即如果第三方不予支付，被保险人应向人民法院提起诉讼。经人民法院立案后，书面请求保险公司先赔偿的，应向保险公司提供人民法院的立案证明，保险公司按保险合同的约定先行赔付。同时，被保险人还必须签权益转让书，将向第三方追偿的权利部分或全部转让给保险公司，并积极协助保险公司向第三方追偿。

13）多保并不能多赔

给二手车投保，车主如果选择按新车购置价确定保险金额，一旦发生车全损，只能得到出险时二手车实际价值的赔偿。超额投保并不能得到超额的赔偿，不足额投保也一样，不要贪图一时便宜而少投保，否则，一旦出险，就追悔莫及了。

攻略：保险金额应按投保时保险车辆的实际价值确定。足额投保，确保出险时能得到合理的赔偿。不要超额投保，要是口袋里的钱太多的话，可以考虑投资到别的地方。

任务项目五

车辆保险理赔实务

一、任务描述

2015 年上半年全国机动车和驾驶人保持快速增长趋势，截至 2015 年年底，我国机动车保有量达 2.79 亿辆，其中汽车 1.72 亿辆；机动车驾驶人 3.27 亿人，其中汽车驾驶人超过 2.8 亿人。全国已有 40 个城市的汽车保有量超过百万辆，北京、成都、深圳、上海、重庆、天津、苏州、郑州、杭州、广州、西安 11 个城市汽车保有量超过 200 万辆。2015 年 8 月份，全国公安交通管理部门共受理道路交通事故 43 151 起，共造成 9 600 人死亡，45 860 人受伤，直接财产损失 1.8 亿元。交通事故已成为关系到人民财产损失的重要方面，交通事故给车主和第三方都会带来重大损失。本章主要讲述发生交通事故后车主进行保险理赔的流程，以及作为车险查勘定损人员在定损工作中的主要内容。在本章最后一节，讲述了汽车营销技能机试系统有关车险理赔业务的操作流程和注意事项。

二、能力要求

- 清楚汽车保险理赔的内容，并能够按规定流程进行现场查勘；
- 能够对保险理赔相关单证进行正确填写；
- 能对优秀的保险案例进行分析，借鉴其查勘的经验，服务于本职工作；
- 能正确分析汽车水灾损失，并进行预防和施救；
- 能正确对汽车火灾事故进行预防和施救；
- 掌握汽车营销技能机试系统的操作步骤。

三、场所、设备要求

事故查勘类：举升架、千斤顶、数码照相机、移动电话、照明设备、相关单证。
软件测试类：汽车仿真实训室、汽车营销技能机试系统等。

四、操作考核

（一）基本技能考核

熟练掌握汽车营销技能机试系统的操作步骤，要求每次模拟考试分数达到 95 分以上，对汽车营销技能机试系统中承保和理赔模块的每一步都要熟记于心。

【案例分析题】

1. 车辆长期被泥石流困住无法脱险，应如何处理？

某地林业局将一辆越野吉普车向当地保险公司投保了车辆损失险和第三者责任险。在保险期限内，该局工作人员驾驶该车赴林区检查工作，途中忽遇泥石流，长达两公里多。由于路段出现坍塌，造成前进受阻，所幸汽车和车上人员都安然无恙，但汽车被泥石流困住，无法开出。车上人员只好选择弃车，步行而归。脱离险区后，立即向承保的公司报案，要求对汽车进行施救处理。但险区路段根本无法通行，施救工作无法展开。由于当地雨季来临在即，如不及时施救，本来完好的汽车将完全有可能被雨水、泥石流冲刷浸泡致损。另外，受阻路段至少要在两个月以后才能修复，而该车的保险期限距满期日已不足一个月，车主非常着急。

试分析应该如何处理该起案例？

2. 人工直流供油引起的火灾。

一辆老款面包车在行驶途中起火烧损。车主报案称：汽车在行进过程中撞上了路边的一颗树而导致起火。

现场查勘得知：路边那棵树被撞程度较轻，车前保险杠的变形也不算严重，但水箱已经损坏，路面也没有发现汽车制动的痕迹。打开发动机盖子后发现：发动机周围的可燃物已全部化为灰烬，铝合金制成的化油器已全部熔化，前轮轮胎已部分炭化，但轮胎与地面接触部分的炭化程度并不是最轻的。

查勘人员分别询问同车而行的其他乘员，得知路途中驾驶员曾经两次修理过化油器。

试分析应该如何处理该起案例？

3. 车辆被盗抢案。

广东一渔农董先生（车主）驾驶自己的“金杯”牌面包车去广州办事。办完自己的事情以后，在加油站加完油正准备开车往回走，两个身材高大的男人凑上前说：“老哥，我们有些货，想麻烦您给顺道拉到天平架去，我们给您付运费，保证让您满意。”还没等老实厚道的董先生反应过来是怎么回事，这两个人就自作主张上了车。董先生说不清楚是在什么心态的驱使下，就开车拉着两人上了路。当车行驶到市郊时，其中一个男子从腰间拔出尖刀，顶在董先生腰间，说：“我们是抢车的，你下车吧。”另外一个男子抡动拳头三下五除二将董先生打出了车外。幸运的是，董先生被随后赶到的巡警救起，没有受到进一步的伤害，但汽车却被歹徒抢走了。董先生赶紧报案、报险。

试分析应该如何处理该起盗抢汽车的案例？

4. 车辆被盗后造成的损失理赔案。

某单位一辆桑塔纳轿车在有效保险期内于饭馆门前被盗。因盗车人驾车技术不熟练，再加上心理紧张，在饭馆拐弯处与一辆富康轿车相撞，致使双方车辆严重受损，并造成对方车上一名乘客重伤。经交警认定，盗车人负全部责任，但因盗车人暂无经济赔偿能力，公安部门让该车车主垫付。被保险人垫付后，即向保险公司提出索赔。

试分析应该如何应对该起案例？

5. 交警调解，甲方驾货车（汽车方）由于疏忽和超宽、超载原因碰撞乙方行人，承担主责（原因是超宽、超载引起的），乙方行人承担次责。甲方汽车损失自负，乙方行人损失：医药费6 000元，护理费17元×50天=850元，住院伙食补贴15元×50天=750元，误工费17元×100天=1 700元，十级残补6 280元×20年×10%=12 560元，交通费500元，财物损坏300元，考虑伤者今后劳动能力受到损失，补助10年，计6 280元，共计：28 940元。由甲方承担90%，乙方承担10%。经保险公司定损，汽车修理费为3 000元，该车于2007年2月投保交强险、营业性车损险10万元（保险价值10万元）、第三者责任险10万元，不计免赔率（含车损险、三者险），请算一下甲方的赔款是多少？

6. 王某于2006年7月2日为其一辆1997年10月10日买的桑塔纳2000车投保了交强险，家庭自用车损险13万元，第三者责任险10万元，车上人员责任险每座1万元。同年8月2日，该车由于单方交通事故被撞后起火全部烧毁，王某认为他投保了13万元，理应赔偿13万元，并请教了律师，你作为内行，对这一事件，应当如何对你的保户作答复？

7. 老赵一直是安全行驶，没有处理事故的经验。2007年4月续保不久，且仅投保交强险。老赵请小李帮忙驾驶拖拉机搞运输，在同年6月5日发生了因避让自行车将拖拉机翻入稻田中的事故，拖拉机的柴油流了一地，驾驶员受伤。经交警调解，有以下几项损失要求老赵承担：小李医药费4 000元，护理费480元，误工费960元，一次性补偿800元，拖拉机损坏1 000元，农田污染赔偿500元。你认为可以列入保险第三者责任赔偿范围的有哪几项？合计多少？你怎样对老赵作解释？

8. 2006年11月20日8时许，小王接95518指令及时到达出险现场，查勘了现场，基本认为是出险车辆为避横穿行人，右打方向，撞在了隔离墩上，车损较大，而且地上倒着一辆自行车。听路人介绍，该车在避让过程中，碰倒了旁边的骑车人，伤者已被交警送往医院，小王在交警处了解到，该车驾驶员并未报案，也未送伤者去医院。报案人为车辆所有权人。小王采取了以下步骤：

（1）拍了现场照片，并对事故车进行了初步定损，记录了看得到的更换件和修理件；

（2）打电话给报案人，要求17时前，驾驶员必须将驾驶证、行驶证拿来给小王核对；

（3）告知报案人把“车拖至修理厂打开后，再通知我”，并留下了电话号码。

请你点评小王做得是否正确完整。

9. 定损员小刘接到一个案子：经过一个建筑工地的“凌志430”轿车，被空中落下的一广告牌子砸碎了前挡风玻璃，要求查勘定损。接案后，小刘要求车主将车开到定损点，查勘了损失后，小刘出具了定损单，更换前挡风玻璃，报价金额3 400元，并告知车主，索赔时要提供交警或当地派出所的证明。请你点评一下，小刘做得怎么样？

10. 王先生应要求将车开至定损点，后保后围被撞，定损过程中，王先生嚷道：“我的后保上有倒车雷达，你别漏了。”这张定损单该如何写？

11. 2006年12月5日，小朱驾驶着私家车在途中发现机盖冒烟，小朱赶紧停车采取措施，措施得当，火没有着起来，但车头线束、点火线圈已焦，小朱想起上星期刚续保，赶紧打了报案电话。定损员小张赶到后，小朱悻悻地：“我是不幸中的万幸，你们保险公司也有运气，损失不大，3 000元能搞定。”简述查勘程序。

12. 定损员小陈接案后，与保户联系，经了解后得知：出险车辆A、B属两车追尾事故，碰撞双方原意“私了”，A车（我方承保）负全责，愿意赔偿B方800元，现场车已撤离，现双方正在路边协商相关事宜。小陈在电话中要求A车驾驶员，将双方车辆开到我公司定损点进行定损。车开到后，A车驾驶员为难地说：B车有急事，不愿意来。小陈出具了定损单，并在查勘报告中注明交警处理，小陈处理得是否到位？如果由你处理，处理步骤如何？

13. 被保险人投保了车辆损失保险，车辆在住宅小区停放，由于小区内有人违规燃放爆竹，使车辆挡风玻璃和机盖受损，经调查了解，找不到燃放爆竹人员，被保险人向保险公司提出索赔。你认为属于保险责任吗？请分别按家庭自用、营业用车辆的损失条款来分析。若是保险人自己燃放，又该如何赔？

14. 飞来石子将保险车辆损坏，是否属于保险责任？

投保非营业用汽车损失保险的保险车辆，在正常行驶中，被不知何处飞来的石子将车灯玻璃打碎。被保险人要求保险公司给予赔偿。

15. 保险车辆被车下的腐蚀性液体或飘落的油漆损坏，是否属于保险责任？

保险车辆被车下的腐蚀性液体或飘落的油漆损坏，被保险人提出索赔。

16. 车辆在行驶过程中，机盖掀起，造成保险车辆损失，是否属于保险责任？

家庭自用车辆损失保险条款承保的保险车辆在行驶中，机盖掀起，风挡玻璃和机盖受到损坏，被保险人提出索赔。

17. 本车上人员下车后，被本车轧死，是否构成保险责任？

一辆东风大货车投保汽车损失保险、第三者责任保险及附加车上人员责任险，在保险期内，被保险人驾驶保险车辆，发现车辆有异响，指使车上人员下车检查原因，在检查时，驾驶员将车辆准备靠边时将下车人员轧死。被保险人向保险公司提出索赔，保险公司应如何承担赔偿责任？

18. 保险车辆行驶中压塌路面，是否构成保险责任？

投保了营业用汽车损失保险和机动车辆第三者责任保险的保险车辆在行驶中将路面压塌，造成路面和车辆损失，被保险人提出索赔。

19. 投保特种车第三者责任险的吊车，吊钩脱落，货物损坏，是否赔付？

投保特种车第三者责任险的吊车，吊钩脱落，使正在吊装的货物损坏，被保险人提出索赔。

20. 投保车上货物责任保险的车辆，货物散落是否赔付？

投保车上货物责任保险的车辆，在行驶中所载货物因捆绑不牢被甩落，被保险人提出索赔。

（二）理论考核

【单选题】

1. 非营业用汽车损失保险条款规定，保险车辆发生保险责任事故造成损失应当由第三方负责赔偿，而无法找到第三方时的免赔率为（　　）。

A. 30%　　B. 20%　　C. 15%　　D. 10%

2. 以下（　　）不属于营业用汽车损失保险的保险责任。

A. 碰撞、倾覆、坠落　　B. 火灾、爆炸、自燃

C. 外界物体坠落、倒塌　　D. 雷击、雹灾、暴雨、洪水、海啸

3. 未确定事故责任比例时，依据非营业用汽车损失保险条款规定，主要责任方（　　）。

A. 承担责任比例为60%

B. 承担责任比例为70%

C. 承担责任比例为80%

D. 可协商确定，60%、70%、80%均可以

4. 下列不属于我国《道路交通法》规定的“道路”的是（　　）。

A. 公路　　B. 公共停车场　　C. 单位内部停车场　　D. 广场

5. 冷却系节温器的作用是随发动机水温高低而自动改变冷却液的（　　），保证发动机在适宜的温度下工作。

A. 流量　　B. 流量和循环路线　　C. 循环路线

6. 自动变速器按传动比的变化规律可分为（　　）两种。

A. 四挡和五挡　　B. 有挡式和无挡式　　C. 有级式和无级式

7. 强制汽车责任保险具有（　　）。

A. 改变性　　B. 可选择性　　C. 随机性　　D. 不可选择性

8. 目前我国的许多保险条款均（　　）列明保险欺诈是除外责任。

A. 没有　　B. 已经　　C. 准备　　D. 以上都不对

9. 下列类别的汽车中，在投保车损险的基础上，可以附加投保自燃损失险的是（　　）。

A. 家庭自用汽车　　B. 营业用汽车　　C. 非营业用汽车　　D. 特种车

10. 根据营业用汽车损失保险条款规定，在保险期间内发生多次保险事故（自然灾害引起的事故除外），免赔率从第（　　）次开始每次增加5%。

A. 二　　B. 三　　C. 四　　D. 五

11. 实际价值是指新车购置价减去折旧金额后的价格。按照条款规定：最高折旧金额不得超过投保时被保险机动车新车购置价的（　　）。

A. 80%　　B. 90%　　C. 70%　　D. 60%

12. 保险合同是（　　）约定保险权利义务关系的协议。

A. 投保人与被保险人　　B. 投保人与保险人

C. 被保险人与保险人　　D. 受益人与保险人

13. 保险利益的载体是（　　）。

A. 保险标的　　B. 保险价值　　C. 保险金额　　D. 被保险人

14. （　　）是指投保人对保险标的应具有的法律上承认的利益。

A. 保险利益　　B. 保险价值　　C. 保险金额　　D. 保险责任

15. （　　）是保险理赔过程中必须遵循的原则。按照这一原则，只有当被保险人的损失是直接由于保险责任范围内的事故造成的，保险人才能给予赔偿。

A. 损失补偿原则　　B. 代位原则　　C. 近因原则　　D. 分摊原则

16. 在赔案查勘定损过程中，对损失金额大，双方协商难以定损的，或受损标的技术要求高，难以确定损失的，由查勘定损员报（　　）批准，聘请专家或委托公估机构定损。

A. 中心主任　　B. 县支公司

C. 市公司业管部　　D. 市公司总经理室

17. 公司《理赔人员廉洁从业制度》规定，理赔人员不得接受客户、修理厂、县级支公司或与理赔工作有直接、间接关系的相关单位或个人的礼物礼金，不得接受各种有价证券、购物券、宴请、高档消费活动，不得向合作单位或个人借款借车借物或索取钱物，对不

能谢绝的，（　　）上缴。

A. 不必　　B. 超过 200 元以上的必须及时

C. 超过 500 元以上的必须及时　　D. 必须及时

18. 下列（　　）不是现场查勘所做的工作。

A. 确定损失　　B. 查明出险原因

C. 核定赔款金额　　D. 了解保险情况

19. 保险人在支付了 5 000 元的保险赔款后向有责任的第三方追偿，追偿款为 6 000 元，则（　　）。

A. 6 000 元全部退还给被保险人

B. 将 1 000 元退还给被保险人

C. 6 000 元全归保险人

D. 多余的 1 000 元在保险双方之间分摊

20. 车辆的实际价值是指同类型车辆市场新车购置价减去该车已使用年限折旧金额后的价格，根据国家有关规定，最高折旧金额不超过新车购置价的（　　）。

A. 70%　　B. 50%　　C. 80%　　D. 90%

【多选题】

1. 机动车辆保险属于（　　）保险。

A. 定值保险　　B. 不定值保险　　C. 财产保险　　D. 人身保险

2. 根据非营业用汽车损失保险条款规定，驾驶员有以下（　　）情形时，发生的事故保险人不负责赔付。

A. 机动车驾驶人在机动车驾驶证有效期满后，驾驶车辆

B. 驾驶证载明的准驾车型与所驾驶的车型不符

C. 驾驶证被依法扣留、暂扣期间

D. 实习期内驾驶营运客车

3. 机动车辆保险合同中，保险金额由投保人和保险人从以下哪几种方式中选择确定？（　　）

A. 按投保时被保险机动车的新车购置价确定

B. 按投保时被保险机动车的实际价值确定

C. 在投保时被保险机动车的新车购置价内协商确定

D. 以上三种都是

4. 家庭自用汽车损失保险条款中规定保险人在依据本保险合同约定计算赔款的基础上，按照免赔率免赔，下列说法错误的是（　　）。

A. 负次要事故责任的免赔率为 5%，负同等事故责任的免赔率为 8%，负主要事故责任的免赔率为 10%，负全部事故责任或单方肇事事故的免赔率为 15%

B. 负次要事故责任的免赔率为 5%，负同等事故责任的免赔率为 10%，负主要事故责任的免赔率为 15%，负全部事故责任或单方肇事事故的免赔率为 15%

C. 负次要事故责任的免赔率为 5%，负同等事故责任的免赔率为 8%，负主要事故责任的免赔率为 10%，负全部事故责任或单方肇事事故的免赔率为 20%

D. 负次要事故责任的免赔率为 5%，负同等事故责任的免赔率为 10%，负主要事故责任的免赔率为 15%，负全部事故责任或单方肇事事故的免赔率为 20%

5. 被保险人索赔时，应当向保险人提供哪些单证？（　　）

A. 损失清单

B. 有关费用单据

C. 被保险机动车行驶证和发生事故时驾驶人的驾驶证

D. 其他确认保险事故的性质、原因、损失程度等有关的证明和资料

6. 根据家庭自用汽车损失保险条款规定，驾驶员有以下（　　）情形时，发生的事故保险人不负责赔付。

A. 饮酒　　B. 吸食或注射毒品

C. 被药物麻醉后使用被保险机动车　　D. 从事违法活动

7. 保险中的“逃逸”是指（　　）。

A. 指被保险人或其允许的驾驶人在未依法采取措施的情况下驾驶被保险机动车远离事故现场

B. 指保险人或其允许的驾驶人遗弃被保险机动车逃离事故现场

C. 指保险人或其允许的驾驶人故意破坏、伪造现场，毁灭证据

D. 以上三种都是

8. 根据盗抢险条款规定，发生盗抢险后，被保险人索赔时，需要向保险人提供（　　）。

A. 机动车登记证书　　B. 机动车来历凭证

C. 车辆购置税完税证明或免税证明　　D. 机动车停驶手续

E. 公安刑侦部门出具的盗抢立案证明

9. 下面哪几项属于营业用汽车损失保险条款中的责任免除范围？（　　）

A. 自然磨损、锈蚀、腐蚀、故障

B. 玻璃单独破碎，车轮单独损坏

C. 无明显碰撞痕迹的车身划痕

D. 人工直接供油、高温烘烤造成的损失

E. 火灾、爆炸、自燃造成的损失

10. 根据火灾、爆炸、自燃损失险的规定，投保了哪个车辆损失险的机动车，可以投保本附加险？（　　）

A. 家庭自用损失保险　　B. 非营业用损失保险

C. 营业用损失保险　　D. 以上三个都可以

【判断题】

1. 轿车中车门玻璃的单独损坏属于玻璃单独破碎险保险责任范围。（　　）

2. 变速箱的作用是变扭变速，实现发动机动力的传递。（　　）

3. 主车与挂车同时投保了交强险和商业险，在发生碰撞道路上的行人的保险事故后，应先在主车交强险保单限额项下赔付后，再在挂车第三者责任险项下赔付。（　　）

4. 发动机润滑油的循环除了具有润滑运动部件的作用之外，还有冷却运动部件的作用。（　　）

5. 保险车辆查勘时，查勘人员必须告知客户索赔须知的内容，并指导客户填写索赔申请书。（ ）

6. 现场查勘是指对保险车辆的原始事故现场的勘查。（ ）

7. 车辆出险查勘的时间要求是接报案后 24 小时内。（ ）

8. 保险事故车辆在施救过程中，由于吊车或拖车二次发生事故，应将二次事故造成的事故车辆及吊车或拖车的损失计入施救费中赔付。（ ）

9. 轿车避让行人紧接制动，仅造成副驾位人员头部碰撞前挡风玻璃，则前挡风玻璃不属于碰撞保险责任。（ ）

10. 查勘人员在定损车辆损失时，应按由表及里或由前向后两种顺序进行，以免重复登记或遗漏登记损坏的汽车零部件。（ ）

五、理论知识

知识一 事故车理赔流程

一、车险理赔服务流程

车险理赔服务包括报案受理、异地委托和受理、查勘救援调度、查勘定损、核价核损、立案、缮制、核赔、结案归档、支付赔款、服务品质评估、服务改进等环节。

保险车辆出险后，保险人应报案并要求保险公司索赔。车险理赔服务流程如图 5.1 所示。

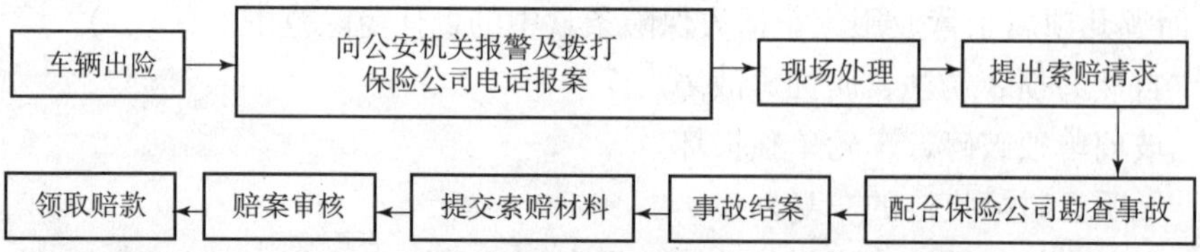

图 5.1 车险理赔服务流程

二、车险理赔服务内容

（一）报案受理

1. 定义

接受报案是指保险人接受被保险人的报案，并对相关事项做出安排，这是理赔环节的第一步。保险公司及时受理案件，进行早期调查，容易掌握事故的真实原因，利于尽快确定案件损失，履行赔偿责任。客户及时报案是保险公司及时受理案件的前提。为保障客户的顺利报案，保险公司都提供了多种报案渠道，如上门报案、电话报案、传真报案等。其中，电话报案快捷方便，是最常用的报案方式。

2. 报案受理内容

保险公司受理案件时，应对报案内容进行记录，主要内容包括：

（1）报案人、被保险人、驾驶人的姓名和联系方式等。

（2）出险的时间、地点、简单原因、事故形态等案件情况。

（3）保险车辆的情况，如品牌、车型、牌照等。如涉及第三方车辆的，也需要询问第三方车辆的车型、牌照等信息，根据这些信息查询第三方车辆是否为同一公司系统内承保的车辆。如果是，且在事故中负有一定比例的事故责任，则一并登记，进行报案处理。

（4）保单号码，查询保单信息，核对承保情况。如根据保单信息，查验出险时间是否在保险期限以内、出险时间是否接近保险期限起止时间、与上起案件报案时间是否比较接近；查明投保人投保了哪些险种，是否存在不足额投保，是否已经交保费；核对驾驶人是否为保单中约定的驾驶人，并初步审核报案人所述事故原因与经过是否属于保险责任等。

（5）对于明显不属于保险责任的情况，应向客户明确说明，并耐心细致地向客户做好解释工作。

（6）对属于保险责任范围内的事故和不能明确确定拒绝赔偿的案件，应登入保险车辆报案登记簿，并立即调度查勘人员赶赴现场，同时通知查勘人员进一步了解有关情况。

（二）异地委托和受理

保险车辆异地出险案件的代查勘（含通赔）委托和受理。

（三）查勘救援调度

发出调度指令，为减少或控制被保险标的的损失而采取抢救措施，如协调“119”“120”等。

（四）查勘定损

现场查勘是指运用科学的方法和现代技术手段，对保险事故现场进行实地勘查，将事故现场、事故原因等内容完整而准确地记录下来的工作过程。它是分析事故的原因和认定事故责任的基本依据。所以，各保险公司均建立了合理的服务网络，配备了完备的查勘工具，有一定数量且经验丰富的查勘人员，保证现场查勘工作的快速、有效。

当保险车辆在外地出险时，保险公司可派自己的查勘人员前往事故现场，也可委托当地保险公司或中介公司进行代理查勘。为加强异地出险的查勘，全国性的大公司均建立了有效的内部运作模式，即“双代案件（代查勘、代定损）”制度。

定损是指理赔人员根据现场查勘情况，认真检查受损车辆、受损财产和人员受伤情况，确定损失金额。

（五）核价核损

核价核损是指理赔人员根据现场查勘情况，认真检查受损车辆、受损财产和人员受伤情况，核定损失项目和金额，取得核损人员或医疗审核人员的认可。

（六）立案

立案是指现场查勘结束，理赔人员应在规定的时间内，依据出险报案表和查勘记录中的有关内容以及初步确定的事故损失金额和保险损失金额，通过车险业务处理系统进行认真、准确、翔实的登记。它是保险人正式确定案件，并对其统一编号和管理的必须步骤。

（七）资料收集

收集赔款所需单证，初步审核保险责任、理算赔款、报案赔案。业务人员对有关单证进行清理，并列出清单，录入计算机，自动生成赔款计算书。赔款计算书各项目要齐全，数字要正确，损失计算要分险种、分项目计算并列明计算公式，并应注意免赔率的正确使用。业务负责人审核无误后，在赔款计算书上签注意见和日期，送核赔人审核。

（八）理算

审核赔案材料，对保险责任、索赔材料的真实性进行初审，对有疑问的材料提出复审意见。

对立案定损录入数据有误的案件提出修改意见。

对本环节发现的可疑赔案的情况，应提出处理意见后交调查岗审核。

对于资料齐全的赔案进行理算，并保证数据的准确性和完整性。

（九）核赔

核赔是指在保险公司授权范围内独立负责理赔质量的人员，按照保险条款及公司内部有关规章制度对赔案进行审核的工作。它是保证保险人进行准确合理赔偿的关键环节，能有效控制理赔风险。

主要工作包括：审核单证、核定保险责任、核定车辆损失及赔款、核定人员损失及赔款、核定其他财产损失及赔款、核定施救费用以及审核赔付计算等。

（十）结案归档

结案处理是指赔案按分级权限审批后，业务人员根据核赔的审批金额，填发领取赔款通知书，然后通知被保险人领取赔款、财会部门支付赔款，以及对理赔案卷进行整理的工作，它是理赔案件处理的收尾环节。

被保险人领取赔款后，保险人要进行理赔案卷的整理。理赔案卷按分级审批、集中留存的原则管理，并按档案管理规定进行保管，做到单证齐全、编排有序、目录清楚、装订整齐。理赔案卷需一单一卷整理、装订、登记、保管，并按赔案号顺序归档。

（十一）赔款支付

审核支付手续、支付赔款。

（十二）代位追偿

对个别案件来说，可能保险事故是由第三者引起的，当保险人向被保险人赔款后，可以获得向第三者进行追偿的权利，而被保险人应协助保险人追偿。

保险事故发生后，保险人未赔偿保险金之前，被保险人放弃对第三者的请求赔偿权利的，保险人不承担赔偿保险金的责任。保险人向被保险人赔偿保险金后，被保险人未经保险人同意放弃对第三者请求赔偿的权利的，该行为无效。由于被保险人的过错致使保险人不能行使代位请求赔偿权利的，保险人可以相应扣减保险赔偿金。

（十三）服务品质评估

当保险人接受保险公司对保险车辆理赔工作结束后，应对理赔服务品质进行评估。

（十四）服务品质改进

保险公司应针对品质评估发现的问题，制定改进措施，跟踪落实。

知识二　事故车现场查勘

一、事故现场查勘

（一）机动车辆保险现场查勘

机动车辆保险现场查勘又称为机动车辆保险意外事故现场调查，机动车辆保险意外事故包括：自然灾害事故、交通事故（道路交通事故、非道路交通事故）等。机动车辆保险现场查勘是指保险公司查勘人员在机动车辆保险意外事故发生以后，第一时间以事故第一现场（或者第二现场）为中心，根据事故发生的过程、围绕造成事故的原因及后果等问题所进行的一系列调查取证活动。在机动车辆保险意外事故现场查勘活动中，保险公司查勘人员用规范的程序、科学的方法和现代技术手段，对机动车辆保险意外事故现场进行实地勘验与查证，包括对事故现场进行拍照、摄像、测量，对在场的事故当事人和目击者进行询问，对现场内外有关情况进行了解并将得到的结果完整、真实、准确地记录下来，并进行初步保险责任判定、事故损失预估和协助当事人组织施救等工作。

机动车辆保险意外事故现场查勘，是一项时间性、技术性和政策性极强的专业工作，面对机动车辆保险意外事故，承担此项工作的保险公司领导和工作人员，必须严肃对待，自始至终高度重视，严密组织，科学合理地进行分工合作；高速度、高质量、一丝不苟地做好每一项工作。

（二）机动车辆保险现场查勘的目的和意义

机动车辆保险现场查勘是整个机动车辆保险理赔程序中的关键一环。查勘人员在第一现场（或者第二现场）掌握的信息基本反映了机动车辆保险事故的性质是否属于保险责任，它为后续的理赔工作提供了有力的证据和基础，也是有效控制风险、降低赔付率的关键一环。为了真实、准确地掌握损失情况，查勘人员应尽可能争取到达第一现场，掌握第一手资料，把握事故处理的主动权。

（1）机动车辆保险意外事故现场查勘，是公正、客观、严密地查明事故真相的根本措施，是准确认定事故责任，依法正确处理机动车辆保险意外事故的基础和前提。

（2）开展机动车辆保险意外事故现场调查的主要目的在于：

①了解机动车辆保险意外事故过程中的主要情节，利用现场的证据，掌握其中关键性的细节，为进一步分析、研究、确定损失，以及进行机动车辆保险意外事故再现收集资料和提供依据。

②发现、提取和收集各种痕迹、物证，为判定机动车辆保险意外事故发生原因、认定事故责任以及确定是否为保险责任提供必要的证据。

③根据查勘情况，结合发现的特殊痕迹、物证，确定损失范围（防止人为损失扩大），判断是否酒后驾驶、故意行为、伪造现场等除外责任范围或欺诈行为。及时向机动车辆保险意外事故处理机关提供肇事逃逸车辆的种类、特征和逃逸方向，为侦破交通肇事逃逸案件提供线索和证据。

④协助客户组织现场施救，防止损失进一步扩大，同时为客户提供事故处理咨询，做好客户服务工作，创造公司服务品牌。

⑤收集和积累意外事故资料，为研究和制定机动车辆保险意外事故的风险预防对策及措施提供科学依据，为机动车辆保险险种开发和费率厘定提供参考数据。

总之：现场查勘要求理赔人员做到主动、迅速、准确、合理。

（三）机动车辆保险事故现场的分类

1. 原始现场

现场的肇事车辆和伤亡人员以及有关的遗留物、痕迹均未遭改变或破坏，仍然保持发生事故时现场的原始状态，又称第一现场。这类现场痕迹、物证保存着大量的原始信息，能够直接反映事故的过程和结果，甚至能够揭示责任者，对这种现场进行全面详细的查勘，痕迹物证提取得当，查勘人员就能够根据这些痕迹、物证提供的有价值的信息来重现事故发生的原因和过程。这种现场对查勘人员来说是一种最理想的状态。它能够帮助查勘办员准确、快速地查明原因。但这只是一种理想化的状态，我们日常接触到的各类事故现场，绝大部分都是变动后的现场，由于人为原因和自然原因，查勘人员到达现场后所看到的现场都不同程度地发生了改变或被破坏。

2. 变动现场

事故发生后，由于人为和自然原因，改变了发生事故时原始现场的部分或全部状况，这种现场称为变动现场。发生变动的原因通常有以下几种：

（1）为抢救伤者和其他财产而移动了肇事车辆和伤者倒卧的位置。

（2）风、雨、雪等天气和自然环境的影响，使现场上痕迹、物证部分或大部分消失。

（3）现场保护不及时或措施不当，围观群众和过往车辆破坏或者变动了现场上的痕迹、物证。

（4）为尽快疏导交通或者排除险情的需要而移动了肇事车辆和有关物体。

3. 伪造现场

这是指事故当事人为逃避责任和骗取保险赔偿金而采取的毁灭证据、嫁祸于人的行为，有意伪造或变动现场上的痕迹物证，而导致现场的变动。随着保险业务的逐步扩大，被保险人对保险行业的认识越来越深，骗取保险赔偿的事故越来越多，尤其是利用机动车辆骗取保险金的案件呈逐年上升趋势。学会运用现场查勘和技术鉴定，通过现场查勘和必要的技术检验方法，查清事故真相，将成为保险行业现场查勘人员与实施保险诈骗的不法分子进行斗争的有效手段。

（四）机动车辆保险事故现场的特点和分类

1. 特点

现场上均能见到明显的痕迹、物证，如刹车痕迹、碰撞痕迹、遗落的物质（灯罩、玻璃碎片、油漆片等）、油污痕迹、燃烧痕迹、血迹等。

因为机动车辆事故大部分是在运动当中形成的，运动中的机动车辆具有一定量的动能，无论发生何种类型事故，机动车与所接触的物体和地面都要发生能量交换和物质转移，而机动车外表一般都比较精致、做工精细，在外力作用下，表面很容易发生形变，周围地面也很容易遗留掉落的油漆片、玻璃碎片、碾压、擦划痕迹。

由于机动车辆事故大多发生在运动当中，所以发生事故必然受到天气环境、地理环境和人为因素的影响。

2. 从客观环境角度对机动车辆保险事故分类：

①机动车与机动车碰撞事故。

该类事故的形式多种多样，机动车之间的碰撞方向既有正面也有侧面和首尾相撞。还有多台机动车相撞的事故。

该类事故的原因也是多种多样，如驾驶员违章行车、技术不佳、操作失误、违章装载和酒后驾车，风、雨、雪、雾导致视线不清，道路状况不良、狭窄、凹凸不平，机件故障等。

②机动车与静止物体发生碰撞或单独倾覆事故。

这类事故平时也称作独立事故，发生事故的原因与前述的基本相同，但应该特别注意的是，大部分利用机动车骗取保险金的案件都是以独立事故的面目出现的，如翻车、坠崖、起火等。

③机动车与非机动车或行人、禽畜等碰撞事故。

机动车的原因——违章行车，视线不清，操作失误和车辆机件失灵（转向机件故障、轮胎爆破、车轴断裂）。

非机动车和行人的原因——违章载人、抢行、逆行、突拐、不走。

④机动车被盗窃及恶意破坏事故。

⑤机动车火灾事故（常见自燃火灾责任）。

⑥机动车自然灾害事故（尤其是暴雨责任）。

（五）查勘岗位的具体职责

查勘岗位的具体职责如下：

①审核保单抄件，确定相关要件，了解投保标的情况；

②现场查勘前的准备工作；

③赶赴现场协助客户施救和事故处理工作；

④完成现场查勘的各项基本工作（包括查验标的车辆、驾驶人等信息，查明出险时间、地点、原因，确定责任比例，做好问询笔录，绘制事故现场草图，必要时走访和取证、拍照等）；

⑤索赔须知的送达，并指导客户正确进行理赔程序；

⑥对于自己权限内的车损案件金额，负责核定损失并签署定损协议书；

⑦对于超权限的车损案件，负责与客户核定损失清单等相关必要单证；

⑧向上级汇报涉及第三者财产损失的案件，并指导受损物资的现场处理；

⑨人伤案件的调查和汇报；

⑩重大、疑难案件的相关调查和取证；

⑪盗抢险案件的现场查勘及调查取证工作；

⑫对于查勘后不属于保险责任的案件，缮制撤销案件审批书和撤销案件通知书，并报核立案人审核；

⑬负责撤销案件通知书的送达；

⑭现场完成查勘报告；

⑮指导客户在查勘后填写定损回访表；

⑯与相关岗位交接查勘有关资料。

（六）查勘车辆保险事故现场的要求

查勘机动车辆保险事故现场，主要的目的是查明当事各方在事故发生中的责任，为正确处理后续理赔工作提供客观依据。为此，要求现场查勘工作和查勘人员必须做到以下几点：

①赶赴现场必须迅速、及时。

现场查勘要力争在发案后短时间内到达第一现场，利用遗留的痕迹、物证等明显清晰的有利条件抓紧进行，绝不能拖延时间，失去查勘良机，贻误收集证据的时间，给事故的调查、处理工作带来困难。

②现场查勘必须全面、细致。

全面、细致地查勘现场是获取现场证据的关键。无论什么类型的事故现场，查勘人员都要力争把现场的一切痕迹、物证甚至微量物证都要收集、记录下来。对变动的现场更要认真细致地查勘，弄清痕迹形成的原因与其他物证和痕迹的关系，去伪存真，确定现场的本来面目。

③现场记录要清晰，绘制的草图和拍摄的照片能够全面真实地反映事故现场。

④做好当事人和目击证人的问询笔录。

⑤损失记录要全面详细，损失预估要尽量准确。

⑥服务热情周到，协助客户做好现场施救和事故处理工作。

（七）事故现场查勘步骤

现场查勘是对交通事故现场深入的调查。现场查勘的目的主要是收集与事故有关的各种物证，判断事故的责任；通过现场查勘，查明引起事故的原因，特别是要把握保险条款所规定的除外责任项目的情况。

1. 查勘准备

被保险人发生事故经报案立案后，查保单，确认在承保险种责任范围，查勘定损人员接到现场查勘的通知后，应立即赶赴现场。现场查勘携带必要的查勘资料，准备必要的查勘设备，如相机、钢尺等。

对于事故车辆已撤离现场的，在查勘定损时，要求现场查勘人员首先要查看车辆肇事接触部位，根据碰撞位置寻找和分析事故发生的原因。必要时还应赶到事故现场回勘。

2. 实地查勘

1）现场查勘要求

（1）查勘定损人员赶赴出险现场后，应及时与被保险人取得联系，以便协助搞好查勘工作。

（2）查勘必须到现场、见实物，做到与碰撞物核对痕迹。保险事故的查勘，不是单纯地对事故车辆进行损失登记和核定。因此，要求查勘人员到现场后，要深入实际调查，认真负责，详细记录，做到现场情况明、原因清、责任准、损失实。现场查勘应书写查勘报告。

（3）对于出险情况较特殊者，应向当事人和有关人员详细询问事故经过，必要时要收集旁证材料。特别是对车辆丢失、火灾事故及对怀疑有酒后驾驶、无证驾驶、机械事故及人为因素等要重点查询，迅速调查取证，绝不可拖泥带水。对于案情复杂或不易确定的疑难案件，应聘请技术专家或技术人员协助做出技术鉴定（或进行现场事故模拟实验），必要时请求有关公安、司法部门协助立案侦破。切忌盲目下结论，随意处理。

2）实地查勘内容

实地查勘内容包括：现场有关尺寸的测量，事故现场拍照及有关物品的收集等。

（1）现场拍照：即用摄影手段记录现场地貌、车辆、痕迹及散落物的情况。现场摄影的分类如下：

①方位摄影：拍摄确定现场的位置、全貌，反映现场轮廓，也就是要拍摄以肇事车辆为中心的周围环境，反映出事故现场的地形、路况，以及肇事车辆和其他物体接触碰撞情况。

②中心摄影：主要是拍摄现场中心地段，以接触点为中心，拍摄与肇事触点相关联的各个部位，反映肇事车辆的整体形态。

③细目摄影：主要拍摄现场上发现的各种痕迹以及肇事车辆的碰撞部位。主要包括：肇事车辆和其他物体接触部分的表面痕迹；肇事车辆刹车拖印痕迹，以及现场遗留的其他痕迹；肇事车辆牌照号码等。

现场拍照的取景特别重要，应根据拍照的目的和要求，确定拍照范围及拍照重点，选择合适的拍照角度及距离。要求所拍摄的碰撞部位，基本上能反映肇事车辆（包括损坏物体）的损失状况。

（2）现场测量：测量现场内与事故有关的尺寸。包括测量肇事车辆的尺寸及其停放位置，制动印迹的长度、道路的宽度等。

现场测量的基准与定位：现场定位的目的是借方位物和现场固定参照物的位置，将事故现场上的有关物体，确定在一个相对固定的空间位置。定位是一切测量程序的基本环节。事故现场的定位步骤包括确定事故地点方位、选择基准点和固定测量点等。

①确定方位。

事故地点的位置由通过公路、街道的名称和其所处的里程碑或明显方位物的名称确定。

②选择基准点。

基准点是为固定事故现场测量对象所设定的参照点。可选择事故现场原有的固定物体（如电线杆、桥梁杆、里程碑等），所选基准点应距事故现场较近，以便测绘。

（3）绘制现场草图：即将现场情况用草图形式记录下来。现场草图通常包括现场的位置和周围的环境以及遗留有痕迹、物证的地点。现场草图给人以总观的印象。绘制草图虽然可以粗糙些，但内容必须完整、齐全，尺寸必须准确，要求对现场的车、人体、物体、痕迹等的位置、相互关系真实写照。同时，必须与现场查勘笔录记载的内容相吻合。

（4）采集物证：检查肇事车辆接触部位黏附的物体。如漆皮、纤维、木屑、人体的皮肉、毛发、血迹等。采集这些物体的标本作为物证，以便分析、判断事故的真实情况。如挡风玻璃上所黏附的毛发可分析、确认事故属于何人驾驶所致等，对判断是否有照驾驶能提供有力的证据。

二、事故现场图绘制

（一）道路交通事故现场图的定义和种类

交通事故现场图，是根据正投影原理绘制的，记录与事故有关的车辆、物体、痕迹等现场遗留物位置的现场反映图。绘制现场图是在道路交通事故现场查勘中，事故处理人员运用制图学的原理、方法和技术手段，以图形、符号线形固定和反映道路交通事故现场及现场内事故诸元素所处位置和相互之间的空间关系，进行勘测、丈量并绘制出现场图的全过程。现场图作为道路交通事故处理工作中的一项重要证据，可用来恢复现场，分析事故原因，补充现场笔录、现场照片所难以表达的事故现场的空间关系。现场图所反映出来的现场各元素之间的位置关系，反映出的事故发生后的状态，应该能使没有到过现场的人也能看懂现场图反映的现场状况。

根据《道路交通事故现场图绘制》（GA 49—93）的规定，道路交通事故现场图可以分为现场记录图、现场比例图、现场断面图、现场立面图和现场分析图等。

1. 现场记录图

它是将存在于道路交通事故现场的有关要素和物体，用正投影的方式，绘制成平面图形。这是使用最广泛的图形。

2. 现场比例图

它是将道路交通事故的有关要素和物体，严格按一定比例绘制的道路交通事故现场全部或局部的平面图形。

3. 现场断面图

也称剖面图，即将车辆、物体甚至道路按需要从某一部位、某一方向剖切开来，用正投影或侧投影的方式，绘制成平面图形，以剖面图来表达一般难以直接表现的内容。

4. 现场立面图

它是用侧投影的方式，将车辆或物体某一侧面上的痕迹位置、形状、大小绘制成平面图形。它对表现不同车辆、物体上的造型客体和承受客体之间的关系十分有用。

5. 现场分析图

它是表示道路交通事故发生时车辆、行人不同的运行轨迹和时序及冲突点位置的平面视图。

（二）道路交通事故现场图的内容和绘制过程

通常，在道路交通事故现场绘制的是现场记录图，随着科学技术的发展和高科技手段的引入，由计算机现场绘制的现场比例图越来越多地出现在事故处理的活动中。现场图的绘制不仅是一个绘图过程，实际上还应包括现场测量的过程。只有准确地找到测量点，并精确地读出数据，才能绘制出正确的现场图。

1. 道路交通事故现场图中的内容

1）现场地形

现场地形应包括路面、路肩、边沟、路树、电杆、交通标志、标线、标示、道路分隔带、信号灯、岗台、护栏、建筑物、桥梁、隧道、涵洞、纵坡、横坡、视距障碍物等。

2）现场元素

现场元素包括车辆、人、畜、痕迹、物证。

3）现场数据注记

包括：现场元素的定位数据；道路数据，即路宽、分道情况、交通标志、指示的位置、人行横道的位置、视距等相关数据；痕迹的形状、长度、宽度、面积；机动车的轮距、轴距、前悬、后悬、全长、全宽、全高；参考坐标系原点与基准点的关系；车身、人体痕迹的定位数据，等等。

2. 道路交通事故现场图的绘制过程

1）绘制现场概貌

首先在图上绘制出道路连线、路肩、边沟、路树、车道分道情况、交通标志、视距障碍物等现场地形信息。然后，绘制出车辆、人体、牲畜、痕迹、散落物等事故现场的主要元素。

2）现场测量

首先要确定合适的现场定位方法，选择基准点、基准线。在对现场进行测量的同时，将有关数据记录到现场图以及现场查勘笔录上。

3）查勘现场的指挥员在现场查勘结束之前，必须按照查勘工作规范和《道路交通事故现场图绘制》标准对现场图进行核对

对照现场情况进行细致的检查，发现缺少查勘项目、内容的，应当补充查勘；发现查勘笔录对查勘工作记录有遗漏的，应当补充记录。现场查勘指挥员确认现场图无误后，由参加查勘现场的指挥员、查勘人员签字，并要求在现场的当事人或见证人签字，当事人或见证人拒绝签字的，应当在现场图上注明。

三、事故现场照相

交通事故现场照相是在普通照相的基础上，根据交通事故现场勘验工作的需要和要求而发展起来的一种专用技术手段。在长期工作实践中已逐渐形成了自己的科学体系。但是，在理论上、方法上还未系统化、规范化。它虽然具有普通照相的一般特征，但它又与普通照相（例如新闻照相、广告照相、生活照相等）有严格的区别。艺术照相允许摆布甚至可以变形夸张，而交通事故现场照相是绝不允许摆布和夸张的，它必须以客观事实为依据，以真实无误的记录为原则，以揭露肇事者行为和证实交通事故发生的原因为目的。

交通事故现场照相是交通事故现场勘验工作的重要组成部分，它是现场取证的重要技术手段。一套完整的现场照片，它不仅为分析、研究事故现场提供真实可靠的依据，同时，它也为技术检验鉴定提供良好的条件，长期以来，在交通事故处理中发挥着重要的作用。

（一）现场照相的主要器材

为了使现场拍摄人员圆满完成任务，配备得心应手的器材是很重要的。由于现场照相的特殊性，在使用摄影器材上也有它特殊的要求。

1. 照相机

交通事故现场往往地势复杂，光线变化较大，为了适应现场照相的需要，要求照相机要携带方便，功能齐全。由于感光材料的不断提高，35 胶卷已能适应现场照相的要求，目前大都使用 135 型单镜头反光照相机。因为这类相机体积小，携带方便，功能齐全，质量可靠而且适应性强。在有条件的地方，使用自动曝光、自动调焦的全自动照相机更为方便。

2. 近摄装置

在交通事故现场照相中，为了拍摄细微痕迹物证，需要将被摄物体影像扩大，近摄装置是必不可少的。目前常用的近摄装置有近摄接圈、近摄镜（半身镜）、近摄皮腔（延伸器）及微距镜头等。微距镜头的价格较贵，目前应用最多的是近摄接圈和近摄镜。

3. 滤色镜

在现场照相和痕迹物证照相中，为了加强某种颜色的色度或减弱某种颜色的色度，增强

物体反差，这就需要使用滤色镜来实现。滤色镜种类很多，一般常用的有红、绿、蓝、黄等。它可以加强滤色镜本身颜色的补色的色度，减弱滤色镜相同颜色的色度。此外，偏振镜、紫外滤镜（UV 镜）、校正色温滤镜等，在现场照相中也是必须具备的。

4. 感光胶片

感光胶片质量的优劣直接影响照相影像质量。现场照相必须一次成功，不允许出现返工的现象，否则将会给交通事故处理带来不可弥补的损失。因此，现场照相所使用的胶片不仅品种全（盲色片、全色片、彩色片、红外线片等），而且质量要求很高。过期片、等外片、对质量性能不了解或没有把握的胶片，一律不能使用。

5. 比例尺

在痕迹物证照相中，为了对比检验的需要，对比的照片放大的倍数必须一致。因此，在拍摄时，应在被摄物体旁边的同一焦点平面上安放比例尺。由于被摄对象的颜色不同，应备黑底白线和白底黑线的两种比例尺。拍摄深色物体时，应加黑底白线的比例尺。由于被摄物体的大小不同，比例尺的长度单位也应不同，如拍摄衣服、制动痕迹时，应使用厘米长度比例尺；若是拍摄尸体痕迹、手印等，应使用毫米单位长度比例尺。

6. 照明工具

交通事故常常在夜间发生，为了适应各种复杂环境的现场需要，备用优良的照明设备是很重要的。常用的有现场查勘灯、电子闪光灯、碘钨灯、小型聚光灯、手电筒等。

7. 三脚架

在夜间或是在光线较暗的条件下拍摄现场或者拍摄手印、足迹等痕迹时，一般都要使用三脚架固定照相机，使照片影像清晰。现场拍摄对三脚架的要求是：升降方便，转动灵活，牢固可靠，携带方便。

8. 测光表

在现场照相中，除了必须具备以上设备外，在有条件的地方，还可以备上小型冲洗器、反光镜、背景布、电源线、插线板、试点笔等。闪光灯或照相机上使用的电池一定要备足。

（二）现场照相的基本要求

现场照片是作为公正客观地认定事故责任的依据，或者作为刑事、民事诉讼的依据，作为车辆理赔的依据。因此，对现场拍照要有具体要求：

（1）现场照相的内容应当与道路交通事故现场查勘笔录和现场测绘图的有关记录相互印证、相互补充，形成一条完整的证据链。

（2）现场照相不得有艺术夸张，要客观、真实、全面地反映被摄对象。照片影像要完整清晰，层次分明，客观反映现场的原始状态及物体的本来面貌。

（3）严格遵守道路交通事故勘验照相的相关规定。

（三）现场照相器材要求

（1）需配备功能齐全、携带方便、性能可靠的照相机。现代照相机有数码照相机和光学照相机，数码照相机拍摄的照片便于计算机管理和网上传输，成像快，在车险理赔当中广泛使用。但其缺点是易被修改、伪造，而光学照相机正好相反。

（2）拍摄时要求使用标准镜头，以增强真实感。

（3）辅助器材：应配备近摄装置（近摄接圈、近摄镜等）和各色滤色镜。

（4）照明工具：应配备小型发电机及查勘照明灯。

对于夜间事故查勘，良好的照明设备尤为重要，特别对于提高照片质量、减少技术失误非常重要。

（5）应配备三脚支架、测光表等设备。

（四）现场照相步骤及拍摄原则

交通事故现场状况千差万别，可以说没有完全相同的现场，因此，现场查勘的程序决定了不同的照相方法及步骤。但不管现场有什么差别，照相的基本顺序是先拍摄现场的方位，其次拍摄现场概貌，再拍摄现场重点部位，最后拍摄现场细微之处。另外，根据交通事故现场的特点，在拍摄时应掌握下列原则：先拍摄原始状况，后拍摄变动状况；先拍摄现场路面痕迹，后拍摄车、物痕迹；先拍摄易破坏、易消失的痕迹，后拍摄不易破坏和消失的痕迹。在实际拍摄过程中，要根据现场情况灵活掌握，注意现场照片的彼此联系，相互印证。拍摄事故车辆的损失情况照片时，应注意真实性和完整性。

（五）现场照相方式

1. 方位照相

这是从远距离采用俯视角度拍摄交通事故发生地的周围环境特征和现场所处位置的照相方式。视角应覆盖整个现场范围，一张照片无法包括的，可以使用回转连续拍摄法或者平行连续拍摄法拍照。事故现场的全貌一般采用此种照相方法。

2. 概貌照相

这是从中远距离采用平视角度拍摄交通事故现场有关车辆、尸体、物体的位置及相互间关系的照相方式。以现场中心物体为基点，沿现场道路走向的相对两向位或者多向位分别拍摄。现场概貌照片应能反映出现场范围的大小、现场物体的种类和数量、道路宽度和路面性质，还能反映事故形态和事故损害后果情况。

3. 中心照相

这是在较近距离拍摄交通事故现场中心，照片主要反映现场的主要物体、重要接触部位、制动痕迹的位置以及有关物体之间联系的照相方式。

4. 细目照相

这是采用近距或微距拍摄交通事故现场路面、车辆、人体上的痕迹及有关物体特征的照相方式。照相机镜头主光轴与被摄痕迹面相垂直。视角应当覆盖整个痕迹，一张照片无法覆盖的，可以分段拍摄。有时为了有效地表示痕迹的长度，在被摄物体一侧同一平面放置比例尺或卷尺。

（六）现场照相技巧

1. 现场照相的取景

取景就是根据照相的目的和要求，确定照相范围、照相重点，选择照相角度和照相距离的过程。照相的取景必须突出主体物，且能充分地反映照相的目的和要求。

2. 接片技术

在现场照相中由于受到拍摄距离和相机视角的限制，一次照相不能全部摄入被拍物，可采用把被拍摄物体分为几段、几次拍摄的方式，然后把印好的照片拼接在一起，组成一幅照片，表现所需拍摄的景物，这就叫作接片。

接片技术在车损评估中是非常重要的。评估工作非常复杂，尤其是对严重损坏的车辆的评估，一旦粗心大意、随意，就会使评估过程变得非常混乱，还有可能出现遗漏。因此，有序的检验可以减少损坏零件的漏检，同时也能避免在修理过程中遗漏要拆和要更换的零件。

知识三 事故车定损

一、事故车定损原则

（一）钣金类工时费定损原则

1. 一般车型

按损坏程度及损坏面积，并结合修复部位的难易程度来核定修理工费。

2. 特殊车型

价值较高的车型或老旧车型，当外观件、车身骨架及大梁等变形严重时，可以与客户和修理厂协商，修理工时费可按该配件价格的20%～50%核定。

（二）漆工类工时费定损原则

（1）油漆工时费是指油漆材料费、油漆辅料费及油漆人工费之总和。

（2）塑料件、亚光饰件、金属漆及变色漆在工时费核定时可按10%～20%比例上浮。

（3）大型客车按单位面积核定工时费。

（4）轿车及小型客车按幅（每车13幅）核定工时费。

（三）拆装类工时费核定原则

（1）一般原则：按照拆装的难易程度及工艺的复杂程度核定工时费（以下简称工费）。

（2）单独拆装单个零件按单件计算人工费。

（3）拆装某一零件必须先拆掉其他零件，则需要考虑辅助拆装的工费。

（4）拆装机械零件和电器零件，需要适当考虑拆装后的调试或测试费用。

（5）拆装覆盖件及装饰件，一般不考虑其他工时费。

（6）检修ABS，需确认维修方法，一般拆车轮30元/轮。

（7）检修线路或电器元件另外计算拆装费。

（8）拆装座椅如含侧气囊，工时费用可适当增加。

（9）拆装方向机，工时应按照车型调整。

（10）吊装发动机的，应计算发动机吊装费用。

（11）当更换项目较多时（≥10项），可以按30～50元/项统一计算总拆装费用。

（四）损坏零件修复与更换原则

1. 修复与更换的原则

损坏零件的修复或更换，一般应按照“损坏件能否修复、安全件是否允许修复、工艺上是否可以修复、是否有修复价值”的原则来确定。

2. 材料更换依照保险的基本原理“补偿原则”确定

（1）一般情况下，应更换正厂配件；

（2）如损坏件本身不是正厂配件，则以配套零件进行更换；

(3）稀有、老旧、高档车型的配件，更换标准应从严掌握；部分老旧车型，可与客户和修理厂协商，以拆车件进行更换。

二、事故车损失确定

（一）车身的定损

车辆的车身在碰撞、刮擦和倾覆等交通事故或意外事故中，是受损最严重的部分，车身覆盖件及其他构件会发生局部变形，严重时车架或整体车身都会发生变形，使其形状和位置关系不能符合制造厂的技术规范，这不仅影响美观，还会影响车身与汽车上其他总成的安装关系，使车辆不能正常行驶。因此必须对其进行矫正和修复，有些零部件和总成需要更换。对于保险车辆，这笔费用必须由保险人按保险合同的规定承担，这要求有相对准确的计算依据。正确核定车身的损伤情况，要做好车身的定损和维修费用的评估工作，需要具有一定的车身修复经验，要求定损人员对车身的构造，尤其是车身的结构和碰撞对车身的影响应有充分的认识。

1. 车身碰撞损伤的鉴定注意事项

（1）在定损碰撞受损的汽车之前，应先查看车上是否有破碎的玻璃、是否有锋利的刀状或锯齿状金属边角。对危险部位做上安全警示，或进行处理。

（2）如果闻到有汽油泄漏的气味，切勿使用明火，切勿开关电气设备，事故较大时，可考虑切断蓄电池的电源。

（3）如果有润滑油或汽油泄漏，要当心滑倒。

（4）在检验电气设备的工作状态时，不要造成新的损伤，例如在车门变形的情况下，检验电动车窗玻璃升降功能是否受损时，切勿盲目升降，以免造成玻璃的损坏。

（5）应在光线良好的场所进行诊断，如果损伤涉及底盘或需在车下进行细致检查时，务必使用升降机，以保证定损人员的安全。

2. 车身碰撞损伤的鉴定步骤

（1）了解车身的结构类型。

（2）目测确定碰撞部位的碰撞方向及碰撞力大小，并检查可能造成的损伤。

（3）确定损伤是否限制在车身范围之内，是否还包含功能部件或其他零部件（如车轮与悬架、发动机与附件等）。

（4）沿碰撞路线全面检查零部件的损伤，一直检查到没有任何损伤痕迹的位置为止。如立柱的损伤，可通过检查车门的配合状况来确定。

（5）测量主要零部件，通过比较维修手册上车身尺寸图表的标的尺寸和实际尺寸来检查车身是否变形。

（6）用适当的工具或仪器检查悬架和整个车身的损伤情况。

（二）车身损失确定

1. 保险杠损失确定

当汽车发生正面碰撞（含追尾）时，保险杠支架、骨架可能发生变形，保险杠面罩（大多为塑料件）可能发生擦伤、撕裂、断裂、凹裂等损坏。对于保险杠支架、骨架一般变形（含中度变形的），可采取修复校正方法处理；但对于极个别变形很严重的，因涉及安装尺寸，要考虑更换。对于保险杠面罩，如发生轻微擦伤、撕裂、凹陷变形的，可采用塑焊方法进行处理，并保证外观不能有明显痕迹。特别是高档轿车，一般情况下不得更换。

2. 发动机罩损失确定

一般机动车辆的正面碰撞以及侧前斜交碰撞都会不同程度地引起发动机罩变形，尤其是正面碰撞导致发动机罩变形的程度将会更大，通常轿车发动机罩由蒙皮和内加强筋两部分组成，轻微碰撞时，因变形部位不受内加强筋限制，钣金操作的，可不必将蒙皮和内加强筋剥离，对于碰撞较严重且整形操作受影响的，则必须将蒙皮与内加强筋剥离后进行整形修复，相对来讲，作业难度及工作量要大，在定损时应考虑工时费用的区别。

一般情况下，大多数正面碰撞，发动机罩都可进行修复处理，除非特别严重的正面碰撞，否则不能轻易更换。

3. 前翼子板损失确定

前翼子板的结构相对发动机盖要简单一点，一般正面碰撞和斜交碰撞对翼子板的损坏程度都不会十分严重，基本上都可采取修复方法进行处理。但严重的斜交碰撞有可能造成翼子板面报废，同时也将殃及前轮罩，此部分的定损分析将在前纵梁和挡泥板部分叙述。对于严重的正面碰撞，翼子板的前部损伤将十分严重，一般轿车此部分几何形状较为复杂且牵涉到与前大灯以及前面罩的安装、配合，遇有严重死褶或撕裂破碎的，将难以恢复原来几何形状的，可以考虑更换。

4. 前围损失确定

轿车前围部分的结构、形状都比较复杂，它是由前风窗与机盖过渡板、雨水收集盒、散热器框架焊接件总成、电瓶框架、机舱隔板等组成的。前围在车身结构中，位置处在前部，当汽车发生正面、侧面碰撞时，都会造成前围不同部分的变形。变形程度取决于碰撞力的大小。当汽车发生正面碰撞时，首先发生变形的就是散热器框架。

5. 前纵梁和挡泥板损失确定

①当汽车发生正面碰撞、侧面斜交碰撞时，往往会造成双边纵梁或单边纵梁弯曲变形，较大的碰撞还可能造成弯折或破损，前纵梁在车体的结构中起着相当重要的作用，它与汽车的承载、转向、传动、行驶等息息相关。前纵梁的变形会造成车体的扭变，轻度变形会影响汽车的行驶。前纵梁的变形，一般用眼观就可以断定。

②挡泥板在轿车前部左右两侧，与前纵梁焊接成为一体，也可以说是轿车前部的一个骨架组合件。它与前纵梁配合，是一个多功能的部件。汽车发生正面碰撞或侧面碰撞，都能使挡泥板产生不同程度的变形，当汽车发生正面碰撞时，会造成前纵梁支撑及挡泥板前部变形，一般都采用整形修复处理。

6. 车身支撑件损失确定

车身支撑件包括左右侧前柱、左右侧中柱、左右侧后翼子板三角窗框架等部位。这些支撑件的构造是由内、外板组合而成为的一个单元体。它的作用是连接其他部件组成一个适合的空间，应满足汽车内部的各种装饰，它是轿车中部的骨架。当汽车发生正面碰撞时，一般来说对此部位的影响不大，如果碰撞严重，也只能造成立柱的变形，但如果汽车是侧面碰撞或倾覆，则会造成前柱、中柱、后翼子板三角窗框架受损变形。其受损程度，与碰撞力的大小相关。

7. 车门损失确定

车门总成在车桥结构中是最关键的部件之一。车门的结构是由窗框、外板、外加强板、加强板、车门内板及其他附件组合而成的。在汽车碰撞事故中，造成车门变形、破损的主要原因是该车被侧面碰撞或倾覆。一般情况下，碰撞比较容易造成车门的中下部变形破损，而倾覆则容易造成车门的中上部变形破损。一般轻度的擦碰，只能伤及车门的门皮。如果碰撞严重，不但会造成门皮的凹变、破裂，而且会触及车门骨架及其组合附件的变形、损坏。

8. 后翼子板损失确定

轿车的后翼子板形体构造较为复杂，它与轿车后部焊接成一体，前上部为侧窗框架，中上部为后窗玻璃框架，前部为后门锁框架。后翼子板的碰撞一般来自开车人在倒车时麻痹大意撞上某些物体，这种碰撞一般变形不大，只是后翼子板侧角造成凹陷变形；追尾碰撞，这种碰撞所造成的变形、破裂比较严重；侧面碰撞，这种碰撞一般使后翼子板严重变形，涉及后翼子板侧窗框架、后窗玻璃框架及门锁框架；会车、超车时的擦碰，这种变形程度不会太大，只是在表面上造成擦伤；还有车辆倾覆，也会造成后翼子板损坏变形。后翼子板受严重碰撞之后，由于检查的部位较多，因此要求定损核价人员认真仔细地查看事故碰撞所涉及的相关部位，做到不漏项，以保证修复后的车辆能够正常行驶。

9. 后围损失确定

后围与左、右后翼子板尾部焊接，下部与行李箱底板焊接。后围的结构比较简单，碰撞变形后的恢复较容易。后围的碰撞通常由以下原因造成：

（1）在倒车时未发现后面的障碍，盲目倒车，致使后围遭受碰撞造成损坏变形。

（2）其他车辆的追尾碰撞造成后围的凹变。后围的变形，如碰撞严重，一般用眼即可看到变形程度；若轻微碰撞，可用行李箱盖的锁机构进行试验，如果行李箱盖锁与后围琐架连接不上或连接困难，说明后围有轻度变形。

10. 车顶损失确定

车顶由车顶蒙皮与骨架组成，从形状上看，它是一个曲线完美的抛物线体，它在轿车附件中是一个较大的整体冲压件。车顶本身结构并不复杂，但在车身中却起着许多关键性的作用。它的前部与前立柱焊接，侧部与中立柱焊接，后部与后翼子板上部焊接，是轿车主要附件的连接中心。车顶本身结构比较薄弱，轿壳内上部有一加强筋给予支撑，所以说轻微的直接碰撞都会造成车顶的凹变。

11. 车身底板损失确定

汽车发生碰撞、倾覆时，对车身底板来说，一般不会出现较大的变形。因为车身底板的位置在汽车底部，前面有前围的保护，侧面有车门、立柱及地板边梁的保护，后面有后箱底板保护，车身底板处于中央位置。此外，车身底板的结构比较特殊，其周边是框架结构，它的平面冲压加强筋密布，表面又增加了十字形骨架。因此，除非严重碰撞，车身底板一般不会造成变形。若造成车身底板变形，其原因大概有以下几种：

（1）汽车发生正面碰撞，碰撞力通过前纵梁的根部传递给车身底板，使车身底板前部变形。

（2）汽车发生正面碰撞时，发动机变速器严重后移，造成车身底板前部变形。

（3）汽车侧面受外来力的巨大冲击，造成底板边梁及车身底板的侧面变形。

（4）前、后被其他车辆碰撞的夹击力，促使车身底板的拱变。

（5）车身底部碰撞异物，造成车身底板的局部变形、破裂。

（6）汽车的严重倾覆造成车身底板的变形。

当汽车发生碰撞、倾覆后，可将汽车举升查看，以便准确鉴定车身底板是否有变形。

12. 行李箱盖损失确定

行李箱盖的变形和破损一般来自两个方向的碰撞：一个是从后侧部的碰撞，另一个是从尾部的正面碰撞。侧部碰撞的话，行李箱盖一般只是轻度变形或者移位；正面碰撞的话，行李箱盖变形、拱曲以及破损会比较严重。

（三）发动机和底盘损失确定

车辆发生碰撞、倾翻等交通事故，车身因直接承受撞击力而造成不同程度的损伤，同时由于波及、诱发和惯性的作用，发动机和底盘各总成也存在着受损伤的可能。但由于结构的原因，发动机和底盘各总成的损伤往往不直观，因此，在车辆定损查勘的过程中，应根据碰撞力的传播趋势认真检查发动机和底盘各总成的损伤。

1. 发动机损失确定

汽车的发动机，尤其是小型轿车和载重汽车的发动机，一般布置于车辆前部发动机舱。车辆发生迎面正面碰撞事故，不可避免地会造成发动机及其辅助装置的损伤。对于后置发动机的大型客车，当发生追尾事故时，有可能造成发动机及其辅助装置的损伤。

一般发生轻度碰撞时，发动机基本上受不到损伤，当碰撞强度较大，车身前部变形较严重时，发动机的一些辅助装置或覆盖件会受到波及和诱发的影响而损伤，如空气滤清器总成、蓄电进排气歧管、发动机外围各种管路、发动机支撑座及胶垫、冷却风扇等，尤其对于现代轿车，发动机舱的布置相当紧凑，还可能造成发电机、空调压缩机、转向助力泵等总成及管路和支架的损坏。比较严重的碰撞事故、发动机进水或直接拖底时，可能导致发动机损坏。更严重的碰撞事故会波及发动机内部的轴类零件，致使发动机缸体的薄弱部位破裂，甚至使发动机报废。

在对发动机损伤检查时，应注意详细检查有关支架所处发动机缸体部位有无损伤，因为这些部位的损伤不易发现。发动机的辅助装置和覆盖件损坏，可以直接观察到，可以采用就车拆卸、更换和修复的方法。若发动机支撑和基础部件损坏，则需要将发动机拆下进行维修。当怀疑发动机内部零件有损伤或缸体有破裂时，需要对发动机进行解体检验和维修。必要时应进行零件隐伤检查，但应正确区分零件隐伤的原因。

2. 底盘损失确定

底盘主要包括悬架系统、转向系统、制动系统和变速器及离合器。其中悬架是车架与车桥之间的一切传力装置的总称。由于悬架直接连接着车架和车桥，其受力情况十分复杂，在碰撞事故中，悬架系统经常会受到严重的损伤，致使前轮定位失准，影响车辆正常行驶。车辆遭受碰撞事故时，悬架系统由于受到车身或车架传导的撞击力，悬架弹簧、减震器、悬架上支臂、悬架下支臂、横向稳定杆和纵向稳定杆等元件会受到不同程度的变形和损伤，悬架系统元件的变形和损伤往往不易直接观察到，在对其进行损伤鉴定时，应借助检测设备和仪器进行必要的测量及检验，且这些元器件的损伤一般不宜采用修复方法修理，应更换新件。

转向系统的技术状况直接影响着行车安全，而且由于转向系统的部件都布置在车身前部，因此，需要通过转向传动机构将转向机与前桥连接在一起。当发生一般的碰撞事故时，撞击力不会波及转向系统元件；但当发生较严重的碰撞事故时，由于波及和传导作用，会造成转向横拉杆、转向机、转向节等损伤；更严重的碰撞事故，会造成驾驶室内转向杆调整机构的损伤。

车辆制动性能下降会导致交通事故，造成车辆损失。车辆发生碰撞事故时，同样会造成制动系统部件的损坏。对于普通的制动系统，在碰撞事故中，由于撞击力的波及和诱发作用，往往会造成车轮制动器的元器件及制动管路损坏。这些元器件的损伤程度需要进一步的拆解检验。对于装有 ABS 系统的制动系统，在进行车辆损失鉴定时，应对某些元件进行性能检验，如 ABS 轮速传感器、ABS 制动压力调节器。管路及连接部分的损伤可以直接检查。

变速器及离合器总成与发动机组装为一体，并作为发动机的一个支撑点固定于车架上，变速器及离合器的操纵机构又都布置在车身底板上。因此，当车辆发生严重碰撞事故时，由于波及和诱发的原因，会造成变速器及离合器的操纵机构受损、变速器支撑部位壳体损坏以及飞轮壳断裂损坏。这些损伤程度的鉴定，需要将发动机拆下进行检查鉴定。

（四）电器设备与空调系统损失确定

1. 电器设备损失确定

汽车电器设备包括电源部分和用电部分，电源部分有蓄电池、发电机和调节器；用电部分有起动机、电火系、照明装置和辅助设备等。

车辆碰撞直接撞击电器设备及零件，造成电器零件壳体变形、断裂等直接损坏。正确判断电器部件的事故损坏范围，并确定可修复和报废的界限是理赔定损的关键。

1）蓄电池

汽车蓄电池一般安装在发动机盖里，驾驶员座位下或车架纵梁外侧，当蓄电池直接受撞击时，有可能造成如下损坏：

（1）蓄电池外壳产生裂纹或破裂，致使电解液溢出的损失。根据裂缝的部位和程度，确定对壳体进行修补或单独更换外壳。

（2）连接板断裂，可进行焊接。

（3）极柱折断，可将折断处清洗干净，重新焊接。

（4）极板组因碰撞而变形，活性物质脱落，可更换单格极板组。

2）发电机

发电机一般安装在发动机机体前部的侧面。当车辆发生碰撞时，容易造成发电机如下损坏：

（1）发电机皮带盘破裂或变形。皮带盘破裂，一般应予以更换。

（2）发电机外壳破裂。凡发生壳体破裂的，一般应予以更换。

（3）前、后端盖支臂螺孔处断裂，发生断裂的，可进行修焊处理。

3）起动机

起动机安装在发动机后侧飞轮壳上，一般事故不会使其受损，只有当车辆严重碰撞造成飞轮壳受损或起动机本身遭受直接撞击时，才可能使起动机部分零件造成如下损坏：

（1）驱动机构的驱动齿轮变形、牙齿断裂，应更换驱动齿轮。

（2）后端盖因碰撞断裂应更换。

（3）电枢轴弯曲，可进行校正处理。

(4) 气动开关变形损坏。

(5) 推动离合机构的传动叉因碰撞变形，可拆下校正，但校正后应摆动灵活，工作可靠。

4) 照明装置

照明装置在碰撞中首当其冲极易损坏。对灯罩破裂的，如有灯罩配件，可更换灯罩，无灯罩但有半总成的，可更换半总成。对于灯具底座破裂的，可采取塑焊修补方法处理。

5) 仪表板

在碰撞事故中极易造成仪表台面挤压弯折或破裂。对于台面轻微弯折或破裂的可采取塑工处理；台面内支架破裂的可进行塑焊处理；对于有组合部件的可更换部分组件，对于仪表损坏的可单独更换仪表；对于仪表未损坏，而仪表台面严重损坏的可单独更换仪表台面。仪表台总成一般价值都较高，轻易不得更换仪表台总成。

2. 空调系统的损失确定

汽车空调系统包括冷凝器、制冷压缩机、干燥瓶、蒸发箱、鼓风机、储液罐、暖气水箱等，以下简介前四种。

1) 冷凝器

冷凝器与水箱一起被安装在水箱框架上，一般的正面碰撞极易造成冷凝器损坏，对于冷凝器轻度弯曲变形的，可采用校正的方法处理，严重变形或破漏的，一般应予以更换。对冷凝器外部连接的空调管道直接撞击弯折、破裂的，一般应予以更换。

2) 制冷压缩机

制冷压缩机的损坏一般表现为皮带盘变形、压缩机轴弯曲变形、压缩机壳体破裂、压缩机压管接头损坏等。皮带盘的轻微变形可采取校正方法处理，严重变形的可更换皮带盘。

3) 干燥瓶

干燥瓶遭受碰撞损坏时，一般采取更换处理，但干燥瓶连接管道损坏时，只需更换连接管，不必更换干燥瓶总成。

4) 蒸发箱与鼓风机

蒸发箱及鼓风机在碰撞过程中极易遭受挤压致使壳体破碎，但一般不得轻易更换总成件。如果壳体局部破碎的，可采取塑料焊接方法处理，但对于壳体大面积破碎的，可采取更换壳体处理。

三、水灾事故车的定损

(一) 车险水灾事故的定损

1. 水淹高度 1 级的定损

水淹在车身地板以下，乘员舱未进水，损失表现为制动盘和制动毂锈蚀，水淹对损失影响较小，可考虑四轮的保养费用，损失率在 0.1% 左右。

2. 水淹高度 2 级的定损

乘员舱进水，水面在座垫以下，损失增加，四轮轴承进水，配 ABS 的车辆，轮速传感器有失准的可能，地板防腐层和油漆有破损的地方会锈蚀，一些车型的舒适性控制模块、变速箱模块会受损，损失率在 0.5% ~2.5% 。

3. 水淹高度 3 级的定损

除 2 级造成的损失外，还会造成座椅潮湿和污损，部分内饰件潮湿和污损，真皮件损失较重（如果浸泡达 24 小时以上，内饰件的底板会起糊，桃木板开裂），车门电动机淹水，变速箱、减速器、差速器可能进水，部分控制模块造水淹、起动机进水，中高档车行李舱里的 CD 换片机、音响功放遭水淹。损失率达 1.0% ~5.0%。

4. 水淹高度 4 级的定损

水淹高度达仪表台中部，可能造成发动机进水，仪表台上的部分音响控制设备、CD 机、空调控制面部受损，蓄电池放电、进水，座椅垫及靠背、门内饰均被水淹，音响喇叭基本全损，继电器、熔丝盒可能进水，高档轿车的绝大部分控制模块被水淹，损失率达 3.0% ~15.0%。

5. 水淹高度 5 级时的定损

水淹高度已在仪表台面以上，顶棚以下，损失除 4 级损失以外，还能造成仪表台上的全部音响控制设备、CD 机、空调控制面板受损，除顶棚外，全部内饰和座椅被水淹，损失率达 10.0% ~50.0%。

6. 水淹高度 6 级的定损

汽车全部没顶，比 5 级增加了顶篷内饰、车顶照明灯的损失，如带天窗的车型还有天窗电机进水、轨道锈蚀的损失，有的车型车顶还有显示器、防拖拽模块等。损失率达 15.0% ~60.0%。

（二）水灾车损事故的查勘

1. 查勘的重点

确定受损车辆的水淹高度，水淹高度是确定车辆受损程度的一个重要参数，其不是简单以计量单位的米或厘米为参照，而是根据不同车型的具体位置作为参数（受损电器的多少、发动机受损的概率等）。

2. 查勘定损过程中注意事项

1）易损电气元器件的处理

主要有电脑模块、仪表、继电器、音响、开关、传感器、线束、接插件、发电机、起动机等，按功能可分为传感器、控制器、执行器，前者不易受损，后两者容易受损。

处理方法：及时从车上拆下，进行排水清洁，有污泥的可以先用清水和小毛刷清洁，再用无水酒精擦净并晾干（不能长时间用无水酒精洗，以免腐蚀电子元件）或用电吹风吹干。

（1）安全气囊的传感器现在大多和控制模块集成在一起，一般单独的传感器都是用硅胶封装的，不易损坏；点火线圈封装得较好，受损的概率也较小。

（2）发电机和起动机的线圈线径都较粗，本身也有绝缘漆保护，可以采用“拆解 - 清洗烘干 - 润滑 - 装配”的流程处理，但对一些无法拆卸的雨刷电机、玻璃升降机电机、喷水电机、后视镜电机、鼓风机电机等无法适用，应在干燥测试后确定换否。

（3）车身线束的处理主要是清洁干燥，特别对线束的接插件要处理得当，一般在清洗、干燥后喷除防锈剂（WD - 40 等）。

2）发动机和底盘部分的检查处理

（1）检查发动机机气缸是否进水。

①可以拔出机油尺查看润滑油的颜色，如果机油已乳化或有水珠，则必须清洗发动机换机油；

②将发动机火花塞拆下，查看是否有水随发动机转动而流出（忌强行快速转动），如有，则分解发动机；如无，可滴新机油 10 ~ 15 毫升，保护缸壁。

（2）检查变速箱、主减速器、差速器是否进水，如果这些部位进水，会影响上述总成内的机油质量，造成齿轮恶性磨损，甚至总成报废。自动变速箱对油质的要求更高，必须及时检查处理，避免更大损失（2005 年奔驰 S500 的教训）。变速箱的修理可找专业维修公司如四惠全球修理。

（3）检查制动系统，对于水浸位置高过制动液壶的，应更换制动液。进水的制动液会变质，导致制动效能降低，甚至失效。

（4）检查排气管，应将排气管里的积水排除，以免水中杂质堵塞三元催化器或损坏氧传感器。

3）车身内饰的处理

车身内饰件主要是地毯、内饰板、座椅等，材质有棉麻纺织品、羊毛、皮革等。

处理程序：清洗 - 脱水 - 晾晒 - 美容 - 除味。

（1）地毯清洗后可以放在烘房内烤干或在太阳下晒干；也有用蒸汽洗的。

（2）内饰板可以清洗其表面的水渍后平放晒干或晾干；清洗剂的 pH 值不大于 10。

（三）车辆水灾定损方式

1. 推定全损

（1）事故车辆水淹导致乘客仓进水高度超过仪表台以上的车辆，可与客户协商同意后采用推定全损方式定损，按照实际价值金额确定损失，收回车辆应由分公司统一联系竞拍处理。

（2）对未达到上条全损标准的车辆，正常定损，由维修厂报损后经保险公司核损报价，金额超过实际价值 80% 的车辆，也可协商推定全损，按照上条处理办法执行。

（3）其他特殊案件，客户要求按照推定全损方式处理的，应上报公司理赔事业部总经理室审核。

2. 修复定损

正常定损案件应及时确定损失项目，快速定损，按照定损核报流程提交审核，金额明确后可与维修厂签订一次性包干协议，并要求修理厂向客户承诺保证维修质量。

（四）水淹车辆主要损失项目定损规范

1. 发动机

（1）水淹车辆发动机检修必要的拆解费、检测费以及发动机等检修、保养的修理费用，可以在车辆损失险项下赔偿。

（2）水淹车辆发动机连杆、活塞以及缸体等损坏配件的零件费用，可以在发动机特别损失险项下赔偿。

2. 自动变速箱

（1）在对水淹车辆定损时，应要求 4S 店检测自动变速箱是否进水。如自动变速箱进水，应送专业检修机构清理维修。

（2）特殊案件应报上级审核。

（3）自动变速箱经定损需要更换的，保险公司应统一回收。

3. 电器

1）电子类器件

包括发动机电脑、变速箱电脑、气囊电脑、音响控制器、氙气大灯控制器、DVD 机、CD 机、各传感器等电子元件，根据水淹高度及安装位置，确定浸泡后，可予以更换。

2）机电类电器件

包括发电机、空调泵、起动机、转向助力泵、ABS 泵等以保养维护为主，经检测不合格的，可以更换。

3）车身线束、发动机线束、变速箱线束

应及时做好清洗防锈处理，以修复手段为主；对锈蚀严重或不易清除锈蚀的，可予以更换。

4）大灯

因本次水淹事故导致大灯外观可见内部有污水或有明显污水痕迹的，可以更换处理。

因水淹导致大灯尚未进水，但灯壳内部因受潮有水雾现象的，可以烘干处理；经烘干后仍有水雾的，可以考虑更换。大灯价格低廉的，可以考虑更换。

5）电器类配件查勘定损时应贴好易碎贴，确定更换的配件应全部回收

4. 内饰件

包括门内饰板、立柱内饰板、后搁物板、地毯、车顶内饰、后备箱内饰板等，以清洗、消毒、烘干处理为主。经清理烘干产生变形的，可以更换处理。

5. 座椅

1）真皮座椅

以专业清洗为主，座椅电机按照电子类器件更换标准处理，最好能联系专业的装潢公司，统一标准。对客户强烈要求更换的，报理赔分部处理。

2）布面座椅

以清洗为主，清洗费用超过或接近座椅价格的，可以更换。

6. 防锈处理

在定损项目中应单独列明清洗费用，其中包括拆装、清洗、烘干、检测、防锈处理费用，参照公司统一下发的标准定价。

（五）水浸车辆进厂后需做的工作（如图 5.2 所示）

（1）通知厂方做好拆检清洗准备工作，并尽快赶赴修理厂。

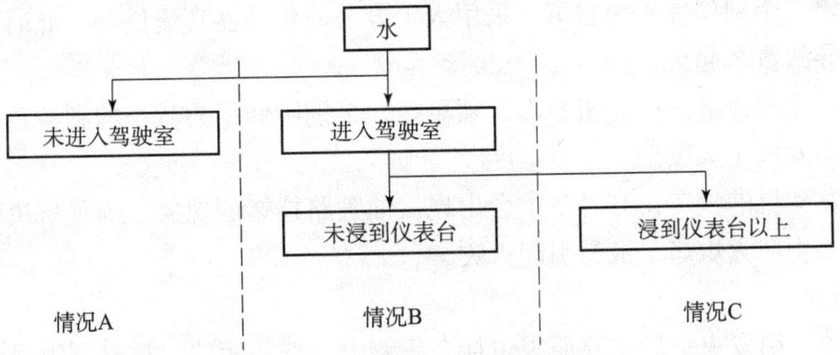

图 5.2　水浸车辆进厂后需做的工作

（2）确认水浸位置，做好相关的拍照工作（无现场时）。

对于 A 和 B 两种情况，需检查风格、机油、变速箱、火花塞。

（3）对于已进驾驶室并浸泡到了相关控制电脑的车辆，马上要求厂方拆检烘干并贴上核损封。条件允许的话，可进行整车试验。

（4）确认有无扩大损失部分（主要指发动机），并做好相关解释工作。

四、火灾事故车的定损

汽车火灾损失令人触目惊心，无论是什么原因导致的起火燃烧，都会使车主及周边人员措手不及。即使扑救及时，汽车也会被烧得面目全非。如果扑救不及时，整个汽车转瞬间就会化为灰烬，若在行驶中起火，还会给驾乘者造成严重的人身伤害。汽车起火原因很多，所以理赔过程和结果也不相同，掌握避免火灾的方法及扑救措施，了解汽车火灾损失的理赔规则，无论对车主还是对保险公司的查勘定损人员，都具有十分重要的意义。

（一）汽车火灾类型及原因

按照起火原因，汽车火灾可以分为自燃、引燃、碰撞起火、雷击和爆炸五种类型。

1. 自燃

自燃是指在没有外界火源的情况下，由本车电器、线路、供油、机械系统等车辆自身故障或所载货物起火燃烧。汽车自燃的可能原因有以下几个方面：

1）供油系统

严重的汽车自燃，一般都是燃油系统出现问题，燃油的泄漏是引发汽车自燃的罪魁祸首，油箱中泄漏出来的汽油是汽车上最可怕的助燃物，漏油点大多集中在关键接头处、油管与车身易摩擦处、油管固定部位与非固定部位的结合处等薄弱地方。

无论是行进中还是停驶，汽车上都可能存在火源，如点火系产生的高压电火花、蓄电池外部短路时产生的高温电弧、排气管排出的高温废气或喷出的积炭火星等，当泄漏的燃油遇到火花，就会造成火灾。

安装于发动机舱内的汽油滤清器距缸体及分电器很近，因汽油滤清器经常更换，接头处极易出现泄漏现象，一旦燃油泄漏，混合气达到一定的浓度，只要有明火出现，自燃事故将不可避免。

对汽油发动机来说，可燃混合气的比例调节不当（过稀或过浓）会产生化油器回火或排气管放炮的现象，甚至排出火星，引发火灾。另外，化油器式的汽车有时会出现供油系统工作不良的现象，个别驾驶人为省事，采用人工方法向化油器直流供油。此时一旦发生化油器回火，势必导致汽车起火。

电喷发动机喷油器清洗后，密封圈必须更换，个别维修厂为微小的利益重复使用喷油器密封圈，常常引发汽车火灾。

采用柴油发动机的汽车，有时冬季会出现供油管路挂蜡的现象。为了解决问题，某些驾驶人会在油箱外用明火烘烤，极易引起火灾。

2）电器系统

电器系统中，引发火灾的主要原因包括高压漏电、低压短路、接触电阻过大、点火顺序错乱、加大熔丝容量等。

3）机械系统

汽车的相关部件因汽车超载而处于过度疲劳或过热状态，一旦超过疲劳极限，就有可能发生自燃。

制动系统工作时，制动蹄片上的摩擦片与制动鼓或制动盘之间的摩擦产生大量的热量。如果汽车超载行驶，频繁的制动会使产生的热量更多。聚集的热量就会将黄甘油或制动油点燃。另外，长时间高强度的制动，也会造成制动鼓过热，制动鼓随之又将热量传导到附近可燃物（轮胎），增加了自燃的可能性。

近年来高速路上轮胎过热起火现象较为常见，轮胎摩擦过热有几种情况：一是气压不足，二是超载，三是气压不足与超载的综合效应。这些情况都会造成轮胎的侧壁弯曲。轮胎弯曲所产生的热量的速度要比机动车行驶中散发热量的速度快得多，其结果是侧壁的温度升高，将侧壁纤维与橡胶材料的轮结破坏，所形成的分离又加剧了松散线绳与橡胶间的摩擦，从而产生了更多的热量。聚积的热量会很快使侧壁的温度上升而造成自燃。轮胎起火以在高速公路上行驶的超载大货车居多。对于载货汽车或拖挂车上的双轮胎来说，危险性则更大，当两个轮胎中有一个气压不足时就会发生这种现象，原因是相邻的轮胎承受了双倍载荷而形成过载，因此导致了轮胎的摩擦过热。

4）其他

排气管上的三元催化转化器温度很高，且安装位置较低，如果停车时恰巧将其停在秸秆等易燃物附近，可能会引燃可燃物。

2. 引燃

引燃是指汽车被其自身以外的火源引发的燃烧。建筑物起火引燃、周边可燃物起火引燃、其他车辆起火引燃、被人为纵火烧毁等，都属于汽车被引燃的范畴。

3. 碰撞起火

当汽车发生追尾或迎面撞击时，由于基本不具备起火的条件，一般情况下不会起火。只有当撞击后导致易燃物（如汽油）泄漏且与火源接触时，才会导致起火。如果一辆发动机前置的汽车发生了较为严重的正面碰撞，散热器的后移有可能使油管破裂，由于此时发动机尚处于运转状态，一旦高压线因脱落或漏电引起跳火，发生火灾的可能性就很大。

当汽车因碰撞或其他原因导致翻滚倾覆时，极易发生油箱泄漏事件，一旦遇上电火花或摩擦产生的火花，就会导致火灾和爆炸。

（二）火灾车辆的查勘定损

1. 派工受理

现场查勘人员接到座席派工后，5 分钟内与事故现场报案人员电话联系，大概了解事故现场情况、明确告知自己现在所在位置、大约多长时间能到达现场；对于座席的派工调度，如认为不妥或有特殊原因不能受理，应与总调度沟通，在未经总调度改派之前，查勘人员不得消极怠慢、拒绝执行座席的派工。

2. 现场查勘及调查

1）现场查勘，分析车辆起火原因

判断是碰撞事故引起燃烧还是车辆自燃引起燃烧，标的车是动态状态下起火还是静态状态下起火；检查车辆燃烧痕迹，判断燃烧起火点及火源。

2）现场查勘重点

（1）对路面原始状态查看、拍照，并做好各项记录。施救后用清水将路面油污、污物冲洗干净，待暴露印痕的原状再详细查勘，方法是以车辆为中心向双方车辆驶来方向的路面寻找制动拖印、挫划印痕，通过测量制动起始点至停车位的距离及各种印痕的形态来判断汽车的运动状态、速度等。

（2）通过查看着火车辆在路面上散落的各种物品、伤亡人员、被撞飞的车体部件等与中心现场的距离，推算着火车辆行驶速度。

（3）通过车体燃烧痕迹寻找车辆上的起火点，分析起火原因。碰撞车辆着火的一般规律是将外溢的汽油点燃，查勘重点是汽油箱金属外壳表层有无碰撞损伤。车体被燃烧后的接触部位痕迹容易受到破坏，查勘时可根据残留痕迹的凹陷程度进行分析，以求判断碰撞力大小、方向、速度和角度等。

（4）车辆行驶状态自燃查勘。

车辆行驶状态自燃主要是由电器、线路、漏油原因造成，火势向行驶方向蔓延。火源大部分分布在发动机机舱和车内仪表板附近。车体无碰撞损伤痕迹，但由于驾驶人慌乱，可能出现紧急制动、停车不正、行车道停车等现象。

（5）静态下车辆火灾查勘。

静态下车辆着火，重点要注意检查现场有无遗留维修、作案工具，有无外来火种、外来可燃物或助燃物等，有无目击者，同时调查报案人所言有无自相矛盾之处，事故现场周围环境、天气等有无火灾引发条件。

3）现场调查访问重点

（1）车辆碰撞或翻车的具体情节及造成着火的原因。

（2）车辆起火和燃烧的具体情节及后果。

（3）车辆起火后驾驶人采取了哪些灭火及抢救的措施。

（4）当事驾驶人与被保险人关系，车辆为何由当事驾驶人使用。

（5）是否进行过修理，最近一次是在哪家修理厂维修的。

（6）事故地周围有无异常物。例如车上配件、维修工具等。

（三）确认投保险种

车辆损失险与车辆自燃损失险所涵盖的责任范围大不相同。碰撞引起的车辆着火燃烧属于车辆损失险的责任范围，而自燃引起的损失属于车辆自燃损失险的责任范围，人为失火引起的火灾则不属于保险责任。

对于不属于保险责任的，一定要取得公安消防部门关于车辆火灾原因分析报告或车辆火灾原因相关证明后，会同查勘、调查取证形成的书面材料，上报公司车险部审批后向被保险人下达拒赔通知，严禁主观判断就口头告知被保险人不属于保险责任或拒赔。

（四）火灾事故拍照

火灾现场照相方法一般有相向拍照法、多向拍照法、回转连续拍照法和分段连续拍照法。

（1）相向拍照法以拍摄对象为中心，从两个相对的方向对作为拍摄对象的事故现场中某一个地区或某个物体进行拍照。

（2）多向拍照法以拍摄对象为中心，从三个或三个以上不同方向对事故现场中某一地区或某个物体交叉进行拍摄。

（3）回转连续拍照法是将照相机固定在一个拍照点上，只转动镜头改变拍照角度，不改变相机的位置，将事故现场分段连续拍照后拼接成一张完整的照片。

（4）分段连续拍照法是将现场中较为狭长的被拍地段或物体分为若干段进行拍摄，然后把拍得的数张照片拼接成一张完整的照片，以反映事故现场或痕迹物体全部。

（五）调查取证

1. 焚车赔案的取证途径

焚车赔案的现场调查要求本着发动群众、科学查勘的原则。现场查勘通常有两个主要的获取鉴定线索证据的来源和途径：现场勘验和现场调查。

（1）现场勘验是以焚车现场为对象的调查，要求快捷、科学、谨慎。

（2）现场调查是以与出险事故有关的人为对象的调查，实际上就是发动和依靠群众、走群众路线的过程。很多的成功案例告诉我们，讲科学与走群众路线相结合是焚烧汽车欺诈案成功破获的法宝。

2. 焚车赔案的调查方法

（1）灵活运用科学检测技术。随着科技的发展和物证鉴定技术的进步，很多焚车骗保案件得以破获。

（2）物证鉴定要在全面了解出险经过、掌握第一手现场情况的基础上，针对谎报出险，收集、审查、鉴别有关证据材料。

（3）进行检验鉴定时要遵守操作规程、掌握要领、讲究方法。

3. 走访调查

（1）到车辆管理所核对车辆档案，查实档案记载的车型、牌照、制造年份、发动机号、车架号等与被保险人所述是否一致；查实车辆转让记录、年审记录。

（2）对被保险人经济状况、是否赌博等进行调查，了解被保险人是否有因经济困难等原因铤而走险的可能。

（3）到公安消防部门调查火灾原因，与自己通过查勘、访问分析得出的火灾原因进行对比分析，发现疑问要及时沟通，提出自己的观点，与公安消防管理部门一起确认火灾原因。

（4）对燃烧车辆的购买情况进行调查，将购车发票复印留存；到当地较大的车行了解被烧车型的新车购置价，取得新车购置价证明。通过对保险金额、购买价和市场价的对比，分析被保险人有无利用价差进行欺诈的可能。

（5）到着火车辆进行最后一次修车的维修厂调查，了解车辆维修情况及车辆的实际状况。

（六）定损处理

（1）根据查勘和调查取证情况，判定事故责任，推定全损时，根据市场调查的车辆价值，推算着火车辆现在的实际价值，按照投保情况和免赔率，预估事故损失，进行立案处理。

（2）着火车辆发生部分损失时，应立即进行定损核价，定损核价实际操作中要注意的是：着火车辆定损时一定要分析火源、燃烧范围、热传导范围，对燃烧范围和热传导范围的金属薄壳件、密封件、塑料件、电气设备和线路、油液类要进行重点检查，对因高温引起的变形、变质件一定要更换。

（3）查勘人员根据现场查勘和案件调查情况，缮制“火烧车案件查勘报告”，及时在网上查勘平台上进行查勘信息录入，在规定时间内及时立案。

如今汽车越来越多，因汽车火灾引起的事故也越来越多，针对这种形势，查勘人员理应对汽车火灾事故进行必要的、认真的研究，以便适应快速发展的局面。而掌握避免火灾的方法和扑救措施，了解汽车火灾损失的理赔规则，无论对车主还是对保险公司的定损人员，都具有十分积极的意义。

知识四　事故车赔偿理算

一、交强险的赔偿理算

（一）基本计算公式

保险人在交强险各分项赔偿限额内，对受害人死亡伤残费用、医疗费用、财产损失分别计算赔偿：

（1）总赔款的计算。

总赔款 = Σ各分项损失赔款 = 死亡伤残费用赔款 + 医疗费用赔款 + 财产损失赔款

（2）各分项损失赔款 = 各分项核定损失承担金额，即：

死亡伤残费用赔款 = 死亡伤残费用核定承担金额

医疗费用赔款 = 医疗费用核定承担金额

财产损失赔款 = 财产损失核定承担金额

（3）各分项核定损失承担金额超过交强险各分项赔偿限额的，各分项损失赔款等于交强险各分项赔偿限额。

注：“受害人”为被保险机动车的受害人，不包括被保险机动车本车车上人员、被保险人，下同。

（二）当保险事故涉及多个受害人时

（1）基本计算公式中的相应项目表示为：

各分项损失赔款 = Σ各受害人各分项核定损失承担金额，即：

死亡伤残费用赔款 = Σ各受害人死亡伤残费用核定承担金额

医疗费用赔款 = Σ各受害人医疗费用核定承担金额

财产损失赔款 = Σ各受害人财产损失核定承担金额

（2）各受害人各分项核定损失承担金额之和超过被保险机动车交强险相应分项赔偿限额的，各分项损失赔款等于交强险各分项赔偿限额。

（3）各受害人各分项核定损失承担金额之和超过被保险机动车交强险相应分项赔偿限额的，各受害人在被保险机动车交强险分项赔偿限额内应得到的赔偿为：

被保险机动车交强险对某一受害人分项损失的赔偿金额 = 交强险分项赔偿限额 ×［事故中某一受害人的分项核定损失承担金额/（Σ各受害人分项核定损失承担金额）］

（三）当保险事故涉及多辆肇事机动车时

（1）各被保险机动车的保险人分别在各自的交强险各分项赔偿限额内，对受害人的分项损失计算赔偿。

（2）各方机动车按其适用的交强险分项赔偿限额占总分项赔偿限额的比例，对受害人的各分项损失进行分摊。

某分项核定损失承担金额 = 该分项损失金额 × [适用的交强险该分项赔偿限额/(∑各致害方交强险该分项赔偿限额)]

注：

①肇事机动车中的无责任车辆，不参与对其他无责车辆和车外财产损失的赔偿计算，仅参与对有责方车辆损失或车外人员伤亡损失的赔偿计算。

②无责方车辆对有责方车辆损失应承担的赔偿金额，由有责方在本方交强险无责任财产损失赔偿限额项下代赔。

一方全责，一方无责的，无责方对全责方车辆损失应承担的赔偿金额为全责方车辆损失，以交强险无责任财产损失赔偿限额为限。

一方全责，多方无责的，无责方对全责方车辆损失应承担的赔偿金额为全责方车辆损失，以各无责方交强险无责任财产损失赔偿限额之和为限。

多方有责，一方无责的，无责方对各有责方车辆损失应承担的赔偿金额以交强险无责任财产损失赔偿限额为限，在各有责方车辆之间平均分配。

多方有责，多方无责的，无责方对各有责方车辆损失应承担的赔偿金额以各无责方交强险无责任财产损失赔偿限额之和为限，在各有责方车辆之间平均分配。

③肇事机动车中应投保而未投保交强险的车辆，视同投保机动车参与计算。

④对于相关部门最终未进行责任认定的事故，统一适用有责任限额计算。

（3）肇事机动车均有责任且适用同一限额的，简化为各方机动车对受害人的各分项损失进行平均分摊：

①对于受害人的机动车、机动车上人员、机动车上财产损失：

某分项核定损失承担金额 = 受害人的该分项损失金额 ÷ $(N-1)$

②对于受害人的非机动车、非机动车上人员、行人、机动车外财产损失：

某分项核定损失承担金额 = 受害人的该分项损失金额 ÷ N

注：

N 为事故中所有肇事机动车的辆数。

肇事机动车中应投保而未投保交强险的车辆，视同投保机动车参与计算。

（4）初次计算后，如果有致害方交强险限额未赔足，同时有受害方损失没有得到充分补偿，则对受害方的损失在交强险剩余限额内再次进行分配，在交强险限额内补足。对于待分配的各项损失合计没有超过剩余赔偿限额的，按分配结果赔付各方；超过剩余赔偿限额的，则按每项分配金额占各项分配金额总和的比例乘以剩余赔偿限额分摊；直至受损各方均得到足额赔偿或应赔付方交强险无剩余限额。

（5）受害人财产损失需要施救的，财产损失赔款与施救费累计不超过财产损失赔偿限额。

（6）主车和挂车在连接使用时发生交通事故，主车与挂车的交强险保险人分别在各自的责任限额内承担赔偿责任。

若交通管理部门未确定主车、挂车应承担的赔偿责任，主车、挂车的保险人对各受害人的各分项损失平均分摊，并在对应的分项赔偿限额内计算赔偿。

主车与挂车由不同被保险人投保的，在连接使用时发生交通事故，按互为三者的原则处理。

（7）被保险机动车投保一份以上交强险的，保险期间起期在前的承担赔偿责任，起期在后的不承担赔偿责任。

（8）对被保险人依照法院判决或者调解承担的精神损害抚慰金，原则上在其他赔偿项目足额赔偿后，在死亡伤残赔偿限额内赔偿。

（9）死亡伤残费用和医疗费用的核定标准。

按照《最高人民法院〈关于审理人身损害赔偿案件适用法律若干问题的解释〉》规定的赔偿范围、项目和标准，公安部颁布的《道路交通事故受伤人员伤残评定》（GB 18667—2002），以及《交通事故人员创伤临床诊疗指南》和《交通事故发生地的基本医疗标准》核定人身伤亡的赔偿金额。

【案例1】 A、B 两机动车发生交通事故，两车均有责任。A、B 两车车损分别为 2 000 元、5 000 元，B 车车上人员医疗费用 7 000 元，死亡伤残费用 6 万元，另造成路产损失 1 000 元。设两车适用的交强险财产损失赔偿限额为 2 000 元，医疗费用赔偿限额为 1 万元，死亡伤残赔偿限额为 11 万元，则：

1. A 车交强险赔偿计算

A 车交强险赔偿金额 = 受害人死亡伤残费用赔款 + 受害人医疗费用赔款 + 受害人财产损失赔款
= B 车车上人员死亡伤残费用核定承担金额 +
B 车车上人员医疗费用核定承担金额 + 财产损失核定承担金额

①B 车车上人员死亡伤残费用核定承担金额 = 60 000 ÷ （2 − 1） = 60 000（元）

②B 车车上人员医疗费用核定承担金额 = 7 000 ÷ （2 − 1） = 7 000（元）

③财产损失核定承担金额 = 路产损失核定承担金额 + B 车损失核定承担金额
= 1 000 ÷ 2 + 5 000 ÷ （2 − 1） = 5 500（元）

超过财产损失赔偿限额，按限额赔偿，赔偿金额为 2 000 元。

其中，

A 车交强险对 B 车损失的赔款 = 财产损失赔偿限额 × B 车损失核定承担金额 ÷ （路产损失核定承担金额 + B 车损失核定承担金额）
= 2 000 × ［5 000 ÷ （1 000 ÷ 2 + 5 000）］ = 1 818.18（元）

其中，

A 车交强险对路产损失的赔款 = 财产损失赔偿限额 × 路产损失核定承担金额 ÷ （路产损失核定承担金额 + B 车损失核定承担金额）
= 2 000 × ［（1 000 ÷ 2） ÷ （1 000 ÷ 2 + 5 000）］ = 181.82（元）

④A 车交强险赔偿金额 = 60 000 + 7 000 + 2 000 = 69 000（元）

2. B 车交强险赔偿计算

B 车交强险赔偿金额 = 路产损失核定承担金额 + A 车损失核定承担金额

$$=1\,000 \div 2 + 2\,000 \div (2-1) = 2\,500 \text{（元）}$$

超过财产损失赔偿限额，按限额赔偿，赔偿金额为2 000元。

【案例2】 A、B两机动车发生交通事故，A车负全责，B车无责，A、B两车车损分别为2 000元、5 000元，另造成路产损失1 000元。设A车适用的交强险财产损失赔偿限额为2 000元，B车适用的交强险无责任财产损失限额为100元，则：

1. A车交强险赔偿计算

A车交强险赔偿金额 = B车损失核定承担金额 + 路产损失核定承担金额

= 5 000 + 1 000 = 6 000（元）

超过财产损失赔偿限额，按限额赔偿，赔偿金额为2 000元。

2. B车交强险赔偿计算

B车交强险赔偿金额 = A车损失核定承担金额 = 2 000（元）

超过无责任财产损失赔偿限额，按限额赔偿，赔偿金额为100元。

B车对A车损失应承担的100元赔偿金额，由A车保险人在交强险无责财产损失赔偿限额项下代赔。

二、商业险的赔偿理算

（一）机动车损失保险赔款理算

机动车损失保险指车辆发生保险事故时，造成车辆本身损失，以及发生的合理施救费用，保险人按照保险合同的规定给予被保险人赔偿，本节以中国人民保险公司股份有限公司的机动车辆损失保险为例，介绍车辆损失保险的赔款理赔方法。

车辆损失保险中，投保人一般有两种投保方式：一是按照被保险机动车的新车购置价格确定保险金额；二是根据被保险机动车实际价值或协商价格确定保险金额。这两种投保方式以及保险金额直接影响发生保险事故时从车辆损失保险中获得的赔偿金额。在实际发生保险事故时，赔偿金的多少还取决于机动车的损失程度和事故责任比例。其中损伤程度包括全部损失和部分损失，全部损失是指保险车辆在保险事故中实际整体损毁或推定全部损失；部分损失是指车辆在车损险项下的赔偿金额不超过车辆的保险金额，所以在进行车辆损失保险的赔款理算时，不仅要考虑到交警部门的裁决，还要考虑到车辆损失赔偿的金额是否达到或超过保险金额。

1. 投保是按照被保险机动车新车购置价确定保险金额的车损险赔款理算

1）全部损失

（1）保险金额高于保险事故发生时被保险机动车实际价值。

赔款 =（实际价值 − 残值 − 交强险赔偿金额）× 事故责任比例 ×（1 − 免赔率之和）

其中：实际价值是指在保险事故发生时，由新车购置价减去折旧金额后确定的保险车辆实际价值，事故责任比例是以公安交通管理部门确定的责任比例为准，免赔率之和，是指在保险条款中约定的各项免赔率之和。

【案例1】 一辆新车购置价格为15万元的家庭自用轿车，投保车辆损失险的金额为15万元，而车辆的实际价值为13万元，车辆由于意外事故，导致车辆发生全损，驾驶员承担70%的责任，依据条款规定负有主要责任的免赔率15%，车辆的残值价值1 000元，暂不考虑交强险，计算车损险赔偿金额。

解： 由于车辆的保险金额高于实际价值，所以，

赔款 =（实际价值 − 残值）×事故责任比例×（1 − 免赔率之和）

=（130 000 − 1 000）×70%×（1 − 15%）

= 76 755（元）

（2）保险金额等于或低于车辆实际价值的车损险赔款理算。

赔款 =（保险金额 − 残值 − 交强险赔偿金额）×事故责任比例×（1 − 免赔率之和）

【案例 2】 一辆投保了车辆损失险的家用车，在保险期限内发生了保险事故，造成车辆全损，新车购置价为 15 万元，保险金额 15 万元，实际价值亦为 15 万元，驾驶员承担次要责任，承担经济损失的 30%，依据条款规定，有 5% 的免赔率，因为事故发生在非指定区域，所以增加 10% 的免赔率，车辆残值为 2 000 元，暂不考虑交强险赔偿，计算车损险赔款金额。

解： 由于保险金额与实际金额相同，所以

赔款 =（保险金额 − 残值）×事故责任比例×（1 − 免赔率之和）

=（150 000 − 2 000）×30%×（1 − 15%）

= 37 740（元）

2）部分损失

赔款 =（车辆损失 − 残值 − 交强险赔偿金额）×（保险金额/投保时保险车辆新车购置价）×事故责任比例×（1 − 免赔率之和）

【案例 3】 一辆新车购置价格为 10 万元的家庭自用轿车，投保车辆损失险的金额亦为 10 万元，车辆的实际价值为 9 万元，车辆由于单方事故，导致车辆发生部分损失，驾驶员承担全部责任，依据条款规定负有全部责任的免赔率 20%，经确定修复车辆损失需 8 000 元，残值为 100 元，暂不考虑交强险，计算车损险赔款金额。

解： 赔款 =（8 000 − 100）×（100 000/100 000）×100%×（1 − 20%）

= 6 320（元）

所以应向被保险人支付赔款 6 320 元。

3）施救费赔款理算

赔款 = 实际施救费用×事故责任比例×（保险金额/投保时保险车辆新车购置价）×（保险财产价值/实际施救财产总价值）×（1 − 免赔率之和）

2. 投保是按机动车实际价值确定保险金额或协商确定保险金额的车损险赔款理算如下：

1）全部损失

（1）保险金额高于保险事故发生时被保险机动车实际价值。

赔款 =（实际价值 − 残值 − 交强险赔偿金额）×事故责任比例×（1 − 免赔率之和）

【案例 4】 一辆按照车辆实际价值确定车辆损失险保险金额的家庭自用轿车，保险金额为 10 万元，在保险期限内发生保险事故，发生事故时，保险车辆的价值为 8 万元，驾驶员承担全部责任，车辆全损，车辆残值 1 000 元，依据条款规定有 20% 的免赔率，暂不考虑交强险，计算车辆损失险的赔款金额。

解： 因保险金额高于实际价值，所以，

赔款 = （80 000 - 1 000） ×100% × （1 - 20%）

=63 920（元）

（2）保险金额等于或低于车辆实际价值的车损险赔款理算。

赔款 = （保险金额 - 残值 - 交强险赔偿金额） ×事故责任比例× （1 - 免赔率之和）

当保险金额等于车辆的实际价值时，赔款就按照保险金额赔偿。当保险事故发生，车辆的保险金额小于车辆实际价值时，残值要按照保险金额与车辆实际价值的比例赔偿方式计算赔款金额。

【案例5】 一辆新车投保了营业用汽车损失保险，并按照双方协商的价格确定了保险金额，为5万元的车辆损失保险，在保险期限内发生了保险事故，并承担事故的主要责任，负责赔偿经济损失的70%，事故中车辆全损，车辆残值为1 000元，依据条款有15%的免赔率，已知在发生保险事故时，车辆价值为7万元；暂不考虑交强险，计算车损险赔偿金额。

解：由于保险金额低于车辆的实际价值，所以

赔款 = （5 000 - 1 000） ×70% × （1 - 15%）

=29 155（元）

2）部分损失

赔款 =（实际修理费用 - 残值 - 交强险赔偿金额） ×
（保险金额/投保时保险车辆新车购置价） ×
事故责任比例× （1 - 免赔率之和）

部分损失的赔款大于或等于实际价值时，赔款按照实际价值来计算，即赔款 = 实际价值；如果赔款小于实际价值，计算赔款就要按照保险金额与投保时保险车辆新车购置价的比例来确定赔款金额。

【案例6】 一辆投保车辆损失险的家庭自用汽车，投保时新车购置价为10万元，车辆的实际价值为4万元，确定保险金额为8万元，在保险期限内发生了保险事故，驾驶员承担全部责任，车辆的修理费用为7万元，残值200元，根据条款负有全部责任的有20%的免赔率。暂不考虑交强险，计算车损险赔偿金额。

解：因为赔款大于车辆的实际价值，所以按照车辆的实际价值赔付，所以，

赔款 = （70 000 - 200） ×80 000/100 000 ×100% × （1 - 20%） =44 672（元）

3）施救赔款理算

赔款 = 实际施救费用 ×事故责任比例× （保险金额/投保时保险车辆新车购置价） ×
（保险财产价值/实际施救财产总价值） × （1 - 免赔率之和）

（二）第三者责任保险赔款理算

车辆的第三者责任保险与车辆损失保险不同之处在于，首先，第三者责任保险的保险标的是以被保险人依法应对第三者承担的赔偿责任作为保险标的；其次，第三者责任保险的投保方式采用的是定额保险的投保方式。

第三者责任保险的赔款理算分为两种计算方式（去除交强险赔偿后）：

1. 当被保险人应承担的赔偿金额高于责任限额时

赔款 = 责任限额× （1 - 免赔率之和）

2. 当被保险人应承担的赔偿金额小于责任限额时

赔款 = 应承担的赔偿金额 × （1 - 免赔率之和）

其中：

应承担的赔偿金额 = 赔偿金额 × 事故责任比例

【案例 7】 一辆投保商业第三者责任保险的家庭自用汽车，责任限额为 15 万元，在保险期间发生保险事故，造成第三方损失 30 万元，负主要责任，承担损失的 70%，依据条款规定的免赔率为 15%，暂不考虑交强险，计算商业第三者责任保险赔款金额。

解： 被保险人应按责任比例承担的赔偿金额为 30 万元，所以应按责任限额赔偿，即：

赔款 = 责任限额 × （1 - 免赔率之和）

= 150 000 × （1 - 15%） = 127 500（元）

【案例 8】 一辆投保交强险和商业第三者责任保险的家庭自用汽车，第三者责任保险的限额为 20 万元，在保险期间发生保险事故，造成第三方损失 25 万元，负主要责任，承担损失的 70%，依据条款规定的免赔率为 15%。暂不考虑交强险的分项赔款理算，计算商业第三者责任保险赔款金额。

解： 根据赔款的顺序，首先应启动交强险赔偿。

因为第三方损失为 25 万元，所以交强险应按照限额赔偿，即赔款为 122 000 元，剩余 128 000 元赔偿应由商业第三者责任保险负责承担，剩余赔偿金额小于责任限额。所以，

赔款 = 应承担的赔偿金额 × （1 - 免赔率之和）

= 128 000 × 70% × （1 - 15%）

= 76 160（元）

因此在此事故中，商业第三者责任保险应赔偿 76 160 元。

（三）附加险赔款理算

1. 玻璃单独破碎险

赔款 = 实际修复费用

2. 自燃损失险

1）全部损失

赔款 = （保险金额 - 残值） × （1 - 20%）

2）部分损失

赔款 = （实际修理费用 - 残值） × （1 - 20%）

3. 车身划痕损失险

在保险金额内，按照实际修理费用计算赔偿。在保险期限内赔偿金额累计达到保险金额时，保险责任终止。

4. 车上人员责任险

1）当被保险人按事故责任比例应承担的每座车上人员伤亡赔偿金额未超过保险合同载明的每人责任限额时

每人赔款 = 应承担的赔偿金额

2）当被保险人按事故责任比例应承担的每座车上人员伤亡赔偿金额超过保险合同载明的每人责任限额时

每人赔款 = 责任限额

3）当赔款等于每人赔款之和时

赔款人数以投保座位数为限。

5. 发动机特别损失险

1）全部损失

赔款 =（保险金额 - 残值）×（1 - 20%）

2）部分损失

赔款 =（实际修理费用 - 残值）×（1 - 20%）

6. 机动车停驶损失险

1）全部损失

赔款 = 保险合同约定的日赔偿金额 × 保险合同约定的最高赔偿天数。

2）部分损失

以约定的修理天数和实际修理天数中短者为准。

（1）修理天数未超过合同约定的最高赔偿天数：

赔款 = 保险合同约定的日赔偿金额 × 修理天数。

（2）修理天数超过合同约定的最高赔偿天数：

赔款 = 保险合同约定的日赔偿金额 × 保险合同约定的最高赔偿天数

在保险期限内，赔款金额累计达到保险金额时，此附加险保险责任终止。在保险期限内发生保险事故，约定赔偿天数超出保险合同终止期限的，仍应予以赔偿。

三、汽车赔偿理算综合案例分析

（一）混合责任的交强险赔款理算

【例 1】 有甲、乙两车，甲车为载货汽车，乙车为小型载客汽车，在道路上发生交通事故，双方负事故的同等责任，事故导致一名骑自行车的人（丙）受伤，并造成路产管理人员（丁）遭受损失。交通事故各参与方的损失分别为甲车辆损失 3 000 元，车上货物损失 5 000 元；乙车车辆损失 1 万元，乙车车上人员重伤一名，造成残疾，花费医药费 2 万元，残疾赔偿金 5 万元；骑自行车人经抢救无效死亡，医药费用 3 万元，死亡赔偿金 10 万元，精神损害抚慰金 2 万元，路产损失 5 000 元，甲、乙两车均承保了交强险，如表 5.1 所示，试计算甲、乙两车的交强险赔款金额。

表 5.1 各方损失明细表 元

相关方	财产损失	车辆损失	医疗费	死亡伤残赔偿金	精神损害抚慰金
甲	5 000	3 000			
乙		10 000	20 000	50 000	
丙			30 000	100 000	20 000
丁	5 000				

解：

本案例中双方均有责任，互为三者且有共同第三者损失，根据规定，机动车发生了均有责的事故，如果有除肇事车辆以外的第三者损失，那么该损失由有责的机动车方按平均分摊的方式，在各自交强险分项赔偿限额下赔偿。

计算方法如下：

1. 甲车

1）受损财产核定金额

受损财产核定金额 = 乙车辆损失金额 + 路产损失/2 = 10 000 + 5 000/2 = 12 500（元）> 2 000（元）

财产损失赔偿金额 = 2 000（元）

其中：

乙车辆得到的赔偿 = 10 000/（10 000 + 2 500）× 2 000 = 1 600（元）

路产管理人得到的赔偿 = 2 500/（10 000 + 2 500）× 2 000 = 400（元）

说明：路产损失和乙车的损失相对甲车来说都是第三者的财产损失，应该先总计再进行分摊。以下计算均按此规则。

2）医疗费用赔偿金额

医疗费用核定损失金额 = 20 000 + 30 000/2 = 35 000（元）> 8 000（元）

医疗费用赔偿金额 = 8 000（元）

其中：

乙车人员得到的赔偿 = 20 000/（20 000 + 15 000）× 8 000 = 4 571（元）

骑自行车人得到的赔偿 = 15 000/（20 000 + 15 000）× 8 000 = 3 429（元）

3）死亡伤残费用赔偿金额

死亡伤残费用核定损失金额 = 50 000 + 120 000/2 = 110 000（元）> 50 000（元）

死亡伤残费用赔偿金额 = 50 000（元）

其中：

乙车人员得到的赔偿 = 50 000/（50 000 + 60 000）× 50 000 = 22 727（元）

骑自行车人得到的赔偿 = 60 000/（50 000 + 60 000）× 50 000 = 27 273（元）

甲车交强险总赔偿金额 = 2 000 + 8 000 + 50 000 = 60 000（元）

2. 乙车

1）财产损失赔偿金额

受损财产核定损失金额 = 3 000 + 5 000 + 5 000/2 = 10 500 元 > 2 000（元）

财产损失赔偿金额 = 2 000（元）

其中：

甲车得到的赔偿 =（3 000 + 5 000）/（3 000 + 5 000 + 2 500）× 2 000 = 1 524（元）

路产管理人得到的赔偿 = 2 500/（3 000 + 5 000 + 2 500）× 2 000 = 476（元）

2）医疗费用赔偿金额

医疗费用核定损失金额 = 30 000/2 = 15 000 > 8 000（元）

医疗费用赔偿金额 = 8 000（元）

骑自行车人得到的赔偿 = 8 000（元）

3）死亡伤残赔偿金额

死亡伤残核定损失金额 =（100 000 +20 000）/2 =60 000（元）>50 000（元）

死亡伤残赔偿金额 =50 000（元）

骑自行车人得到的赔偿 =50 000（元）

乙车交强险总赔偿金额 =2 000 +6 000 +50 000 =60 000（元）

3. 分析

单独理算交强险的赔款比较简单，但在实际工作中，车辆往往会同时投保商业险，因此，不但要计算交强险的赔款金额，同时还要分别计算出事故各方得到的交强险分项赔偿金额。

计算方法如下：

1）甲车得到的赔偿

因甲车的财产损失包含了车辆损失和货物损失，所以甲车在获得乙车交强险赔偿的财产损失 1 523.81 元中，既包含了车辆损失，同时也包含货物损失，我们要采用比例分摊的计算方式，来对其分别计算。

车辆损失获得赔偿 =3 000/（3 000 +5 000）×1 523.81 =571.43（元）

货物损失获得赔偿 =5 000/（3 000 +5 000）×1 523.81 =952.38（元）

2）乙车得到的赔偿

乙车在甲车交强险各分项下获得赔偿的情况如下：

车辆损失获得赔偿 =1 600（元）

医疗费用获得赔偿 =5 714.29（元）

死亡伤残获得赔偿 =50 000（元）

3）骑自行车人（丙）得到的赔偿

因骑车人（丙）为甲和乙共同的第三者，所以丙所获得的赔偿为甲和乙交强险各分项限额下赔偿之和。

医疗费用获得赔偿 =4 285.71 +10 000 =14 285.71（元）

死亡伤残获得赔偿 =60 000 +60 000 =120 000（元）

4）路产管理人（丁）得到的赔偿

因路产管理人（丁）为甲和乙共同的第三者，所以丁所获得的赔偿为甲和乙在交强险财产损失赔偿项下的赔偿之和。

路产管理人（丁）得到的赔偿 =400 +476.19 =876.19（元）

分析：本案例是一个典型的混合责任且具有共同第三者损失的交强险赔款理算的计算方法，事故参与方既可能是机动车，还有可能是非机动车和行人，参与方的多样性大大增加了交强险赔偿理算的复杂性，并且在其中包含了限额赔付与分项占总分项比例赔付的计算方式。不仅交强险使用此种计算方法，在商业险赔款理算过程中也都是采用此种计算方法。

（二）车辆商业保险赔款理算

【例 2】 A 车投保了交强险、足额的车辆损失险、商业第三者责任保险 10 万元，B 车投保了交强险、足额的车辆损失险、商业第三者责任险 15 万元，C 车投保了交强险、足额的车辆损失险、商业第三者责任保险 20 万元，A、B、C 三车发生互撞，责任与事故损失如下：

A 车负有事故的50%责任，车辆损失5 000元，车上一人受伤，医疗费用15 000元，死亡伤残费120 000元；B 车负有事故的30%责任，车辆损失6 000元，车上一人受伤，医疗费用120 000元，死亡伤残费100 000元；C 车负有事故的20%责任，车辆损失7 000元，车上一人死亡，医疗费用10 000元，死亡伤残费200 000元，暂不考虑免赔率关系，计算A、B、C 三车分别获得多少保险赔偿。

解：

A 车赔偿：

1. 交强险

因 A、B、C 三车均有责任，所以在交强险的赔款理算中，每辆车的赔款都由另外两辆车给予赔偿。即 A 车与 B 车分摊 C 车的损失，A 车与 C 车分摊 B 车的损失，B 车与 C 车分摊 A 车的损失，所以 A 车应承担 B、C 两车损失的一半。

财产损失 =（6 000 +7 000）×50% =6 500（元），大于责任限额；

医疗费用 =（120 000 +10 000）×50% =65 000（元），大于责任限额；

死亡伤残 =（100 000 +200 000）×50% =150 000（元），大于责任限额；

所以交强险赔偿分别为：财产损失 2 000 元，医疗费用 10 000 元，死亡伤残赔偿110 000元。

2. 车辆损失险

A 车在 B 车交强险下获得财产损失金额 =5 000/（5 000 +6 000）×2 000 =909. 09（元）

A 车在 C 车交强险下获得财产损失金额 =5 000/（5 000 +7 000）×2 000 =833. 33（元）

所以车辆损失险的赔偿金额 =5 000 −909. 09 −833. 33 =3 257. 58（元）

实际赔偿金额 =3 257. 58 ×50% =1 628. 79（元）

3. 商业第三者责任险

在计算 A 车商业第三者险赔款时，应先计算出 B、C 两车在交强险中获得的赔偿部分，其剩余部分计入商业第三者险的赔偿金额。

1）财产损失

B 车计入商业第三者险的财产损失：

A 车交强险赔偿 B 车财产损失 =6 000/（6 000 +7 000）×2 000 =923. 08（元）

C 车交强险赔偿 B 车财产损失 =6 000/（6 000 +5 000）×2 000 =1 090. 91（元）

即 6 000 −923. 08 −1 090. 90 =3 986. 01（元）

C 车计入商业第三者险的财产损失：

A 车交强险赔偿 C 车财产损失 =7 000/（6 000 +7 000）×2 000 =1 076. 92（元）

B 车交强险赔偿 C 车财产损失 =7 000/（7 000 +5 000）×2 000 =1 166. 67（元）

即 7 000 −1 076. 92 −1 166. 67 =4 756. 41（元）

所以 B、C 两车财产损失计入商业第三者险的赔款 =3 986. 01 +4 756. 41 =8 742. 42（元）。

2）医疗费用

同理，计算 B、C 两车应计入商业第三者险的医疗费用。

B 车计入商业第三者险的医疗费用：

A 车交强险赔偿 B 车医疗费用 = 12 000/（12 000 + 10 000）×10 000 = 5 454.55（元）

C 车交强险赔偿 B 车医疗费用 = 12 000/（12 000 + 15 000）×10 000 = 4 444.44（元）

即 12 000 − 5 454.55 − 4 444.44 = 2 101.01（元）

C 车计入商业第三者险的医疗费用：

A 车交强险赔偿 C 车医疗费用 = 10 000/（12 000 + 10 000）×10 000 = 4 545.45（元）

B 车交强险赔偿 C 车医疗费用 = 10 000/（10 000 + 15 000）×10 000 = 40 000（元）

即 10 000 − 4 545.45 − 40 000 = 1 454.55（元）

所以 B、C 两车医疗费用计入商业第三者险的赔款 = 2 102.01 + 1 454.55 = 3 555.56（元）。

3）死亡伤残费用

B 车计入商业第三者险的死亡伤残费用：

A 车交强险赔偿 B 车医疗费用 = 100 000/（100 000 + 200 000）×110 000 = 36 666.67（元）

C 车交强险赔偿 B 车医疗费用 = 100 000/（100 000 + 120 000）×110 000 = 50 000（元）

即 100 000 − 36 666.67 − 50 000 = 13 333.33（元）

C 车计入商业第三者险的死亡伤残费用：

A 车交强险赔偿 C 车医疗费用 = 200 000/（200 000 + 100 000）×110 000 = 73 333.33（元）

B 车交强险赔偿 C 车医疗费用 = 200 000/（200 000 + 120 000）×110 000 = 68 750（元）

即 200 000 − 73 333.33 − 68 750 = 57 916.67（元）

所以 B、C 两车死亡伤残费用计入商业第三者险的赔偿金额 = 13 333.33 + 57 916.67 = 71 250（元）。

综上：

A 车计入商业第三者险的赔偿金额 = 8 742.42 + 35 555.56 + 71 250 = 83 547.98（元）

商业第三者险实际赔偿金额 = 83 547.98 × 50% = 41 773.99（元）

B、C 两车保险赔偿的计算方法与 A 车相同，此处不再重复。

【复习思考题】

1. 一投保了车辆损失险的营业用汽车，发生了单方事故，承担事故的全部责任，已知发生事故时，新车购置价为 150 000 万元，保险金额为 120 000 元，实际价值为 80 000 元，车辆的修理费用为 40 000 元，残值 300 元，依据条款规定驾驶人全部责任承担 15% 免赔率，不考虑交强险，计算车辆损失保险的赔款金额。

2. A、B 两机动车发生交通事故，经交警裁决，双方均承担事故的 50% 责任，A 车车辆损失 3 000 元，车上一人受伤，医疗费用 8 000 元；B 车车辆损失 5 000 元，一人死亡，伤亡赔偿金 210 000 元。两车均投保了交强险、足额车辆损失险及 20 万元的商业第三者险。计算 A、B 两车获得的保险赔偿。

知识五　车险的核损

一、车险核赔流程

核赔是对整个案件信息的审核，包括报案、查勘定损、核损、复勘及缮制等。通过对上述信息的综合审核给出赔付意见，如果确认赔案符合要求，则核赔同意，案件审核结束，转入支付环节；如果赔案不符合要求，则需退回相应环节处理。

二、车险核赔的主要内容

核赔不是简单地完成对单证的审核，重要的是对整个案件的处理过程进行掌控，并对核赔险种提出防灾、防损的具体办法和要求。

核赔对理赔工作质量控制的作用体现在以下几个方面：一是及时了解保险标的的出险原因、损失情况，对重大案件应参与现场查勘；二是审核、确定保险责任；三是核定损失；四是审核赔款计算。

核赔的防灾、防损作用体现在：通过定期对核赔情况进行分析，发现出险案件之间的内在规律，提出防灾、防损的具体措施以及改善核保、核赔工作的意见和要求，提高承保业务质量和理赔工作质量。

（一）保险有效性

（1）出险时间是否在承保有效期内。

（2）被保险人与行驶证车主是否一致，是否具有可保利益。

（3）保费是否到账。

（二）标的车及第三者车辆

（1）标的车：核对车牌号、车架号、发动机号，确认出险车辆为标的车。

（2）第三者车：第三者车的车辆外观、车架号、发动机号以及牌照号是否与客户报案、查勘照片、交警证明一致。

（3）第三者财物：第三者损失物的外观、型号、数量等是否与客户报案、查勘照片、交警证明一致。

（三）保险责任

（1）出险时间：是否在有效保险期内。

（2）出险地点：是否在保单载明的行驶范围内。

（3）出险原因：是否承保相应险种，是否属于保险事故；判断原则：近因原则。

（4）驾驶人及驾驶资质。

（5）车辆性质：车辆合法性、年审情况及使用性质。

（6）保单特别约定：是否符合保单特别约定中的责任和义务。

（四）事故真实性

（1）事故要素齐全：时间、地点、人物、原因、事故过程、损失结果都要有。

（2）事故表述一致：保险信息、查勘信息、核损信息、复勘信息、缮制信息等对于事故的描述完全一致。

（3）事故发生合理：事故时间、地点、经过、结果等需符合常理、具备逻辑关系。

（4）事故可再现：原则上任何一起事故根据实际情况的描述都可再现，导致的结果应与索赔原因一致。

（五）事故损失

1. 车辆损失

（1）审核车体的本身与受碰撞物的材料构成、颜色、运动轨迹、碰撞过程、碰撞点等是否匹配，报损项目是否可能由本次事故所致。

（2）审核车辆定损项目、损失程度是否准确、合理。

（3）审核更换零部件是否按照规定进行了询价，定损项目与报价项目是否一致。

（4）审核残值确定是否合理。

2. 其他财产损失

（1）通过照片及相关单证审核物损是否属于保险事故造成。

（2）审核财产损失金额和赔款计算是否合理准确。

3. 施救费用

根据案情和施救费用的有关规定，核定施救费用单证是否有效、金额确定是否合理。

（六）理赔单证

（1）审核确认被保险人按规定提供的单证材料是否齐全有效，有无涂改、伪造，是否符合单证归档要求。

（2）审核单证是否齐全。

（七）赔款计算

（1）审核赔款理算是否正确。

（2）审核免赔率使用是否正确。

（3）查勘、核损、复勘意见中指出的所需加扣的免赔是否正确。

（八）索赔人

（1）原则上索赔人应为被保险人。

（2）当索赔人非被保险人本人时，应持有相应法律证明或符合法律要求的被保险人委托办理索赔的授权委托书。

（九）支付对象

（1）根据案件实际情况，确认赔款支付对象无误。

（2）原则上赔款只能支付给被保险人或法定受益人。

（3）被保险人或法定受益人委托办理领款的，应提供齐全的委托手续。

（4）在某些特定的情况下，收款人也可以是交通事故受害人、医院、法院等。

（十）其他

按相关文件规定处理。

三、核赔的退回处理

核赔人按照审核要求进行赔案审核，重点审核相关环节是否按照要求进行案件的处理，结合各环节的案件处理信息和承保情况综合考虑，给出最终赔付意见。对于无异议的案件，核赔人核赔同意，案件将自动结案转入支付环节；如果核赔人对案件有异议，应退回前端相应环节责任人进行进一步的处理。当核赔退回的问题得到完全处理后，再发送核赔审核，核赔确认处理无误后方可核赔通过，案件结案。核赔退回时应对问题说明清楚，以便问题处理人理会；相关问题责任人对于核赔退回案件应及时处理，问题处理完后应及时回复，回复时应针对核赔退回的问题作处理说明。常见的退回问题及处理方式如表 5. 2 所示。

表 5. 2　常见的退回问题及处理方式

常见问题类型示例	责任人	退回用语示例	回复用语示例
单证不全	缮制人员	缺单证	单证已补
理算错误	缮制人员	险种计算错误	计算错误已修改
验标信息不全	查勘定损人员	缺车架号	已上传
损失项目异议	核损人员	更换不合理	已删除，做修复处理
项目价格异议	核损人员	价格偏高	价格已修改
事故真实性异议	核损或调查人员	事故真实性异议，请调查	事故已调查，调查报告已上传
保险责任异议	客服人员	驾驶证年审不合格，不属于保险责任	案件已拒赔
其他	—	—	—

知识六　图形化车险定损理赔模拟教学系统

汽车金融服务是汽车营销与服务专业学生的一门重要的专业核心课，在这门课程的学习过程中，实训环节是一项重要的教学内容。通过实习训练，可使学生具备广泛的职业适应能力；通过有职业针对性的实践，使学生掌握基本的实务操作技能。所以，汽车金融服务实习的目的在于通过理论联系实际的教学手段，使学生较为全面地掌握汽车金融服务知识，将汽车金融服务内容融入汽车技术服务及汽车营销活动中，进而锻炼学生全面的专业素质。

本章通过介绍汽车营销技能机试系统，让同学们掌握机动车出险后的车损理赔过程，并能够实际操作理赔查勘定损业务，掌握汽车机动车保险的承保流程，熟知机动车保险的各个险种。

一、进入系统

单击桌面上如图 5. 3 所示图标，打开程序，如图 5. 4 所示，输入考生考号和密码后，单击登录进入。

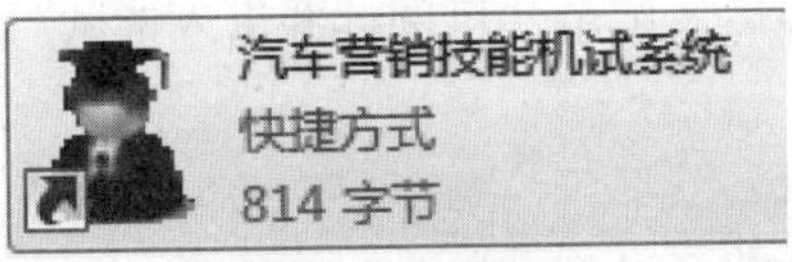

图 5.3　快捷图标

图 5.4　登录考试系统

二、阅读考试须知

学生进入如图 5.5 所示考试须知界面。

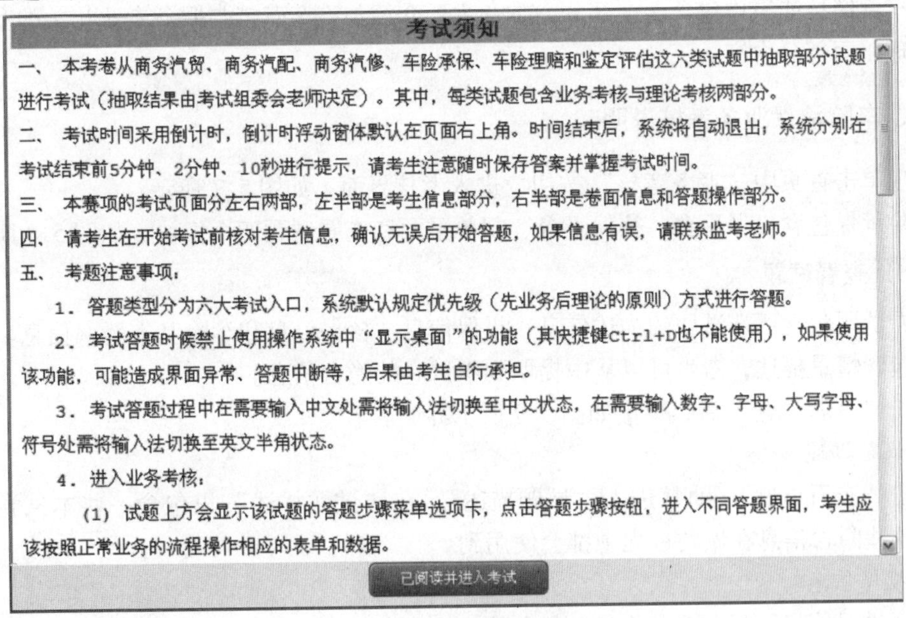

图 5.5　考试须知界面

确保熟悉考试须知的内容后。单击“已阅读并进入考试”，进行答题操作。

三、进入考试首页

学生登录以后，进入考试首页界面，如图 5.6 所示。

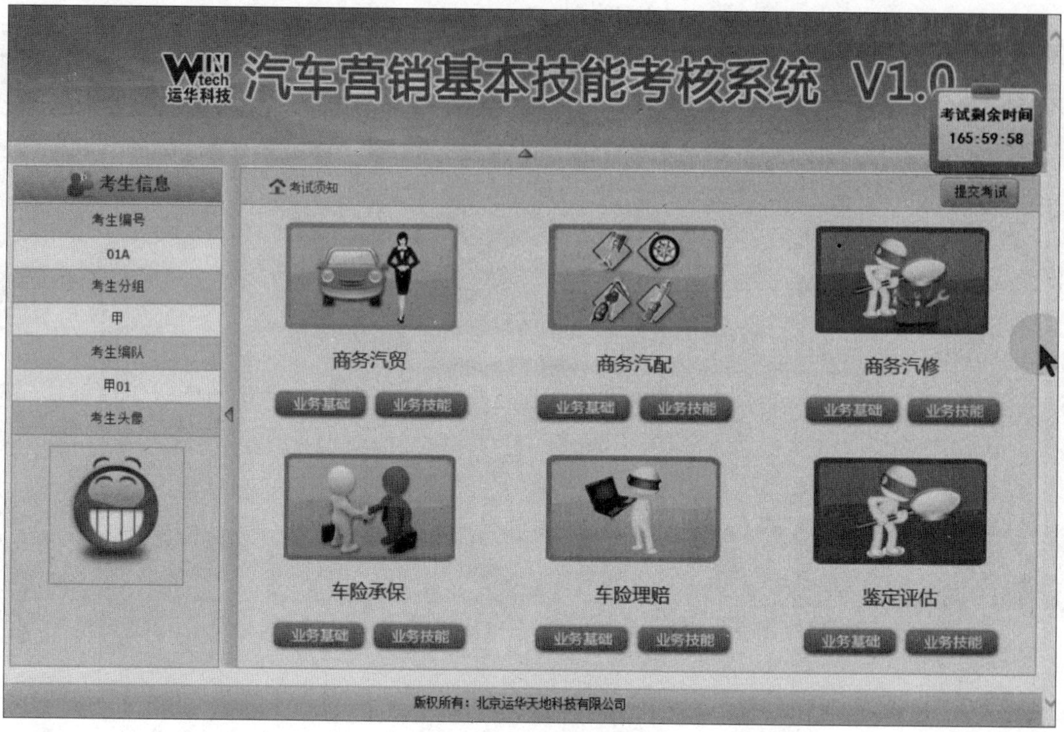

图 5.6 考试首页界面

汽车营销技能操作包含六个部分，本章主要介绍与汽车营销与服务专业相关的车险承保和车险理赔两部分内容。

四、车险承保业务考核说明

考生单击首页中“业务考核”按钮，进入考核界面，如图 5.7 所示。

车险承保包含投保平台、核保平台、制单平台和查看试题四个模块，如图 5.8 所示。

（一）查看试题

查看试题包含所选试题的描述信息、投保信息、核保信息和车险基本费率信息。试题描述信息包含情景描述，考生可以从中提取到本试卷的隐含信息。

单击“查看试题”后，弹出如图 5.9 所示界面。

1. 试题描述

单击“查看试题”，直接进入“试题描述”。在“试题描述”里包含一些本试卷的隐含信息，这些隐含信息在做题过程中都会使用到。

2. 投保信息

在“投保信息”里包含几个部分，如图 5.10 所示。

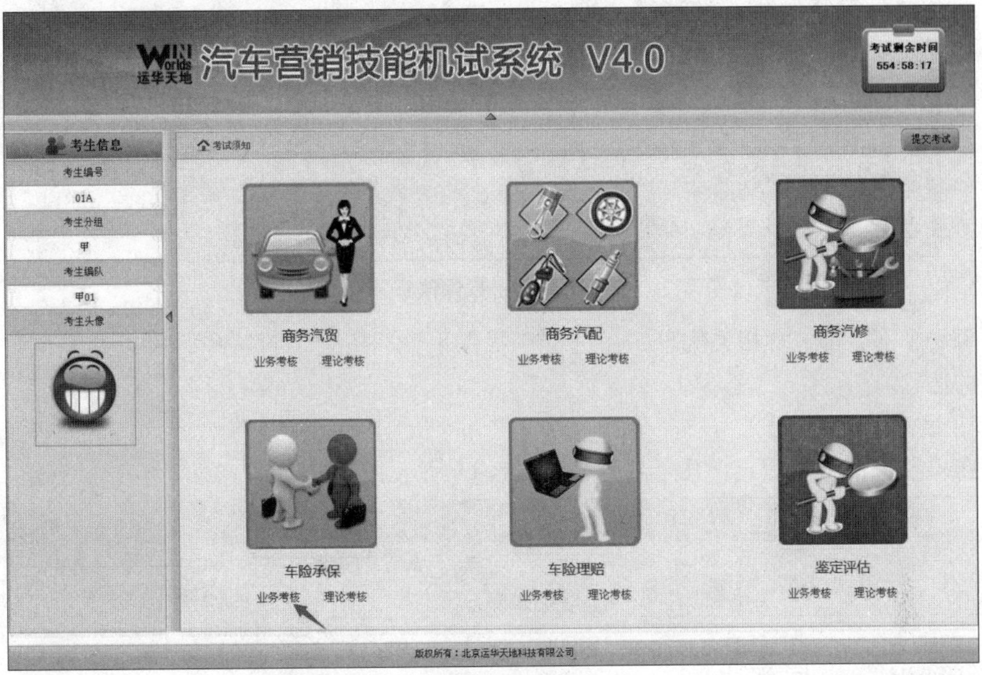

图 5.7　考核界面

图 5.8　四个模块

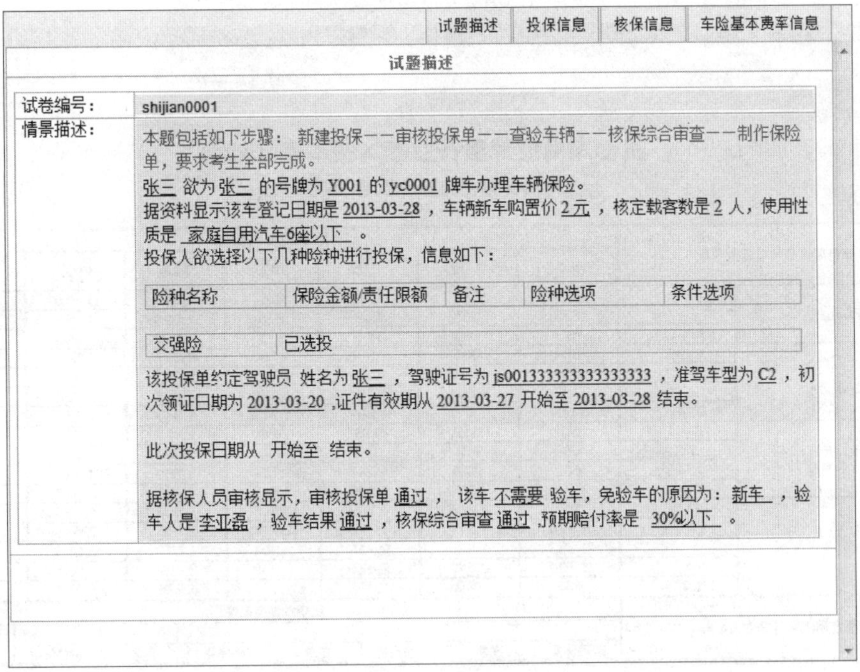

图 5.9　试题描述

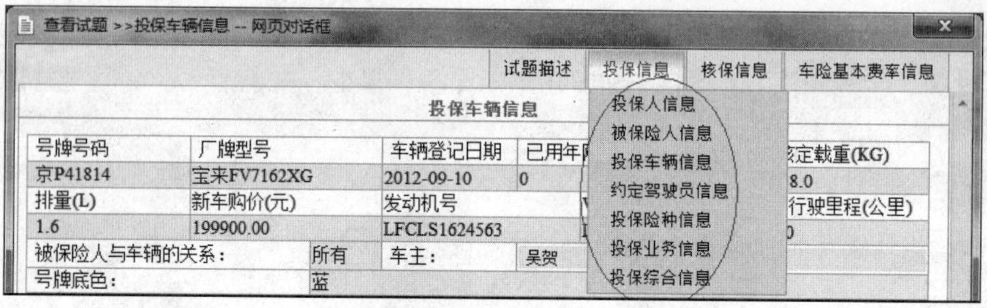

图 5.10　投保信息

每一个部分都包含相关信息，在进行“投保平台”答题的过程中，可以参考相应部分提供的信息。

3. 核保信息

在“核保信息”里包含几个部分，如图 5.11 所示。

图 5.11　核保信息

每一个部分都包含相关信息，在进行“核保平台”答题的过程中，可以参考相应部分提供的信息。

4. 车险基本费率信息

单击“车险基本费率信息”，弹出如图 5.12 所示对话框。

机动车商业保险行业基本费率表（A款）　北京

（中国保险行业协会制定　2007年）

家庭自用汽车与非营业用车		第三者责任保险						
		5万	10万	15万	20万	30万	50万	100万
家庭自用汽车	6座以下	671	940	1,060	1,141	1,275	1,515	1,973
	6-10座	573	803	906	975	1,090	1,295	1,686
	10座以上	573	803	906	975	1,090	1,295	1,686
企业非营业客车	6座以下	682	955	1,078	1,160	1,297	1,540	2,006
	6-10座	653	915	1,032	1,111	1,241	1,475	1,921
	10-20座	779	1,091	1,231	1,325	1,481	1,759	2,291
	20座以上	1,007	1,410	1,592	1,713	1,914	2,274	2,962
党政机关、事业团体非营业客车	6座以下	580	812	916	986	1,102	1,309	1,705
	6-10座	555	777	877	944	1,055	1,253	1,632
	10-20座	663	928	1,047	1,126	1,259	1,496	1,948
	20座以上	911	1,275	1,439	1,548	1,731	2,056	2,677
非营业货车	2吨以下	791	1,108	1,250	1,345	1,503	1,786	2,327
	2-5吨	1,124	1,574	1,776	1,911	2,136	2,538	3,306
	5-10吨	1,353	1,895	2,138	2,301	2,572	3,056	3,979
	10吨以上	1,794	2,512	2,835	3,050	3,409	4,051	5,275
	低速载货汽车	673	942	1,063	1,143	1,278	1,518	1,978

家庭自用汽车与非营业用车	机动车损失保险							
	1年以下		1-2年		2-6年		6年以上	
	基础保费	费率	基础保费	费率	基础保费	费率	基础保费	费率

图 5.12　车险基本费率信息

（二）投保平台

在“投保平台”可以进行“新建投保单”和“查看修改投保单”的操作。以下是“新建投保单”的答题操作，如图 5.13 所示。

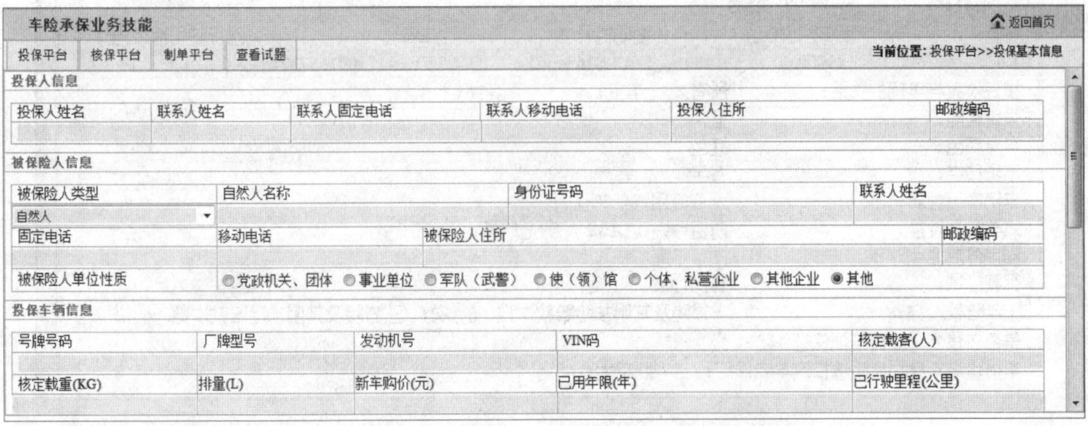

图 5.13　新建投保单

这些信息都可以在“投保信息”的相关部分找到，如图 5.14 ~ 图 5.20 所示。

1. 投保信息——投保人信息

图 5.14　投保人信息

2. 投保信息——被保人信息

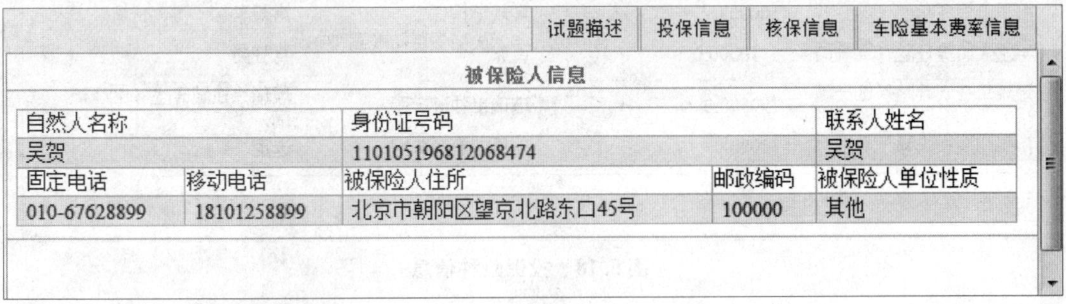

图 5.15　被投保人信息

3. 投保信息——投保车辆信息

试题描述 | 投保信息 | 核保信息 | 车险基本费率信息

投保车辆信息

号牌号码	厂牌型号	车辆登记日期	已用年限(年)	核定载客(人)	核定载重(KG)
京P41814	宝来FV7162XG	2012-09-10	0	5	938.0
排量(L)	新车购价(元)	发动机号	VIN码		已行驶里程(公里)
1.6	199900.00	LFCLS1624563	LFV2A115091657324		5.0

被保险人与车辆的关系：	所有　车主：吴贺
号牌底色：	蓝
车身颜色：	红色
车辆种类：	客车
车辆使用性质：	家庭自用汽车6座以下
汽车安全性能：	防盗系统、 ABS、 安全气囊、
固定停放地点：	固定车库
行驶区域：	省内行驶
上年赔款次数：	车损险及其附加险赔款次数: 0 次； 三者险及其附加险赔款次数: 0 次；
是否在我公司投保车辆保证保险：	是
车损险与车身划痕险选择汽车专修厂：	北京大众4S店

图 5.16　投保车辆信息

4. 投保信息——约定驾驶员信息

试题描述 | 投保信息 | 核保信息 | 车险基本费率信息

约定驾驶员信息

姓名	驾驶证号	初次领证日期	准驾车型	驾驶员属性(主/从)
吴贺	110105196812068474	2011-05-10	C1	主驾驶员

图 5.17　约定驾驶员信息

5. 投保信息——投保险种信息

试题描述 | 投保信息 | 核保信息 | 车险基本费率信息

投保险种信息

险种名称	保险金额/责任限额	备注	险种选项	条件选项
机动车损失险	199900.0		常规车投保	足额投保
第三者责任险	50000.0		常规车投保	常规车
车上人员责任险（驾驶员）	1*10000.0		车上人员责任险（驾驶员）	驾驶员
玻璃单独破碎险（国产玻璃）	199900.0		玻璃单独破碎险	玻璃单独破碎险（国产玻璃）
车身划痕损失险	10000.0		车身划痕损失险	选定

交强险	已选投

图 5.18　投保险种信息

图 5.18 中显示“交强险”部分，如果显示“已投选”，就按照答题时系统给出的答案，不需再进行修改。图 5.18 中“保险费”栏的值是用在“添加保险”时给出的公式计算出来的。在进行“添加保险”时，有时会需要输入特定数值，请参照“车险基本费率信息”或者“试题描述”给出的数据。

6. 投保信息——业务信息

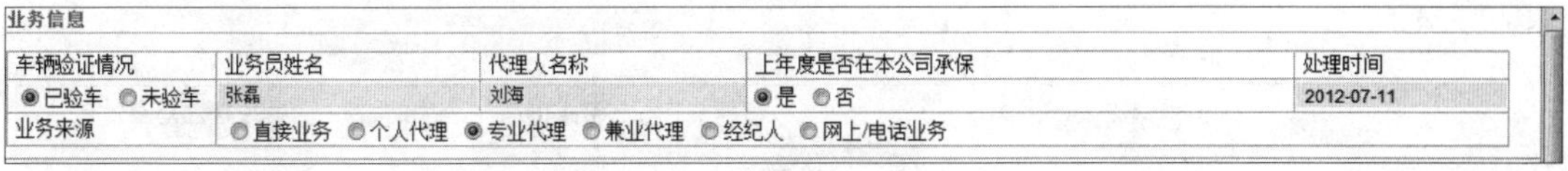

图 5.19　业务信息

7. 投保信息——综合信息

图 5.20　综合信息

单击“提交”，可以完成投保平台的答题操作。

（三）核保平台

在“核保平台”可以进行审核投保单、查验车辆和核保综合审查。

1. 审核投保单

以下是“新建投保单”的答题操作。流程如图 5.21 ~ 图 5.23 所示，选择“审核投保单”——“搜索”——“审核”。

图 5.21　审核投保单

图 5.22　搜索

单击“审核”进入审核页面。

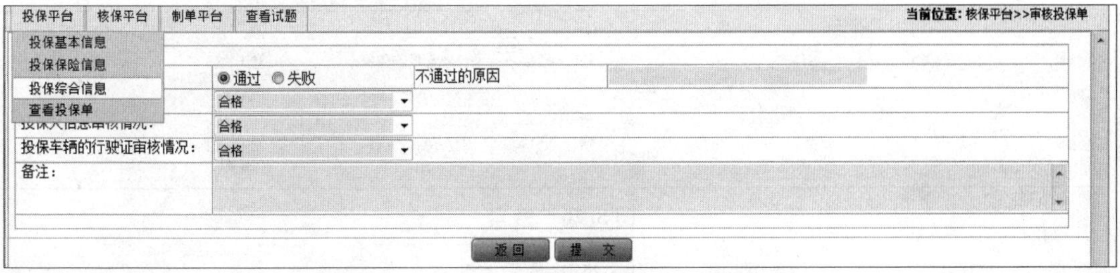

图 5.23　审核

该部分的填写要在“查看试题”的“综合分析”和“核保信息”里面寻找隐含信息，如图 5. 24 所示。

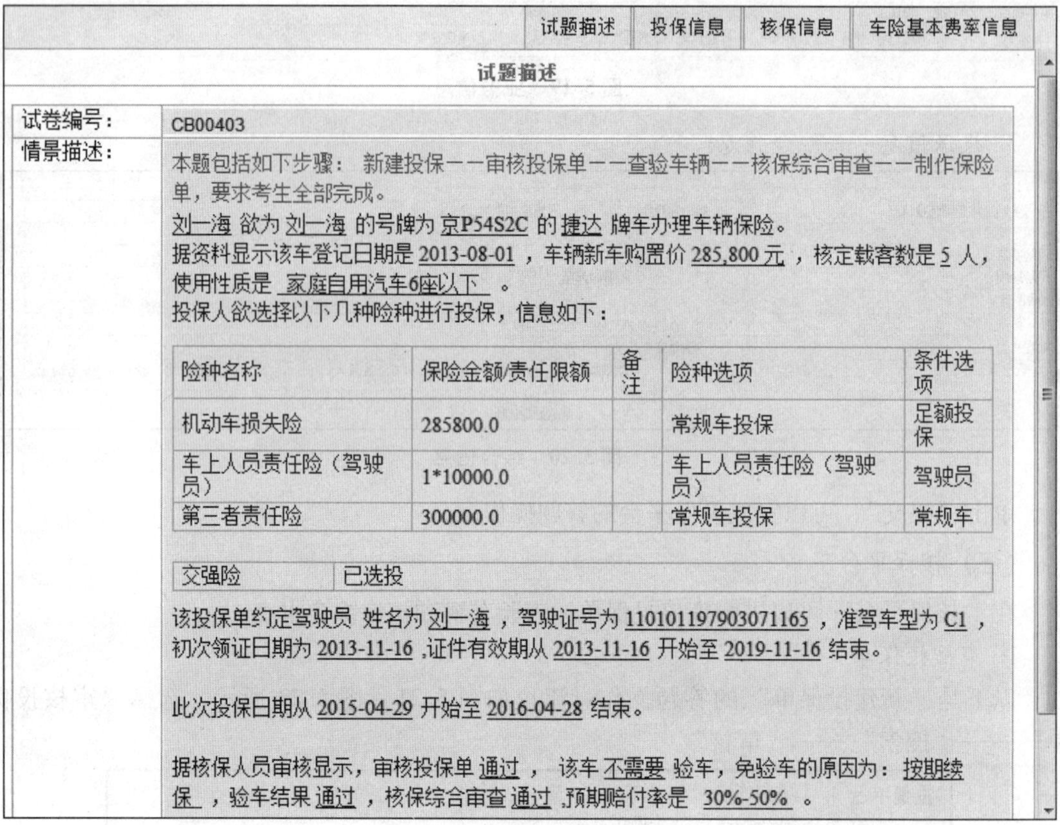
试题描述 投保信息 核保信息 车险基本费率信息

试题描述

试卷编号：CB00403

情景描述：本题包括如下步骤：新建投保——审核投保单——查验车辆——核保综合审查——制作保险单，要求考生全部完成。

刘一海 欲为 刘一海 的号牌为 京P54S2C 的 捷达 牌车办理车辆保险。

据资料显示该车登记日期是 2013-08-01 ，车辆新车购置价 285,800 元 ，核定载客数是 5 人，使用性质是 家庭自用汽车6座以下 。

投保人欲选择以下几种险种进行投保，信息如下：

险种名称	保险金额/责任限额	备注	险种选项	条件选项
机动车损失险	285800.0		常规车投保	足额投保
车上人员责任险（驾驶员）	1*10000.0		车上人员责任险（驾驶员）	驾驶员
第三者责任险	300000.0		常规车投保	常规车

交强险	已选投

该投保单约定驾驶员 姓名为 刘一海 ，驾驶证号为 110101197903071165 ，准驾车型为 C1 ，初次领证日期为 2013-11-16 ,证件有效期从 2013-11-16 开始至 2019-11-16 结束。

此次投保日期从 2015-04-29 开始至 2016-04-28 结束。

据核保人员审核显示，审核投保单 通过 ，该车 不需要 验车，免验车的原因为：按期续保 ，验车结果 通过 ，核保综合审查 通过 ,预期赔付率是 30%-50% 。

图 5. 24　隐含信息

2. 查验车辆

以下是“查验车辆”的答题操作。流程如图 5. 25 ~ 图 5. 27 所示：选择“查验车辆”——“搜索”——“验车”。

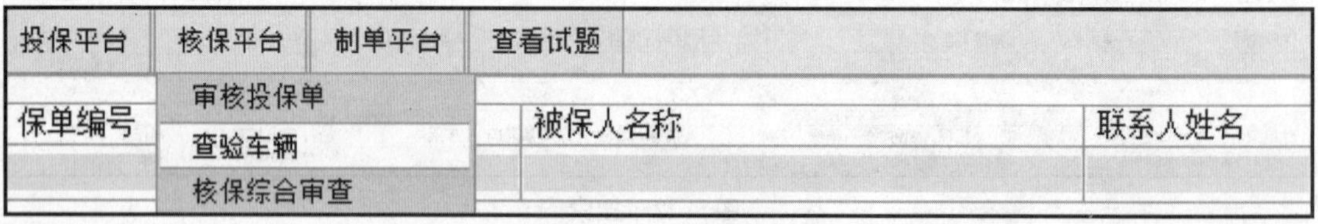

图 5. 25　查验车辆

图 5. 26　搜索

单击“审核”，进入审核页面，如图 5. 27 所示。

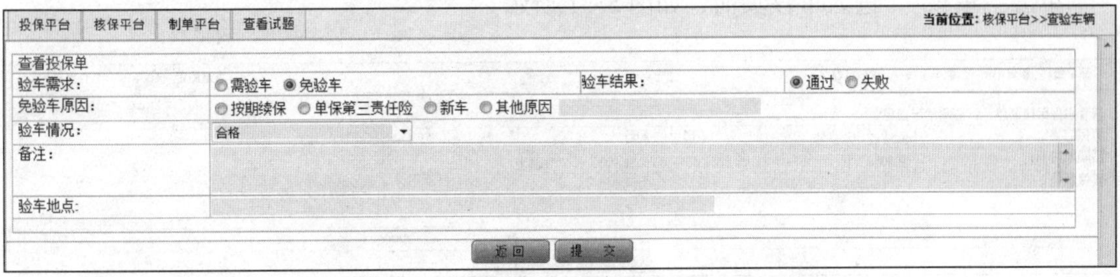

图 5.27　审核

该部分的填写要在“查看试题”的“综合分析”和“核保信息”里面寻找隐含信息，如图 5.28 所示。

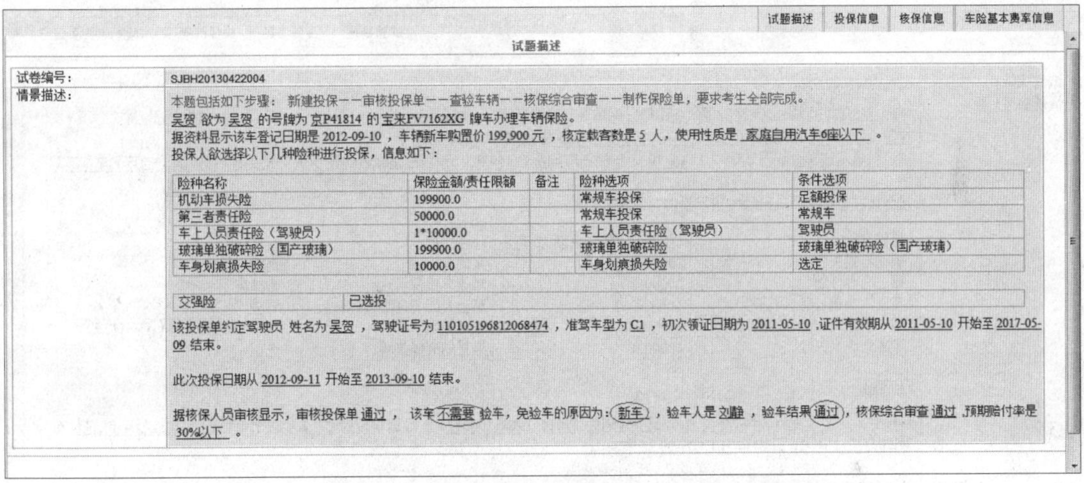

图 5.28　隐含信息

3. 核保综合审查

以下是“核保综合审查”的答题操作。流程如图 5.29 和图 5.30 所示：选择“核保综合审查”——“搜索”——“验车”。

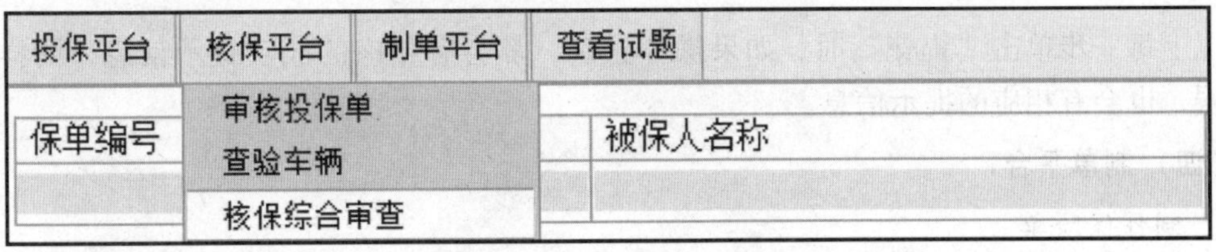

图 5.29　核保综合审查

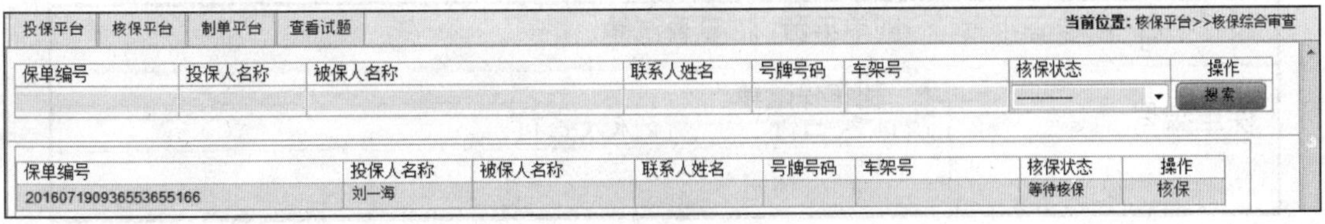

图 5.30　搜索

单击“审核”，进入审核页面，如图 5. 31 所示。

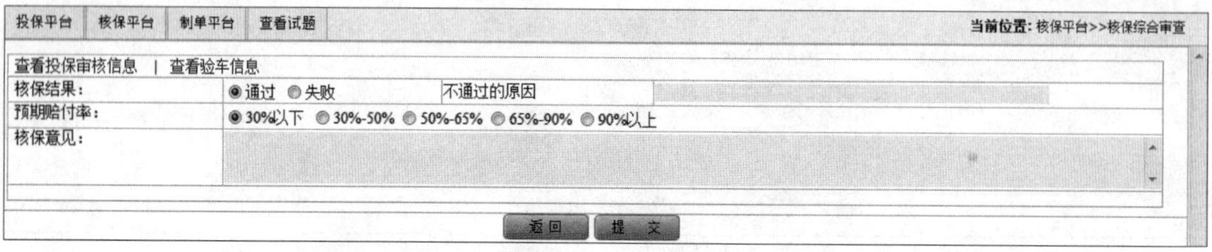

图 5. 31　审核

该部分的填写要在“查看试题”的“综合分析”和“核保信息”里面寻找隐含信息，如图 5. 32 所示。

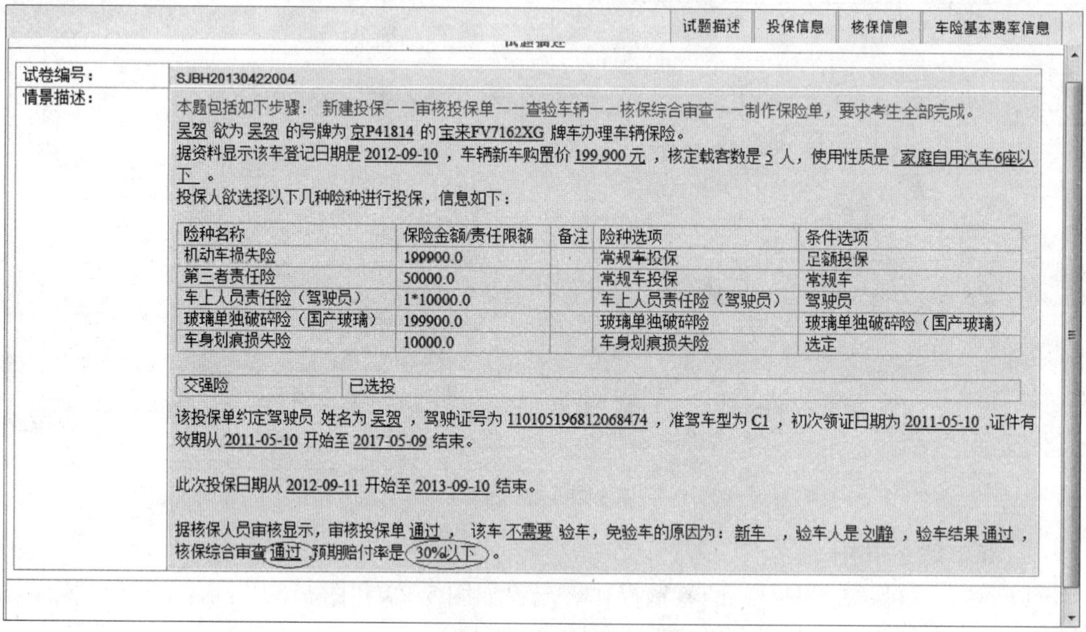

图 5. 32　隐含信息

以上每一步单击“提交”时，如果操作正确，都会有相应的成功提示信息，同样，操作有误，也会有相应的提示信息。

（四）制单平台

1. 制作保险单

以下是“制作保险单”的答题操作。流程如图 5. 33 ~ 图 5. 36 所示。

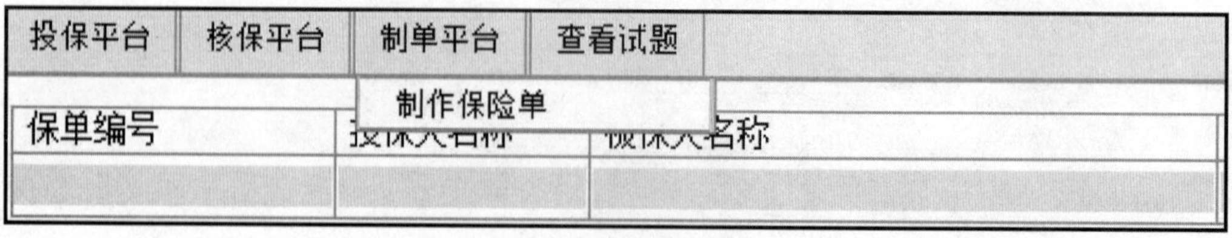

图 5. 33　制作保险单

单击“搜索”按钮，将会返回与本考生相对应的符合搜索条件的保险单数据，并返回当前验车的状态“待制单”“制单结束”，与其对应的操作为“制作”，当未搜索到符合条件的数据时，系统会依据情况给予考生相应提示。

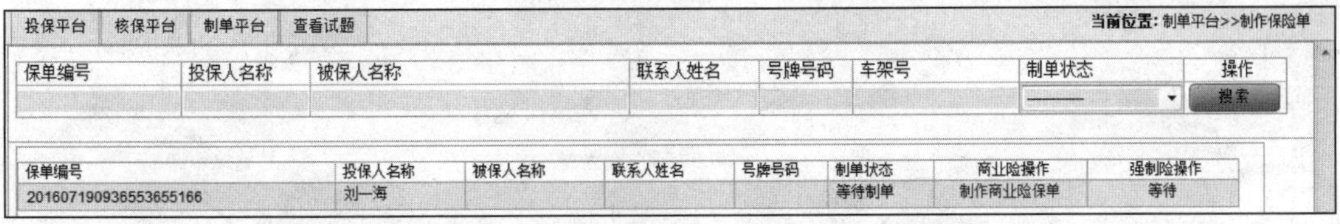

图 5.34　搜索

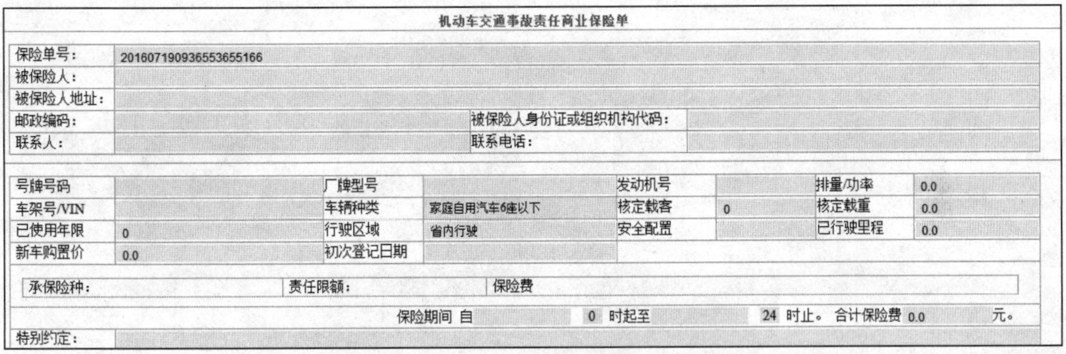

图 5.35　机动车交通事故责任商业保险单

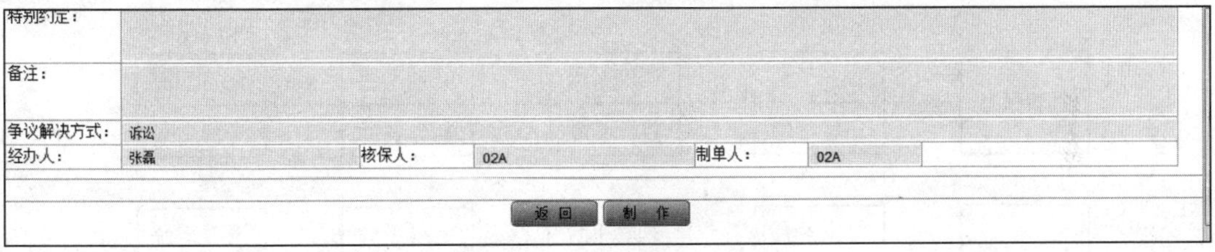

图 5.36　完成“车险承保”

2. 确认信息

单击“制作商业保险单”进入“机动车交通事故责任商业保险单”。

确认显示信息正确无误后可以单击“制作”按钮，完成“车险承保”部分的答题。

五、车险理赔业务考核说明

考生单击首页中“业务考核”按钮，进入考核界面，如图 5. 37 所示。

（一）答题流程图

车辆估损理赔考试答题操作流程如图 5. 38 所示。

（二）查看试题

单击“车险理赔”下的“查看试题”菜单，即可打开查看试题界面，如图 5. 39 所示。

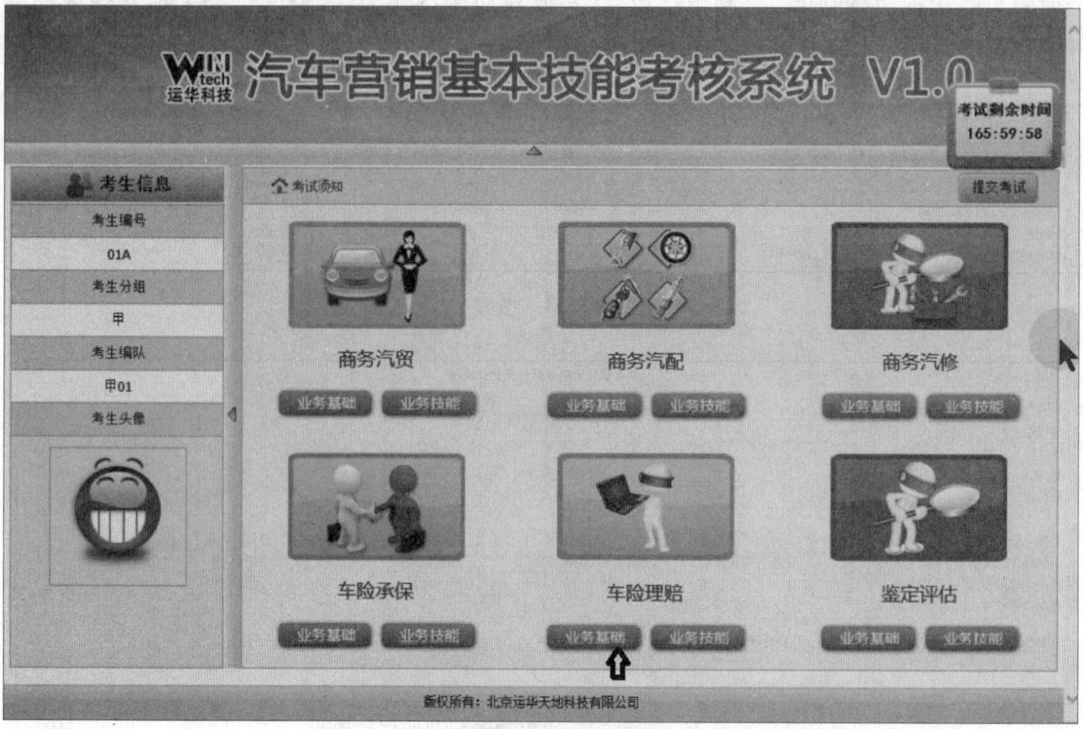

图 5.37　考核界面

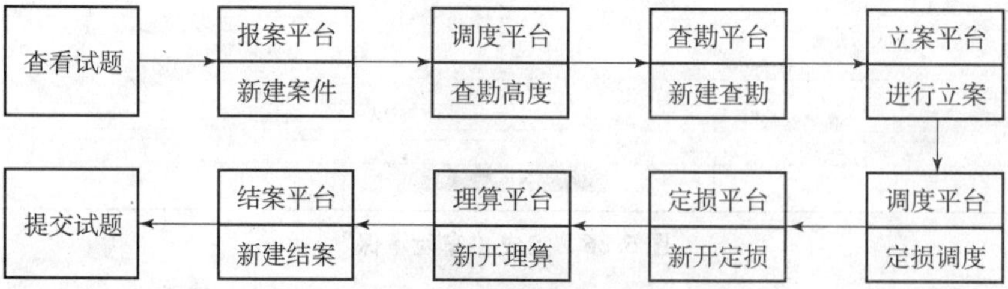

图 5.38　答题操作流程

图 5.39　查看试题

在这里可看答题所需要的信息，主要包括“试题描述”“保单信息”“报案信息”“查堪信息”“定损信息”“理算信息”六个部分，每单击菜单上的相应菜单，即可看到所对应的试题描述。(例如保单信息、报案信息、查勘基本信息、事故车行驶证信息、定损基本信息、换件信息、辅料信息等相关内容)。查看试题对话框如图 5.40 所示：

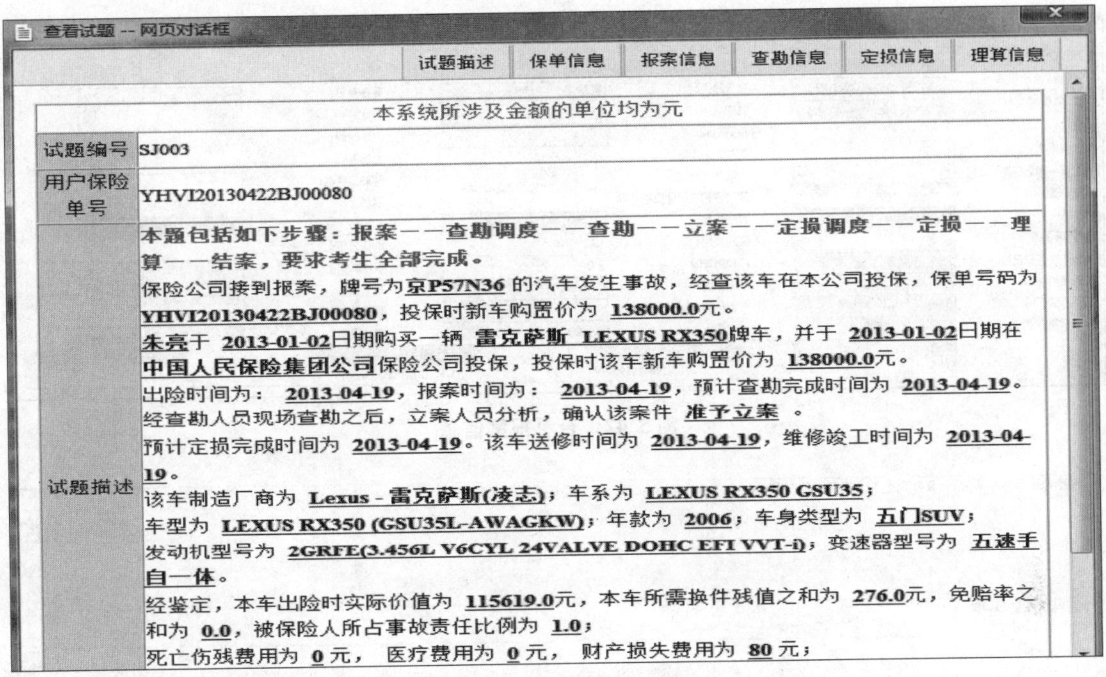

图 5.40　查看试题对话框

（三）报案平台

1. 新建报案

单击“报案平台”菜单，选择“新建案件”菜单项，如图 5.41 所示，在保险单列表中，选择与考试试题相对应的保险单；也可以在保险单列表中，按条件进行查询，直接选择。按照试题信息进行填写。

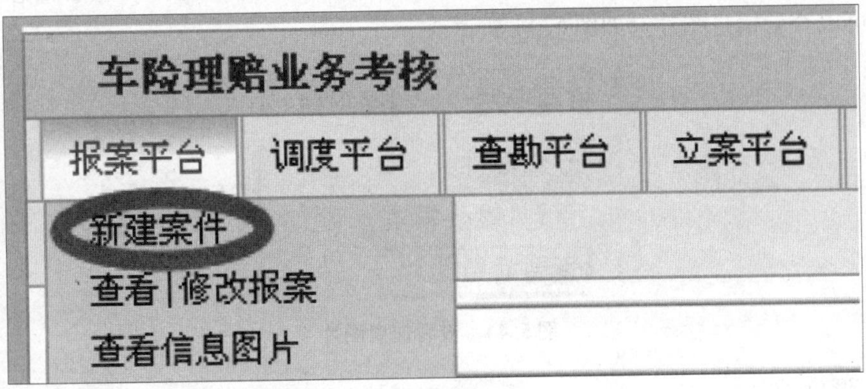

图 5.41　新建案件

2. 查看修改报案信息

查看报案信息，单击“报案平台”上的“查看 | 修改报案”菜单项，可以查看报案信息。如果需要修改“新建报案”中的信息，可以在“报案平台”下的“查看 | 修改报案”菜单项进行操作，如图 5.42 和图 5.43 所示。

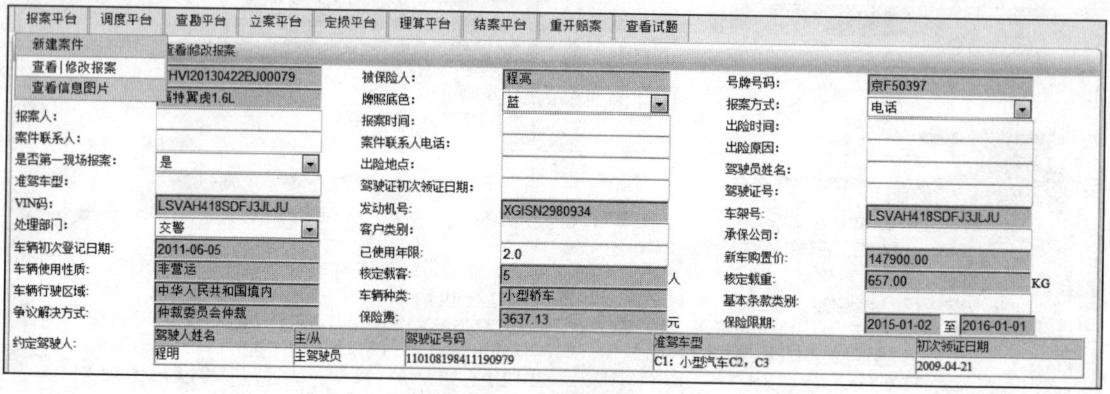

图 5.42　查看报案信息

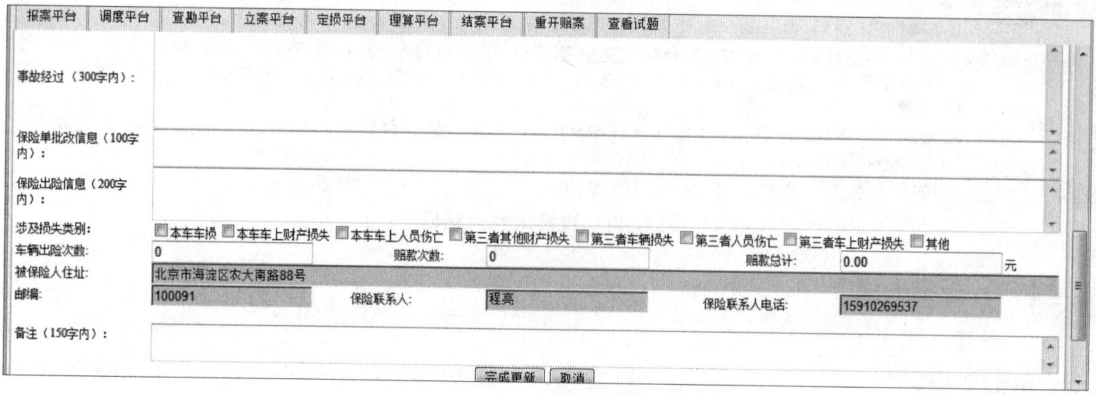

图 5.43　修改报案信息

3. 查看信息图片

查看与车辆出险有关的一些照片。单击“报案平台”菜单，选择“查看信息图片”菜单项，就可以查看信息图片。如图 5.44 所示。

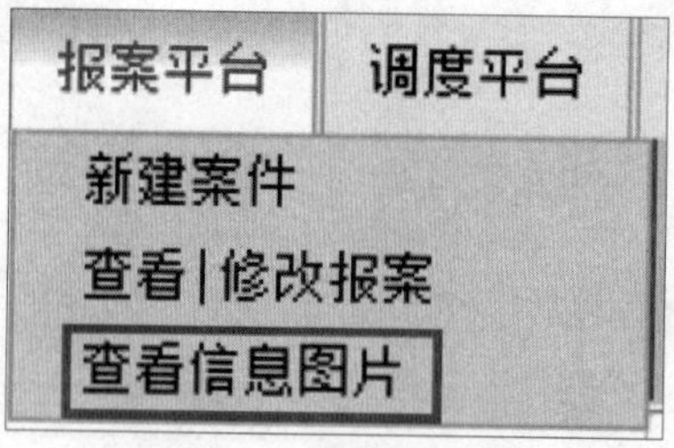

图 5.44　查看信息图片

（四）调度平台

1. 查勘调度

单击“调度平台”菜单，选择“查勘调度”菜单项，进行查勘调度，调度时，一定要选择与报案信息相符的。流程如图 5.45 ~ 图 5.52 所示。

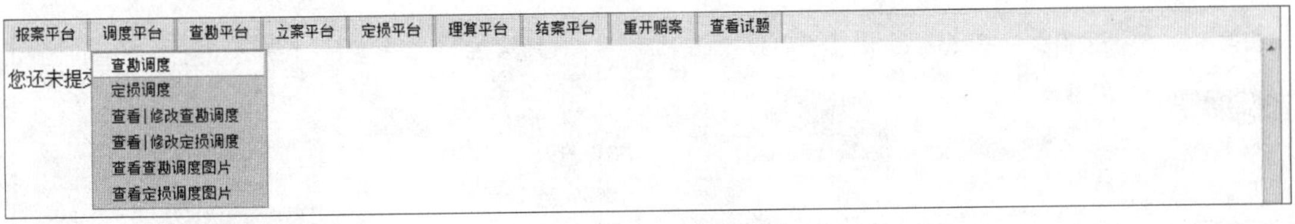

图 5.45　查勘调度菜单

进入“查勘调度”搜索，单击相应的信息，查勘调度。

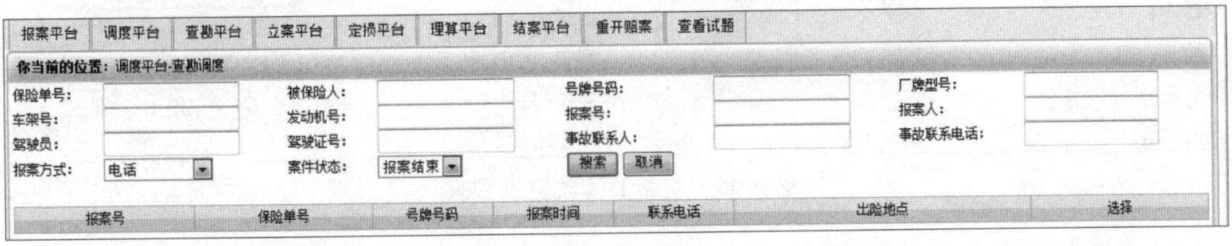

图 5.46　搜索

进入“查勘调度”界面。

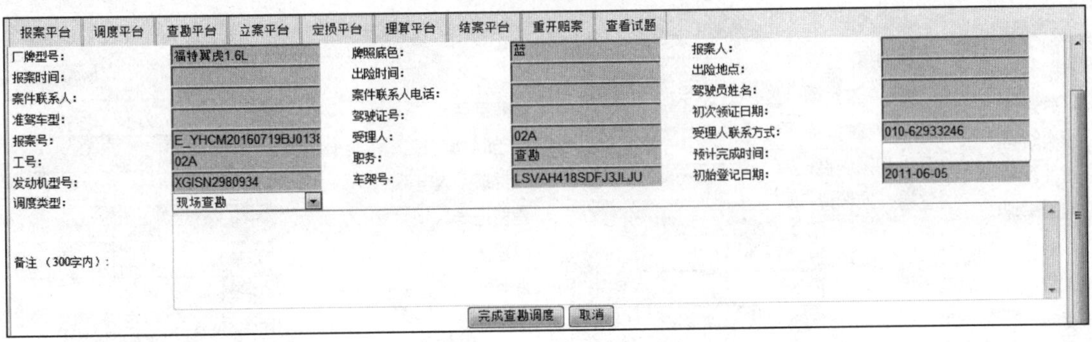

图 5.47　“查勘调度”界面

2. 定损调度

“定损调度”是在完成相关“立案平台”操作后，再进行定损调度操作。具体操作请参考“查勘调度”。

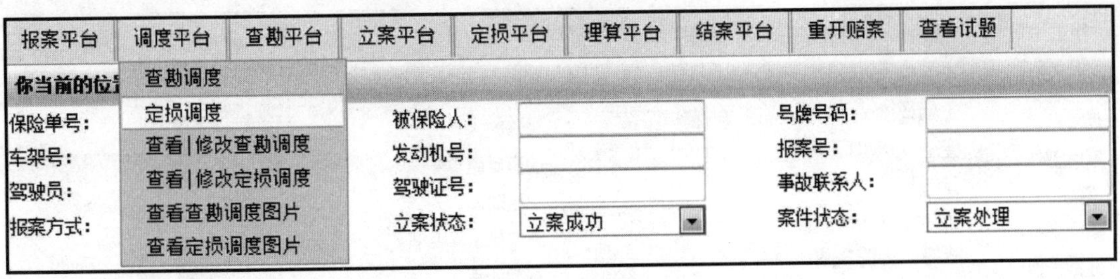

图 5.48　定损调度

3. 查看丨修改查勘调度

查勘调度完成后，可以对已经查勘调度的信息进行修改或完善。

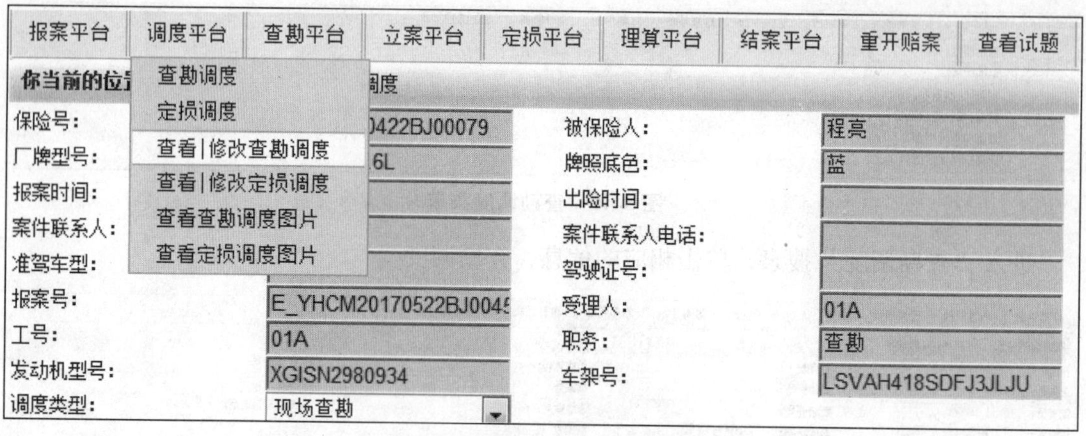

图 5.49　查看丨修改查勘调度

4. 查看丨修改定损调度

定损调度完成后，可以对已经定损调度的信息进行修改或完善。

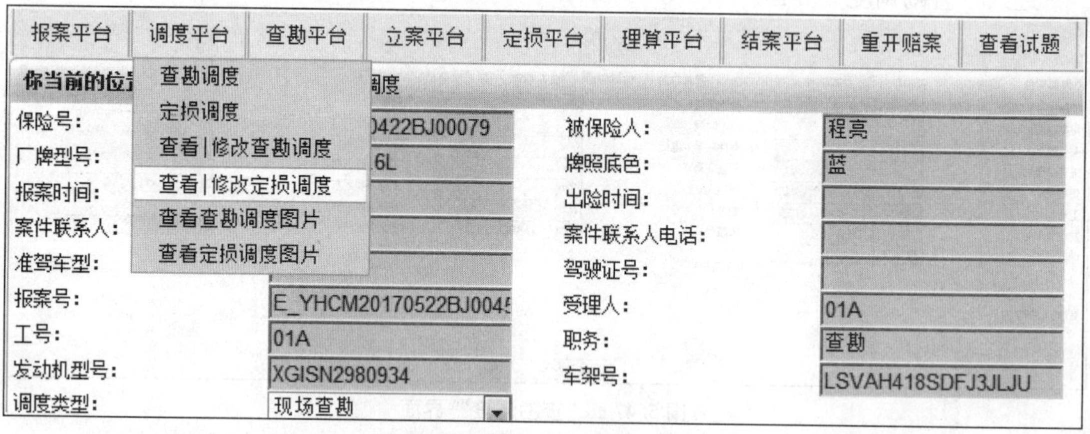

图 5.50　查看丨修改定损调度

5. 查看查勘调度图片

查看与查勘调度有关的一些照片。

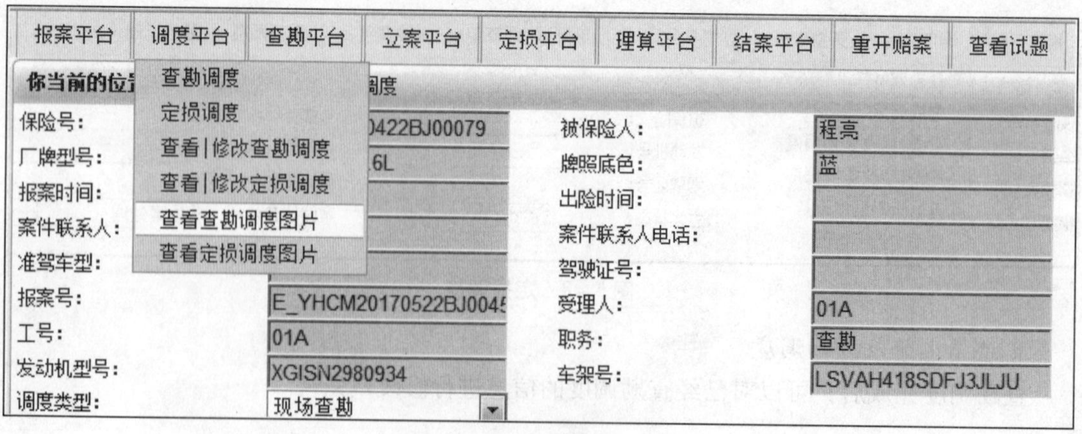

图 5.51　查看查勘调度图片

6. 查看定损调度图片

查看与定损调度有关的一些照片。

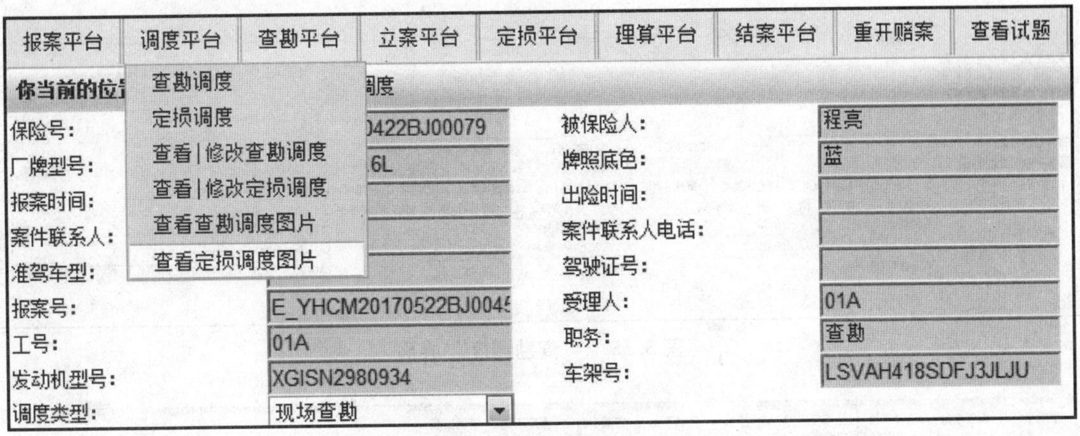

图 5.52　查看定损调度图片

（五）查勘平台

1. 新建查勘

单击“查勘平台”菜单，选择“新建查勘”菜单项，进行查勘。整个流程如图 5.53 ~ 图 5.60 所示。

图 5.53　新建查勘

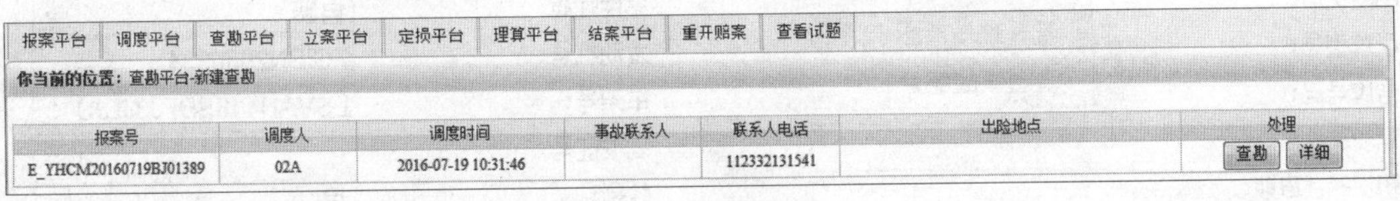

图 5.54　填写信息

进入“查勘调度”界面。

完成“查勘调度”部分答题。

查勘时，涉及驾驶员、行驶证、事故认定书、现场草图及事故照片等一系列信息，请注意填写。(可参考报案信息步骤填写)

2. 查看丨修改查勘

查勘完成后，可以对已经查勘的信息进行修改或完善。

3. 查看访问记录

查看现场做的笔录相关信息，对查勘内容填写，相当重要。

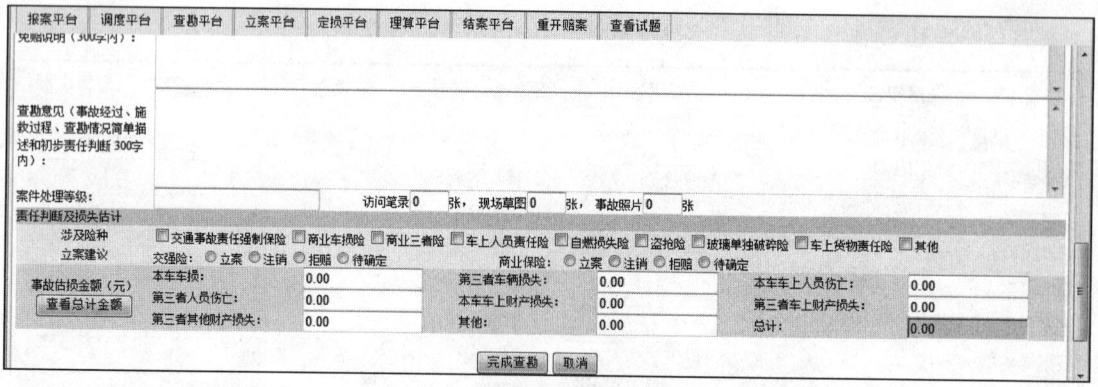

图 5.55 “查勘调度”界面

图 5.56 完成“查勘调度”

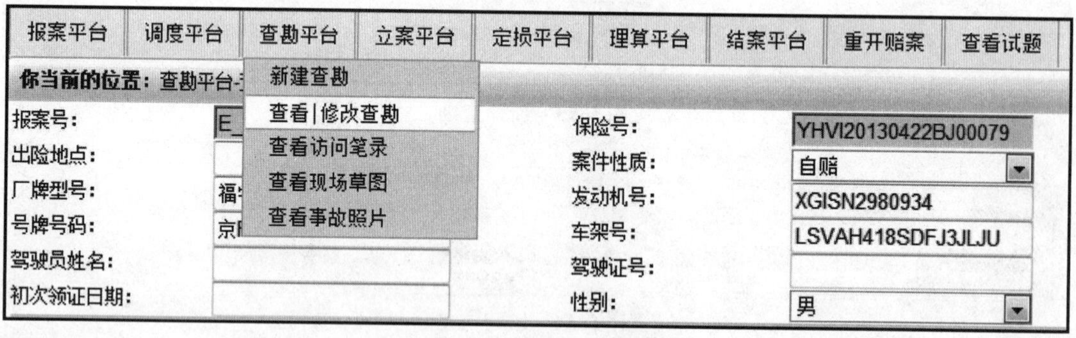

图 5.57 查看修改查勘

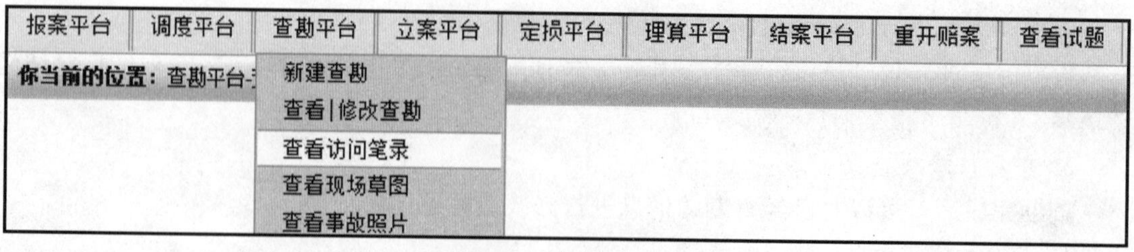

图 5.58 查看访问记录

4. 查看现场草图

查看现场草图的一些照片。

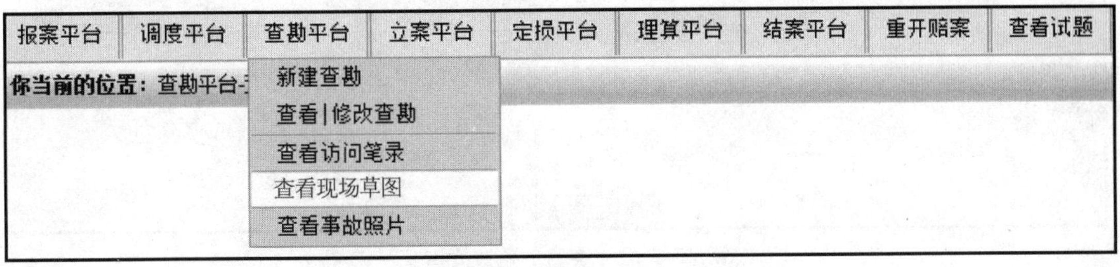

图 5.59　查看现场草图

5. 查看事故照片

查看事故照片，以便完成报案信息的填写。

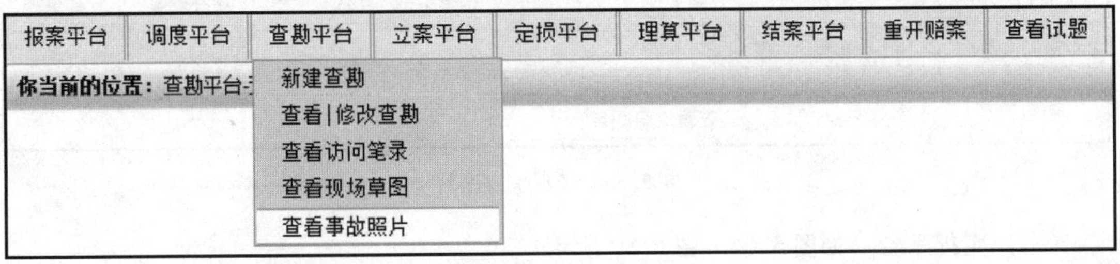

图 5.60　查看事故照片

（六）立案平台

1. 立案

单击“立案平台”菜单，选择“进行立案”菜单项，立案时，选择正确的查勘信息，决定是否立案，最好在“立案备注”那里填上说明信息。流程如图 5.61 ~ 图 5.63 所示。

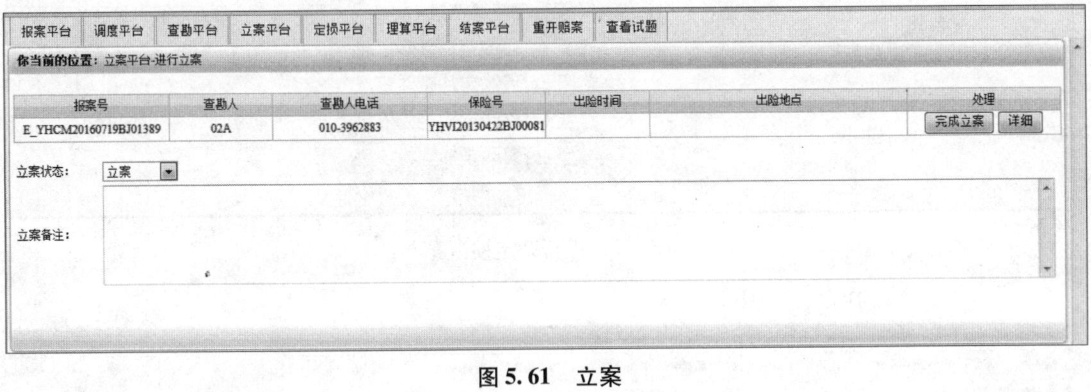

图 5.61　立案

2. 查看 | 修改立案

立案完成后，可以对已经立案的信息进行修改或完善。

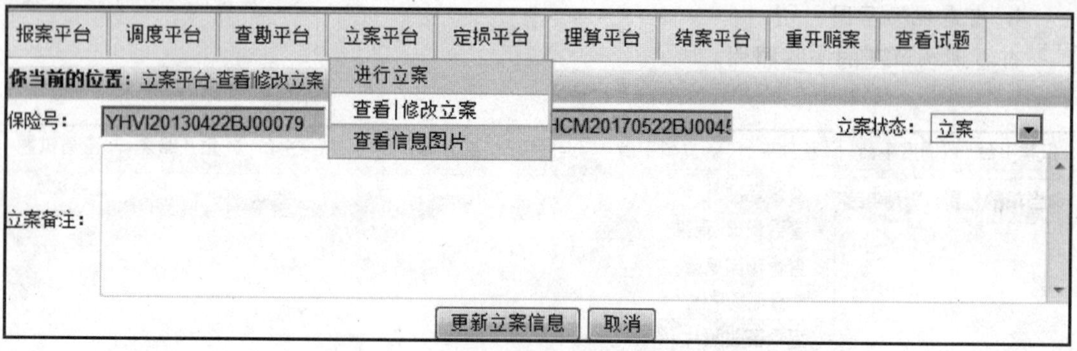

图 5.62　查看 | 修改立案

3. 查看信息图片

查看立案图片。

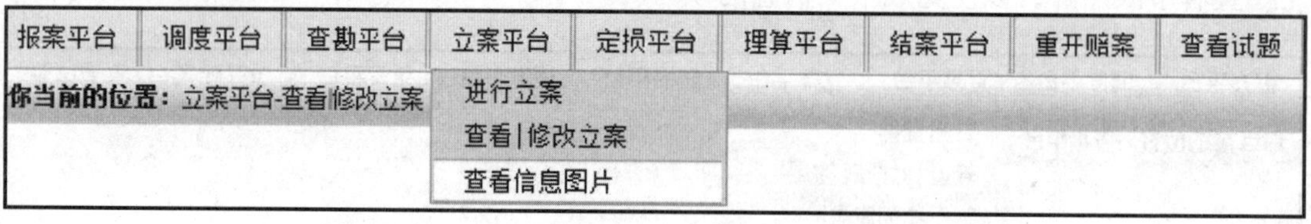

图 5.63　查看信息图片

（七）定损平台（如图 5.64 ~ 图 5.80 所示）

1. 新开定损

单击“定损平台”菜单，选择“新开定损”菜单项，进行定损操作。

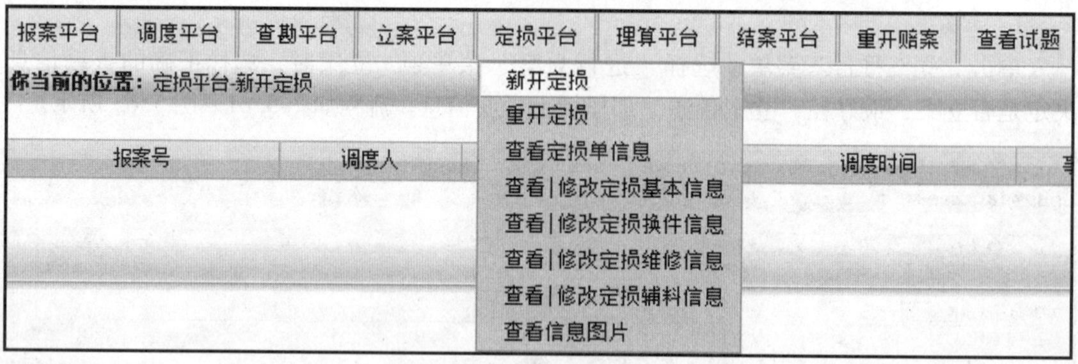

图 5.64　“新开定损”菜单

单击进入“新开定损”定损列表。

图 5.65　定损列表

在进行“新开定损”之前，一定要完成“定损调度”。可以在“调度平台”的“定损调度”上完成。具体操作请参考“调度平台”操作部分。

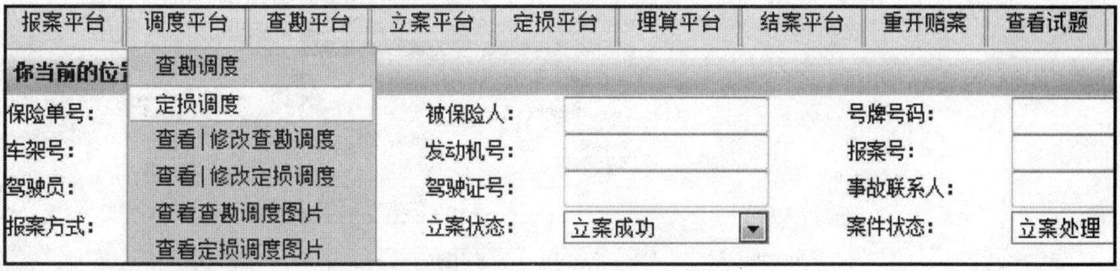

图 5.66　定损调度

单击“定损”，进入“新开定损”界面。

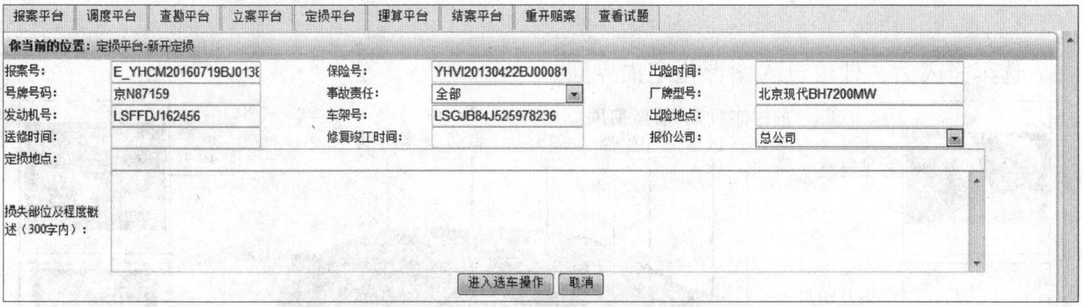

图 5.67　“新开定损”界面

单击“进入选车操作”进行选车。

1）选择定损单

单击“定损”按钮即可；“详细”按钮可以查看该单的详细内容。

图 5.68　选择定损单

2）填写定损相关信息

例如：填写定损地点、损失部位及程度概述等内容后，进入选车操作。

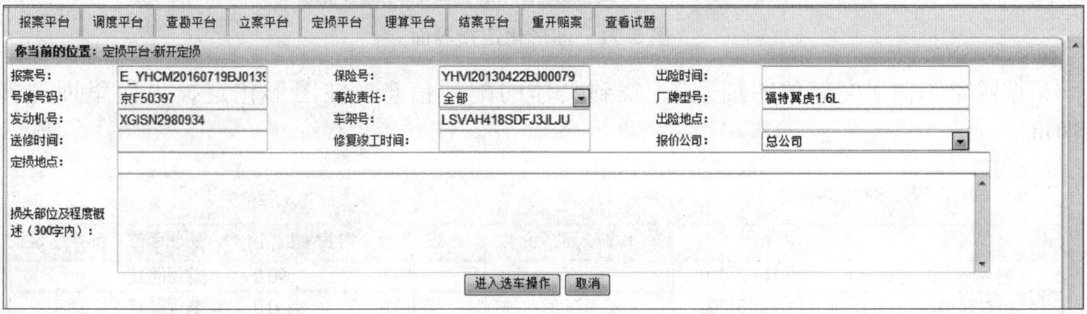

图 5.69　填写定损相关信息

3）选车

请参考车辆行驶证或报案单选择与实际相符合的车辆信息。

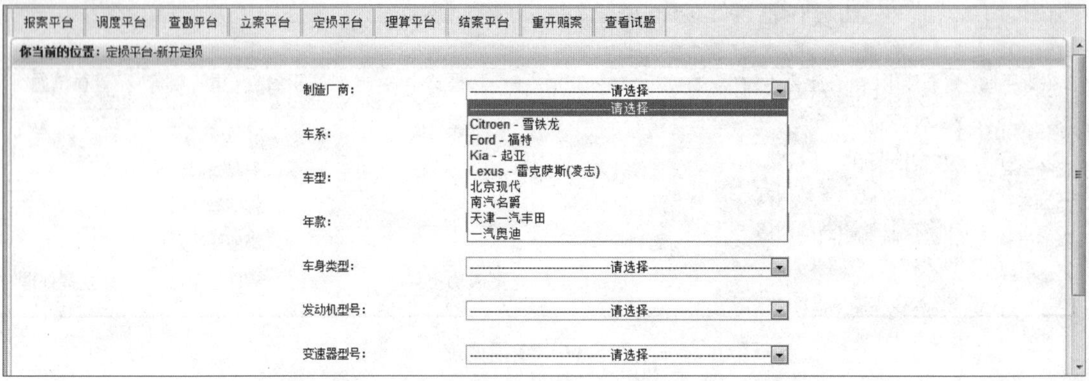

图 5.70　选车

4）图形化定损

选车完成后，即可进入图形化定损界面。

图 5.71　图形化定损界面

按照“车辆损失部位明细表”，找到具体的配件信息。在图形化定损界面里面选择即可。

你当前的位置：定损换件信息

序号	零件名称	零件号	选购件数	定损价格	工时数	定损工时费	价格小计	所属部位	定损备注
1	前保险杠外皮（上）	86512-2J010	1	500.0	9	10.0	590.0	前保险杠	
2	前杠碰撞缓冲垫	86520-2J000	1	200.0	5	10.0	250.0	前保险杠	
3	前保险杠外皮（下）	86511-2J000	1	150.0	9	5.0	195.0	前保险杠	

图 5.72　找到具体的配件信息

例如：选择配件“保险丝盒”，首先在图形化定损界面里面找到受损部位“电器”，然后进入电器里面选择“继电器及保险”，进入“继电器及保险”后，单击右上角“进入”按钮，即可看到“保险丝盒”的信息，选择即可。

选择完毕后，即可进入定价操作，直接选择即可；如果出现多种配件，可以根据题目要求进行选择。填写时，单价、订购数量、换件工时费必须填写（注意：订购数量最好和最大用量一致，但绝不能超过最大用量，单价和换件工时费如果没有特殊要求，最好以软件自动调出数为准，如果为空，可以根据试题，酌情填写），填写完毕后，确定即可。如果还有需要，请继续增加。

所有信息填写完毕后，单击图形化定损界面下方的，“保存换件信息并进入维修操作环节”进入下一步操作。

2. 重开定损

“重开定损”就是重新进入“新开定损”的“进入选车操作”部分，这里就不用重复介绍了。

3. 查看定损单信息

参看报案信息，不再进行叙述。

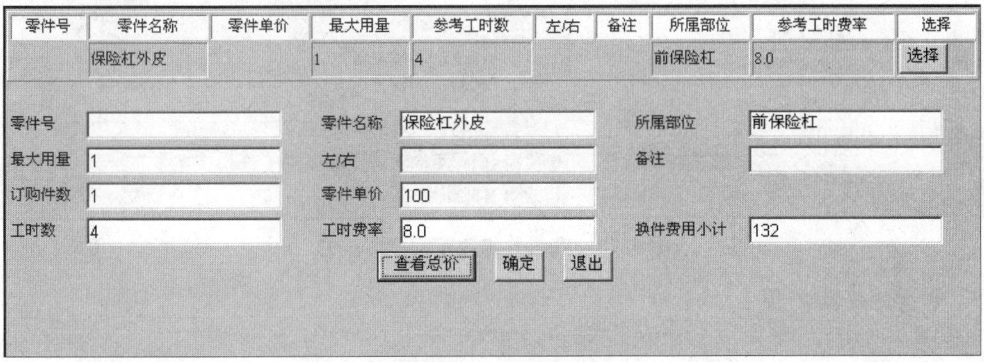

图 5.73　定损操作

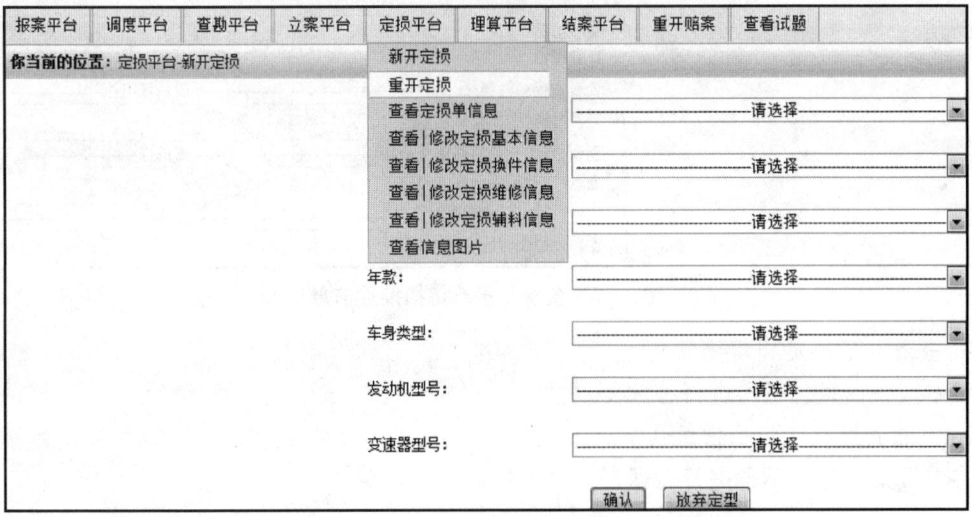

图 5.74　重开定损

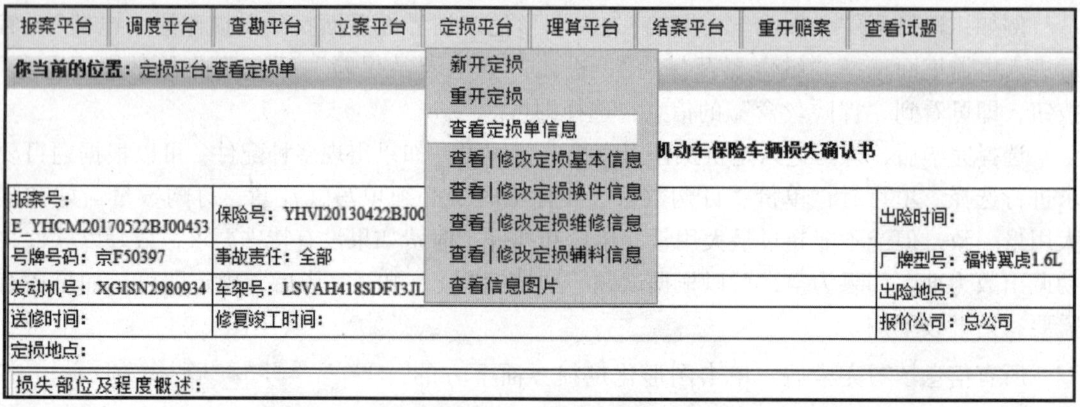

图 5.75　查看定损单信息

4. 查看|修改定损基本信息

参看报案信息，不再进行叙述。

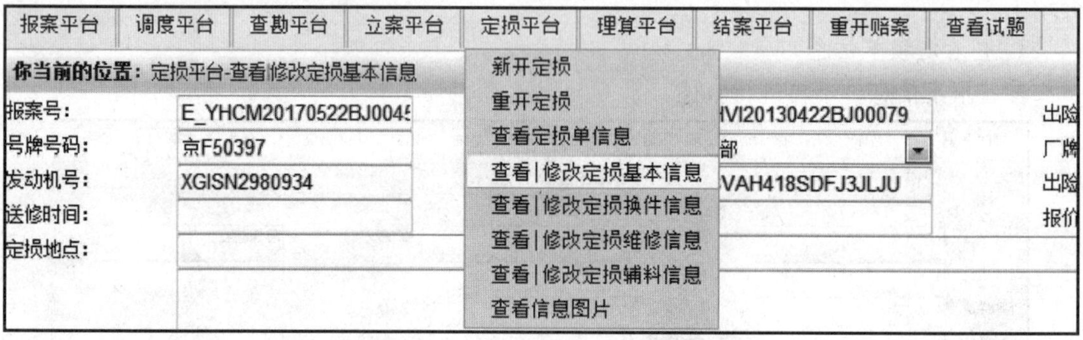

图 5.76　查看|修改定损基本信息

5. 查看|修改定损换件信息

参看报案信息，不再进行叙述。

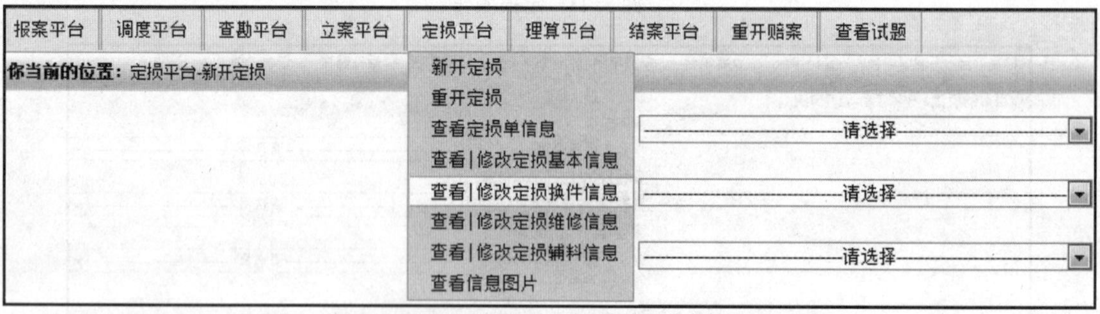

图 5.77　查看|修改定损换件信息

6. 查看|修改定损维修信息

参看报案信息，不再进行叙述。

7. 查看|修改定损辅料信息

参看报案信息，不再进行叙述。

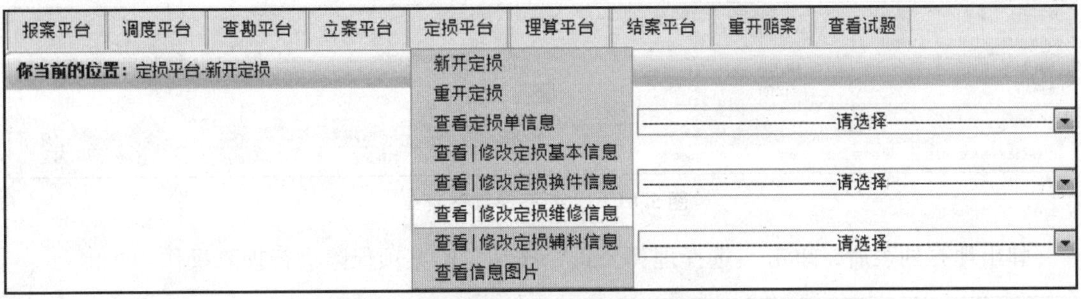

图 5.78　查看 | 修改定损维修信息

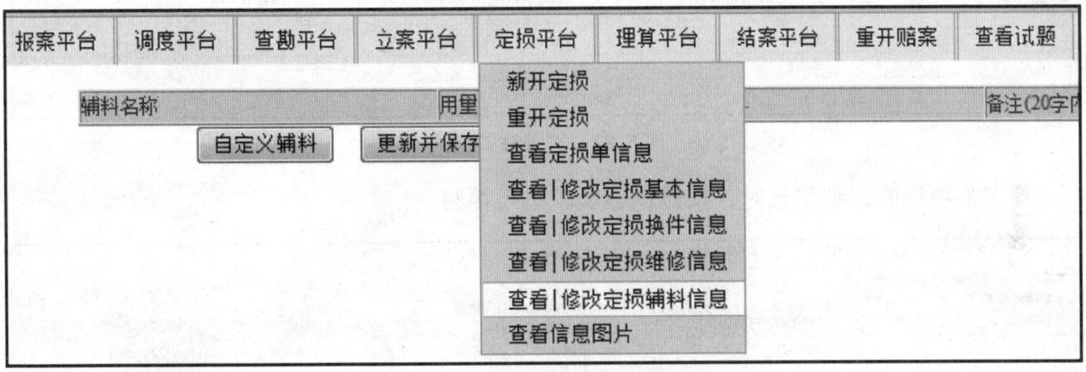

图 5.79　查看 | 修改定损辅料信息

8. 查看信息图片

参看报案信息，不再进行叙述。

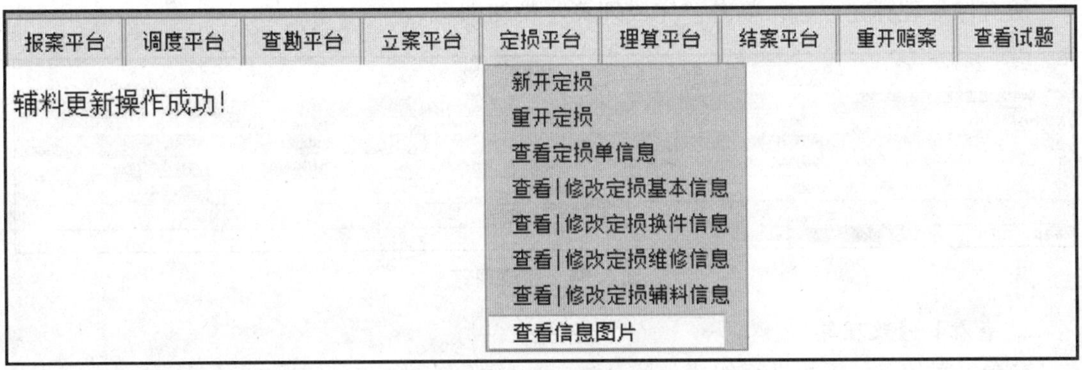

图 5.80　查看信息图片

（八）理算平台（如图 5.81 ~ 图 5.86 所示）

1. 新开理算

单击“理算平台”菜单，选择“新开理算”菜单项，弹出下面窗口，单击“理算”按钮，进入下一步操作。

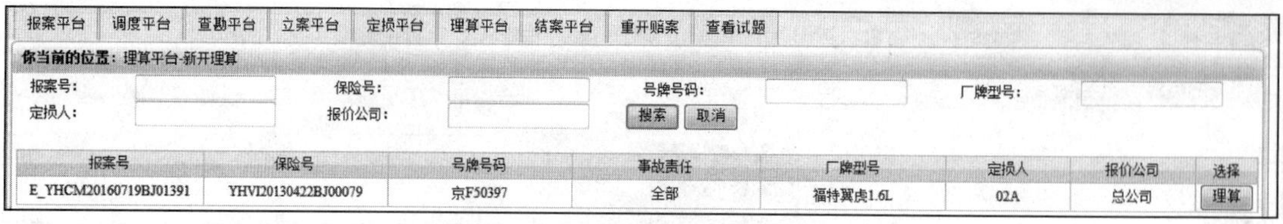

图 5.81　“新开理算”菜单

弹出理算列表后，单击“选择理算公式”按钮，给某项保险进行理算操作。

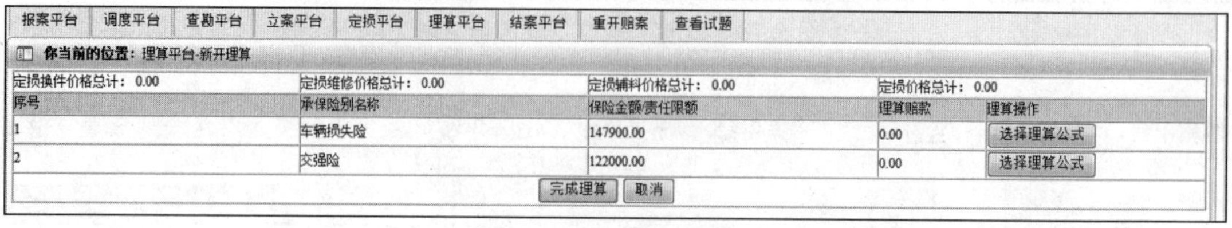

图 5.82　选择理算公式

弹出某项保险详细信息时，按照试题要求进行填写。

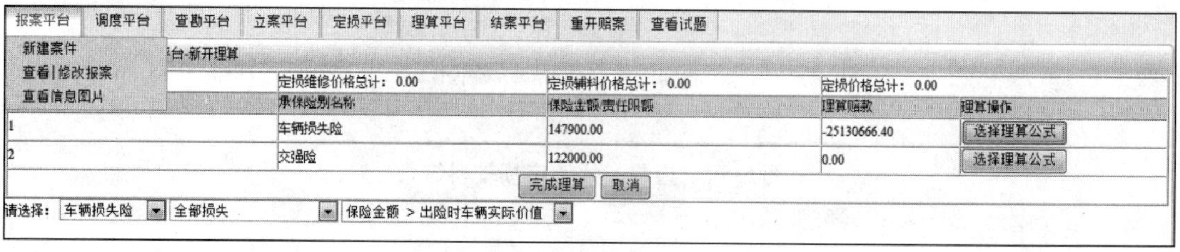

图 5.83　填写信息

所有保险理算完成后，单击“完成理算”按钮即可。

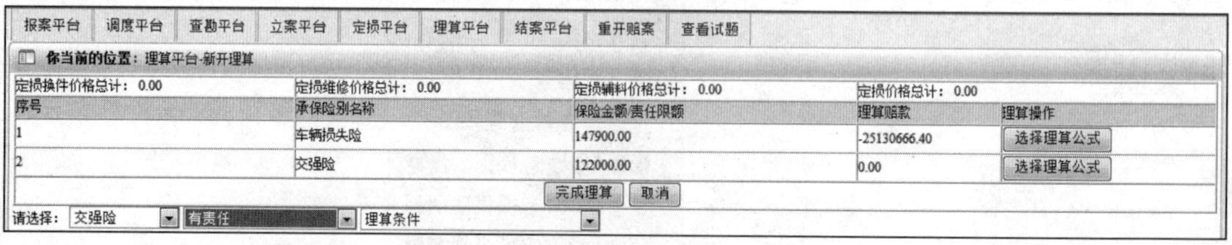

图 5.84　完成理算

2. 查看|修改理算

参看报案信息，不再进行叙述。

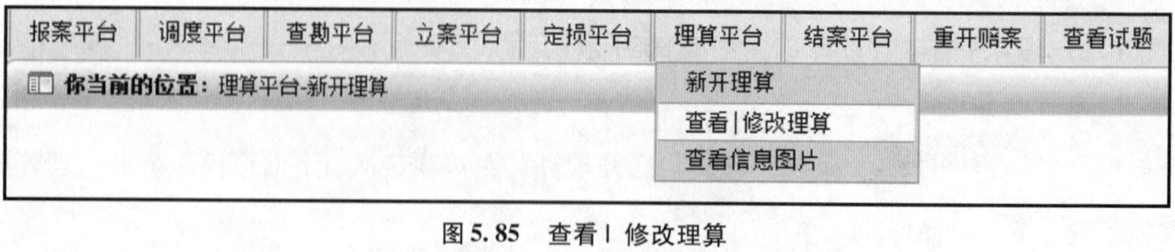

图 5.85　查看|修改理算

3. 查看信息图片

参看报案信息，不再进行叙述。

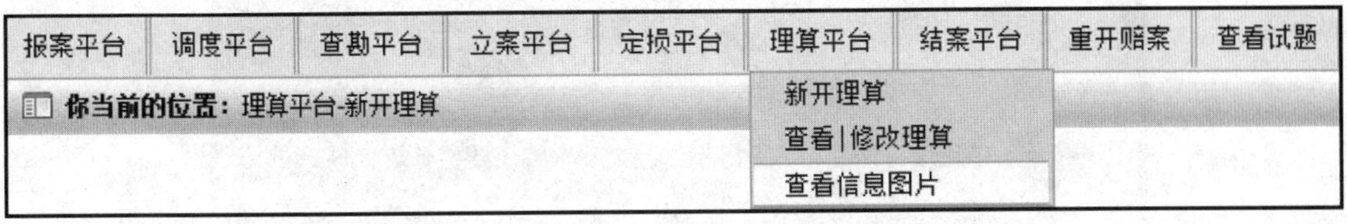

图 5.86　查看信息图片

（九）结案平台（如图 5.87 ~ 图 5.89 所示）

1. 新建结案

理算完成后，即可对本报案单进行结算。

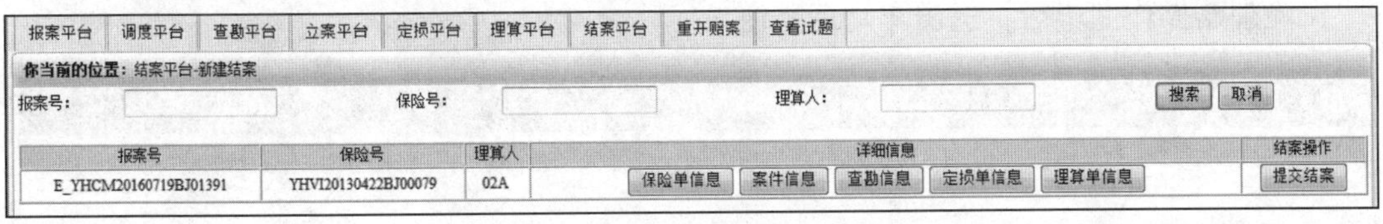

图 5.87　新建结案

2. 查看 | 修改结案

结案完成后，可以对已经结案的信息进行修改或完善。

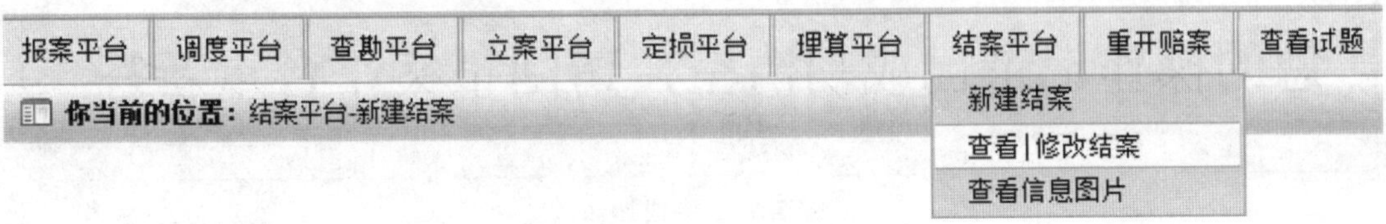

图 5.88　查看 | 修改结案

3. 查看信息图片

参看报案信息，不再进行叙述。

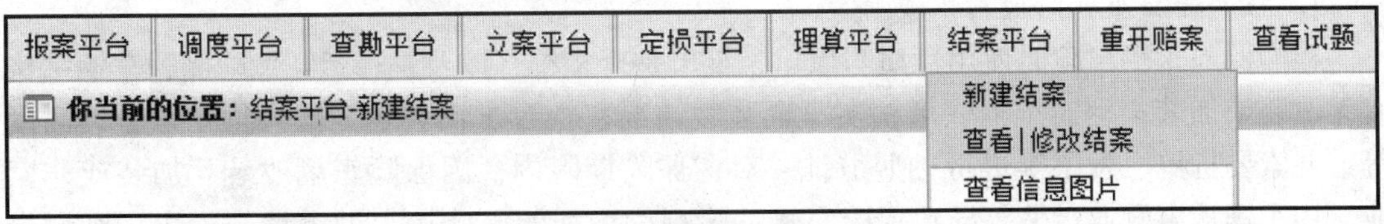

图 5.89　查看信息图片

（十）重开赔案（如图 5.90 ~ 图 5.92 所示）

单击“重开赔案”菜单，弹出提示信息，作废赔案操作，重新进行赔案操作，使用时请慎重考虑。

图 5.90　作废赔案操作

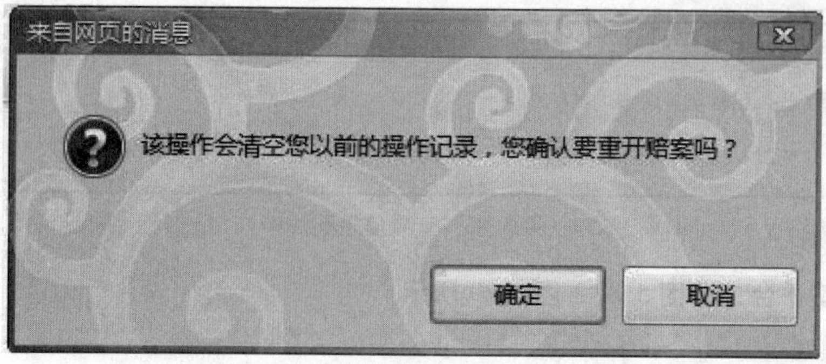

图 5.91　重开赔案

车险理赔操作完毕后，退出车险理赔窗口。

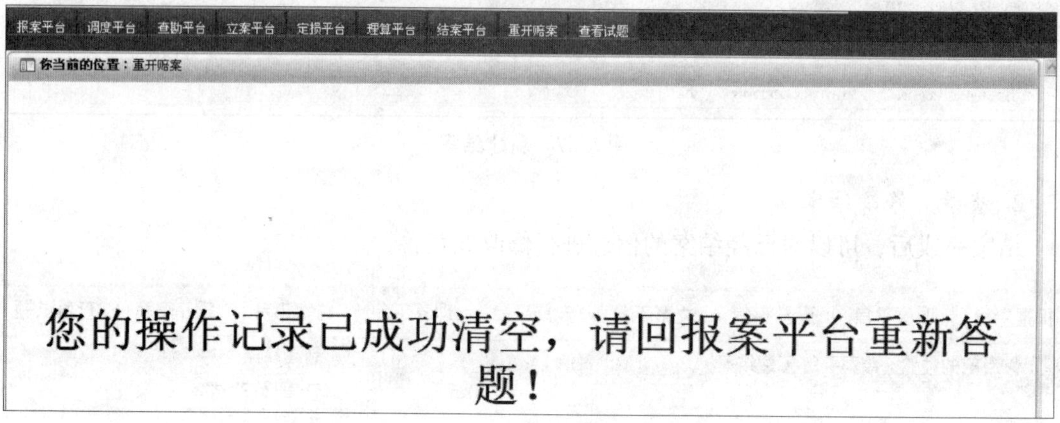

图 5.92　完成操作

六、课外拓展

1. 核实保险车辆的使用性质

核实保险车辆出险时使用性质与保单、批单是否相符，以及是否运载危险品，车辆结构有无改装或加装；运输车辆注意核实车辆装载情况，查看车辆载客人数、货物重量、高度等，并索要货单、发票等进行拍照取证；对在保险期限内，因保险车辆改装、加装或非营业，用车辆从事营业运输等导致保险车辆危险程度增加的，应在“勘查报告”中详细记录并做好取证工作。

2. 分析出险原因，判定事故责任。

根据现场情况，判断分析出险原因，对有疑点的地方要进行核实：如驾驶人员饮酒或无照驾驶、驾驶车辆与驾驶证准驾车型不符、超载等嫌疑时，应要求当事人对事实予以签名并确认；其他情况如吸食或注射毒品、被药物麻醉后使用保险车辆发生事故，在勘察员无法辨别时应向公安交警或相关部门报案，勘察员在现场协同处理；与案情有关的重要情节，都要尽量收集、记录，根据事故现场情况、出险经过，参照《中华人民共和国道路交通安全法》及实施条例、《交通事故处理程序规定》判定事故责任。

3. 估算损失

事故损失情况包括车辆损失含保险车辆和第三者车辆、货物及其他财产的损失、人员伤亡损失，对“事故损失金额”进行认真评估，并将其填写在“查勘记录”中的指定位置，对涉及第三方车辆不止一辆的，需分别按车辆填写。

在现场无法进行施救的货物及其他财产等，应确定损失数量和损失比例；注意查清标的车是否有新车标准配置以外的新增设备并做好记录。

4. 人伤案件的特点及分类

1）特点

赔付金额较高，赔付周期较长，赔付关系复杂，易引起赔偿纠纷。

2）分类

（1）轻伤：指伤势轻微，不需要住院治疗，治疗费用在 2 000 元以内的案件。

（2）中度伤害：指需要住院治疗，住院时间一般为一周以内，治疗费用在 2 000 元以上 10 000 元以下的案件。

（3）重度伤害：伤势较重，有骨折或有脑、内脏、复合性损伤，住院在 3 周左右，治疗费用在 30 000 元以内的案件。

（4）特重伤害：指有多发性复合性外伤，有中、重度昏迷，重度颅脑损伤，造成伤残或人员死亡的，住院时间在 3 周以上，治疗费用在 30 000 元以上的案件。

任务项目六

保险公司业务管理

一、任务描述

1. 张某将其私有捷达车先后向某市 6 家保险公司投保了车辆损失保险，每家保险金额均为 10 万元，而该车的实际价值为 10 万元。后来，张某伙同 6 家保险公司的内部工作人员，策划制造该车因驾驶不慎造成严重碰撞事故，车辆几乎报废，分别从各家保险公司骗取高额保险赔偿金合计达 50 多万元，事后张某与几名保险公司内部人员私分该款。而车辆驾驶人员是张某雇佣的民工，受伤虽然严重，但事先签订协议，以 5 万元完全了结，互不打扰。不久，此事败露，被公安机关立案侦破。请对该案例进行评析。

2. 郭某今年 36 岁，初中文化程度，陕西人，办案机关初步查实，郭某因无力偿还银行贷款，便萌发了报假失窃案骗取保险金来还银行贷款的想法。一天，郭某伙同张某、李某，三人预谋，由郭某、张某二人驾驶“陕 A519RM”东风标致小轿车行驶至西安市曲江新区银泰购物商场，将车停放在该商场门口停车场，而后二人故意离开，由李某到该停车场将该车开走并藏匿，造成汽车失窃的假象。之后郭某和张某二人向西安市公安局曲江新区分局派出所报案，从而骗取了该派出所出具的被盗机动车辆报案表。郭某持被盗机动车辆报案表，从中国平安财产保险股份有限公司西安市分公司骗得保险理赔款 98 179.8 元。

近年来，随着国民经济的高速发展和汽车保有量的急剧增加，汽车保险得到了空前发展。但在快速发展的过程中，也存在着一些问题，如赔付率过高、保险欺诈较多等。据统计，汽车保险欺诈金额占赔付金额的 20% ~30%。过高的保险欺诈金额会直接导致赔付率过高，间接导致汽车保费的提高。因此，汽车保险欺诈对保险公司的经营效益和广大投保人购买保险的成本支出都会造成较大影响。因此，保险欺诈已经成为财产保险业一个巨大的“黑洞”，那么，汽车保险从业人员应该如何预防保险欺诈呢?

二、能力要求

- 了解续保的操作流程；
- 了解保险欺诈的现象、成因；
- 掌握保险欺诈预防的方法；
- 掌握续保的流程和方法，能够熟练运用续保话术开展续保业务；
- 能够正确判断汽车保险欺诈的现象，并进行预防。

三、场所、设备要求

多媒体教室、多媒体教学软件，能够上网的教学平板电脑若干。

四、操作与考核

（一）技能考核

随着社会的不断进步，车辆在现代社会生活中已是不可或缺的交通工具。车辆数量的逐渐增多及大量使用在给社会发展和人们的生活、工作带来方便的同时，也带来了一些安全隐患。保险欺诈时常发生，因此，做好续保业务和加强对保险风险的控制尤为重要。

实践讨论设计方案：

1. 续保话术技巧演练。
2. 如何预防汽车保险欺诈？

（二）理论考核

1. 汽车保险之所以能够吸引保险欺诈分子的注意，是因为保险合同规定：在不发生保险事故时，保险公司只管收取保险费用而没有（　　），当发生保险事故时，保险人需赔偿比保险费（　　）的费用给投保人。

2. 有些投保人企图通过参加汽车保险，以支付保险费的（　　），然后故意（　　）获取保险公司的（　　），从而实现发财的目的。

3. 有关续保的描述正确的是（　　）。

A. 续保时投保人可享受无赔款优待

B. 续保对保险人而言，可减少展业、验车等工作，从而节约成本

C. 为防止续保后至原保险单到期这段时间发生保险责任事故，在续保通知书内应注明“出单前，如有保险责任事故发生，应重新计算保险费；全年无保险责任事故发生，可享受无赔款优待”等字样

D. 以上答案都正确

五、基础理论内容

知识一　续保、客户资料收集与整理

一、续保

汽车保险的期限一般为一年，保险期满后，投保人在同一保险人处重新办理汽车保险的事宜称为续保。

在汽车续保实务中，续保业务一般在原保险到期前的一个月开始办理。为防止续保以后至原保险单到期这段时间发生保险责任事故，在续保通知书内应注明“出单前，如有保险

责任事故发生，应重新计算保险费；全年无保险责任事故发生，可享受无赔款优待”等字样。

在办理续保时，投保人应提供下列单据：

①提供上一年度的机动车辆保险单；

②经交通管理部门核发并检验合格的行驶证和车牌号；

③所需的保险费。（保险金额和保险费需重新确定）

此外，投保人到上一年度机动车辆保险单的出单地点：所属保险公司分公司或支公司办理，代办点不能出单。如果投保车辆在上一年度保险期限内无给款，续保时可享受减收保险费优待，通常情况下，优待金额为本年度续保险种应交保险费的 10%。被保险人投保车辆不止一辆的，无赔款优待分别按车辆计算。一年度投保的车辆损失险、商业第三者责任险、附加险中任何一项发生赔款，续保时均不能享受无赔款优待。不续保者不享受无赔款优待。

上一年度无赔款的机动车辆，如果续保的险种与上一年度不完全相同，无赔款优待则以险种相同的部分为计算基础；如果续保的险种与上年相同，但投保金额不同，无赔款优待则以本年度保险金额对应的应交保险费为计算基础。在 2002 年以前，全国实行统一的保险费率，不论机动车辆连续几年有无事故，无赔款优待一律为应交保险费的 10%。从 2003 年开始，每个公司都有自己的无赔款优待的优惠利率。

二、客户资料收集与整理

能否对客户资料进行有效的收集与整理是衡量保险公司和 4S 店续保能力的重要标准，而续保能力则是保险公司和 4S 店核心竞争力的重要体现。一方面，车险为一年期保险，续保业务是保险公司车险业务稳健发展的基础。近年来，随着我国汽车保有量的激增，各家公司车险整体业务实现了快速增长，同时，续保管理水平滞后，续保率低下、客户忠诚度下滑等问题却也明显阻碍了公司的长期稳健经营，提升车险续保能力已经刻不容缓。另一方面，提升车险续保能力也是保险公司改善经营效益的有效途径。

据测算，维护续保客户所花费的成本是拓展新客户成本的五分之一，通过提高续保业务的占比，能够大幅降低车险经营的成本；同时，续保业务相对于新保、转保业务来讲，保险公司对其风险程度、出险记录能够更加直观、准确地掌握，这样一来，为保险公司选择优质业务，实行差异化费率政策提供了依据，从而提高优质业务的选择能力和整体业务质量，使保险公司车险业务的经营效益得以普遍提升。

客户资料的收集与整理是续保业务的重要组成部分，因为客户资源是保险公司最宝贵的财富源泉，培养忠诚稳定的客户群是公司永续经营的基石，公司如果不注重提高续保能力，不注重提高优质业务续保率，无疑会严重影响到公司保费规模的扩大和经营效益的提升。因此，提升车险续保能力对于保险公司转变发展方式，实现可持续发展，具有重要的现实意义。

（一）影响车险续保的因素

影响车险续保的因素有很多，涉及面广且复杂。

1. 外部因素

1）客户对原来公司的满意度

经过一年甚至多年的投保经历，客户基于对公司品牌、价格、信用、服务等内容的评估，对原投保公司已有一定程度的了解。当然，不同的客户侧重点不同，出过险的客户主要侧重于公司的信用度和理赔服务水平，未出险客户则侧重于公司的品牌知名度与价格水平，这种满意度的高低直接影响客户是否续保的决定。

2）来自其他保险公司的吸引力

在现有市场竞争环境下，其他公司采取怎样的竞争策略和手段，这种策略和手段所展现出来的优势对客户吸引力的大小，也将对客户选择续保还是转保产生一定程度的影响。

2. 内部因素

1）客户信息掌控能力

保险公司对客户信息的全面、真实、准确的掌握是开展续保工作的前提。一些公司对客户信息的掌握缺失，导致续保工作无从下手，甚至与客户联系不上，直接造成客户自然流失。

2）销售渠道掌控能力

保险公司与专（兼）代理公司的合作终止或保险营销员的跳槽，会相应带走一定数量的业务和客户资源，直接造成续保率下降。因此，保险公司强有力的销售渠道掌控能力对于稳定和提升续保率至关重要。

3）核保政策掌控能力

续保过程中是否能够科学、灵活地掌握核保政策，提供差异化、有竞争力的费率价格，也是影响客户是否续保的重要因素。

4）续保管理水平

主要包括公司对续保工作的重视程度、是否建立了续保机制、考核措施是否到位等内容，这些是保险公司续保能力的直接体现，也是影响车险续保率的关键因素。

（二）提高优质业务续保率的途径

优质业务续保率的高低是体现保险公司续保能力的最终指标，从当前我国车险业发展现状和趋势上看，应该主要从以下几个途径入手：

1. 延伸车险服务链条

从原有的买车险产品向提供全方位、全流程的保险保障和服务转变，建立全方位服务格局，培养客户忠诚度。

（1）要充分研究客户需求，不断创新服务思路，根据客户需求有针对性地推出服务举措。

（2）探索车友俱乐部模式，利用俱乐部平台，使客户能够在入会后得到包括保险投保、理赔在内的全方位服务。在增值服务上，建立特约商网络，整合公司的客户资源，达到互赢共生的局面，通过特约商推出“紧急救援”“免费施救”“代办车辆过户、年检”以及“商家优惠”等服务内容，组织会员参与各类文体活动，提升会员依赖感，从而达到培育忠诚度的效果。

（3）特别关注针对未出险客户的服务。未出险客户一般为优质客户，其在保险期限内没有获得保险理赔，这类客户往往有一种“交钱后没有得到任何服务”的想法。当前，大多数保险公司往往采取下年上保险时的“无赔款优惠”政策留住这类客户，但是优惠不等于服务。这类优质客户群体需要得到保险公司的特殊关注，保险公司应研究如何通过扩展服务、增值服务、创新服务，提高这一客户群体的满意度，这在提高优质业务续保率中是至关重要的。

2. 落实差异化的费率政策

在当前车险市场竞争激烈的环境下，价格仍然是最重要的因素之一。保险公司应该建立更加科学灵活的定价机制，依托强大的数据分析平台，掌握每一笔业务的质量和风险程度，根据不同的业务质量确定不同的费率或折扣率，使出险率低、风险小的优质客户真正能够最大限度地得到优惠，这是留住优质客户的最有效手段。

3. 提高渠道和客户掌控能力

客户的转保往往是由于专（兼）业代理机构改变合作保险公司，或者营销员跳槽造成的。这就要求保险公司一方面提高渠道掌控能力，具备长期战略眼光和规划能力，通过签订长期合同等方式，与代理机构建立长期稳定的合作关系；另一方面，大力发展电话营销、网销、柜台销售等，减少对代理机构和代理营销员的依赖程度。同时，要充分运用 CRM 系统，做好客户关系管理，加强客户信息的收集和分析整理工作，及时、准确、全面地掌握客户基本信息。建立转化机制，完善相关政策，逐步将营销员个人客户转变为公司客户，提高客户掌控能力。

4. 建立续保管理体系

保险公司提高车险优质业务续保率，最根本的一点，就是要建立完善的续保管理体系，全面推动公司的续保工作。

（1）要具备强大的数据分析能力，对庞大的续保数据进行细分，分类标准依据业务质量、渠道来源、费率政策，根据不同的续保类别确定采取不同的续保策略。

（2）保障续保工作机构人员到位。在保险公司各级机构建（设）立专门的续保部门或岗位，安排专人负责策略的选择、与客户的联系、续保手续的办理等，为续保工作提供人力资源和组织保障。

（3）建立信息技术平台，利用先进的信息技术手段，进行客户细分、价格厘定、短信续保提示等，为续保业务提供技术支持。

（4）完善续保考核机制，将优质业务续保率直接纳入保险公司各级机构业绩考核体系，实施严格的奖励和处罚措施，提高基层业务人员续保工作的积极性。

（5）建立续保工作全流程控制机制，对整个续保流程进行监控、督导，针对不同业务种类制定相应的续保指标，推动整体续保工作顺利开展。

三、续保推广技巧及话术

（一）关于险种推荐话术

1. 推荐汽车延长保修服务

汽车延长保修服务是本公司向优质客户隆重推出的一种增值服务，是对车辆保修期的一种延长。任何物品总有使用寿命，汽车是机械和电子集合体，再好的汽车也不能保证不发生故障，延长保修期是对您的车辆的一个保障，谁也不能预测在原厂保修期过后，爱车是否会出现什么故障，就好比人一样，身体健康的人也难免会生病，同样，质量再好的车也可能会出现问题，每一个人的用车习惯和使用环境都可能会影响车况。我们现在要做的就是预防工作，用相对小额的延保费用，降低原厂保修期后的维修费用。购买延保服务还可增加您的爱车保值率。您看要不现在就为您设计延保方案？

2. 推荐商业第三者责任险

××先生/女士，我非常了解您希望保障全面并且能节省保费的心情，国家推出的强制保险只是保障了车主最基本的需求，保监会调整后保额总计才 12.2 万元，除了死亡伤残，最高赔付 11 万元，医疗和财产损失都只有 1 万元和 2 000 元的限额，对于财产损失的赔付限额没有调整。据统计，车险事故中 95% 以上的都是财产损失事故，大多数都是两车碰撞，每次事故少则上千元，多则几万元，交强险在这部分的赔付限额最高只是 2 000 元，只能够赔××配件（如一个保险杠），所以只保交强险，是远远不够的，需要商业第三者险来补充，使保险更为充分，为您加保××万的第三者险只需要×××元，您看可以吗？

3. 推荐车辆损失险

××先生/女士，我们也知道，车子是个贵重物品，而且汽车保险是高出险率险种，目前我们统计到的 20××年全国车险出险率为××%。现在的车辆基本都用高级珠光油漆，即使一个小小的碰撞事故，就要上千上万的修理费，我现在给您计算下来，您的爱车如果投保车损险，只要×××元，每天的保费相当于 1 杯咖啡（或其他日常消费品）的价格，您看要不现在就帮您保上？

4. 推荐全车盗抢险

毕竟汽车是个贵重物品，不像其他的小物件，万一被偷盗，我是说万一，仅仅假设，希望您不要介意，这种情况下咱们自己损失的钱，可能需要辛苦工作好几年才能换回来，不过现在要是加上这么一个保障，只需要几百元，每天也就多花一元钱，就能享受几万甚至几十万的保障，而且绝大部分车主都会选择这个基本险，您看呢？

5. 推荐车上人员责任险

××先生/女士，我们也知道，车子是一个贵重物品，相信您也同意，比起车子来，人才是最珍贵的，现在的车子保障都有了，这边帮您再保一个车上人员责任险，是保车主自己人的，只需要××元就能享受到每座一万共 5 座的保障，现在就帮您保上？

客户告知他已经买意外险了，觉得这个险种没有必要买。

应对话术：

其实，××先生/女士，相信您平时也会开车载着您的家人或者朋友出游，那么不一定所有的人都购买了意外险，而车上人员责任险保费非常优惠，只要××元就能享受 1 万元的保障，而且您还可以选择座位投保，只投保司机座位也是可以的，额度也可以自行选择，那么这个座位无论谁坐都能得到保障，花小钱买平安，何乐而不为呢？

6. 推荐油漆单独损失险

××先生/女士，相信您身边有很多朋友有过这样的经历，就是开车时剐蹭到路边的障碍或者其他东西，或者被其他的车辆不小心蹭到，还有就是现在经常会有一些人在小区里故意用尖锐器件去剐停在路边的车辆，碰上这样的情况，如果自己去维修厂补漆的话，由于现在都采用的是比较高档的上光漆，费用动辄上千，由自己负担就很不划算，现在您只要投保了我们的油漆单独损伤险，就可以用一年几百元的保费享受高达××××元的费用赔付，您看要不要给您也加保一下？

7. 推荐玻璃单独破碎险

挡风玻璃破碎的事故经常发生，可能您或者您的朋友都碰到过被前面车辆飞起的石子砸到的现象，这很容易引起玻璃爆裂或破碎，如果不及时更换，不但会影响外观，更重要的是加大了安全隐患，平时咱们自己去换一块挡风玻璃也要好几百元。现在如果您投保玻璃险的话，只要××元钱，而且您可能也听说了，现在的小偷胆子越来越大，很多盗抢者都会用砸玻璃的方式去获取车内的财物，像这种情况也属于我们的赔付范围，挡风玻璃很贵的，咱们这个玻璃险花钱不多，您看就帮您办理了吧。

8. 推荐不计免赔险

我建议您还是投保此险种，因为各个险种都有一定比例的自负部分，投保此险种后，原本由您自己承担的那部分责任，就由保险公司为您承担了。

（二）应对客户异议或质疑的应对话术

【客户】 您是怎么知道我的信息的？

【应对】 ××先生/女士，因为您××××年在我店购车/或投保的，所以我们知道您的信息，您的信息在我们公司内部是绝对保密的，因为您的保险即将到期，所以这次联系您，是希望在您爱车的保险到期前继续提供我们的关怀和服务。

【客户】 我现在在开会/开车，没空！（或者类似措辞）

【应对】 ××先生/女士，很不好意思打扰您/那您先安全驾驶，您看我换个时间跟你联系好吗？比如明天这个时候。

【客户】 不好，没空！/好的。

【应对】 ××先生/女士，不好意思，打扰您啦，祝您……

好的，××先生/女士，那我明天再跟您联系，为了方便您，等一下我会发个短信给您，里面有我的联系方式，希望不会影响到您。多谢！

客户说开车或开会的，保险员应仔细辨听一下客户周围动静，如客户是在找推托之词，应对话术需转变为：

当然，如果您现在不方便，我们可以改约时间，但是我们最近有一个续保优惠活动，××日结束，如果错过就比较可惜了！我只需要耽误您2～3分钟的时间，为您算个优惠的价格，您看您的车今年准备保哪些险种呢？

同时解释通过不同渠道投保的优势：比如“有专人一对一贴心服务，可以为车主的理赔提供最大的便利，享受100%原厂纯正零配件修复”；“在我这里投保，可以享受最大的折扣优惠，投保商业险还可以获赠三重大礼包”。

【客户】 还没到期呢，到期再说！

【应对】 当然，到期再买固然是好，但是保险一旦脱保了，所带来的危险性可就很大了，别的不说，就像国家规定的交强险，一旦脱保，保费高了不说，上路行驶还有可能被交警罚款，这样岂不是很不划算，而且我相信，比如您买飞机票、火车票，肯定是提前就买好的对吧？而且现在快到（选择最近的节日）了，针对××节日前后保险到期的客户，我们有很多××活动，这个时间投保就能为您省下很多的费用，那您看您今年准备办全面型保险还是保障型保险？

在劝说客户续保的过程中，尽量让客户作选择题，而非判断题。

【客户】 我上次出了一次险，你们的理赔服务很差……/……（对理赔或者服务不满意之类的抱怨），不想在你们这里投保了！

【应对】 ××先生/女士，您的心情我们可以理解，对您在上次的理赔中我们的服务给您带来的麻烦，在这里我表示非常抱歉！为了避免下次再出现这样的情况，我能否问一下您上次的具体情况？

【客户】 ……上次理赔具体经过与不满是……

如果是客户本人失误，可以委婉指引客户以后按正确的服务流程办，以避免出现失误导致拒赔或者免赔，如果确定是不好解答的，要进行书面记录，了解清楚情况后，再次联系客户。对情节严重的，应转达上级主管。

【客户】 你们那个免赔条款什么的，太不合理了，保费那么贵，还不能全赔？/我上次投保了你们的那个免赔条款，但是……没有给我全额赔付……（对免赔特约有疑问或者不满的叙述）

【应对】 ××先生/女士，这样的，这个免赔特约，不是单单从字面上来了解它的内容的，其实并不是100%的全赔，免赔的具体保障范围是这样的……

向客户坦言全世界没有“全赔”的保险，解释所谓全保的含义，引导客户正确认识保险的作用和意义。

【客户】 我回头和家人再商量一下！/我再考虑一下。

【应对】 当然，我了解您的想法，车险也是一个很重要的事情，回头和家人商量或者再考虑一下都是应该的。但是与其商量还不如现在就保上，这么优惠的价格，而且还有这样好的后续服务，相信您的家人也一定很乐意您在这里办理的。早办迟办都是办，您看要不就这两天给您保上吧？

【客户】 我开车从没出过事，只买一份交强险就行了！

【应对】 交强险赔付财产损失只有2 000元限额，而且只能赔第三者。这保障非常小，就好比开长途没带备胎，或者同一层楼的邻居都有防盗铁门，而您家里只是一扇木门，不一定会有事，却天天都没有更踏实的安全感。而我们会为您设计一份经济实惠的商业车险计划，加上我们的品牌服务，您将不会有后顾之忧了。每年夏季的雨水季节，没有购买相应商业险的车主都有不同程度的损失。

【客户】 你们的价格太高了/××保险才×××元呢，你们高了这么多！

【应对】 当然，相信您经常购物也知道，在不同的时间购买同样的物品，价格是不一样的，而且即使是同一样商品，不同的品牌，价格也是不一样的，可能××保险/××4S店也跟您联系并报过价了，或他们的报价确实不高，但是我们这边今年给您承保的是……而且有很多续保优惠活动……我们做车险，与外面业务员代理和电话销售的低端产品比较起来，服务内容和质量有本质的区别，我们提供保险全程专业服务，为您节省的时间和带来的价值可不止几百元，对于您这样的高端客户，没有保障的保险产品是没有意义的，我们也绝不做对客户不负责的事，和那些电话销售业务员甚至电话诈骗比起来，我们××保险公司（4S店）的实力和诚信度应能让您更放心啦！相信您买保险一定是买的一年的服务，而绝非保单的几页纸而已，您说呢？

【客户】 都是××保险公司的，我那个朋友的报价低好多！

【应对】 有这个可能，新车保险我们与××保险公司外面的保费差别大约300元。主要是××保险公司是个多渠道经营的大公司，其他保险销售渠道没有像我们这样的渠道有维修理赔的一站式服务优势，所以价格可能会略有差别。有数据显示，4S店渠道的赔付率比其他渠道高10%，足以表明我们可以为客户提供的服务更全面。您如此努力地工作，有了今天的成就，为何不让自己享受更周全的保障和更周到的服务呢？

【客户】　外面的保费相差不止一点呢！差600元……

【应对】　作为您的保险顾问/服务顾问，我能不能看一下您的报价表？通常差别这么大，主要是因为提供给您的保险内容打了折扣（而未向您明确告知）。花这么多钱只能交给您两张纸，看不见摸不着，这种保险有很多玄机的，还有些保险销售机构对您这类车型的核保政策了解并不专业（更未让您知晓这些政策规定），按最低的价格先让您上门，出单时再让您重新计算实际保费。

【客户】　我有个朋友/亲戚在××保险公司里，我今年考虑去买那边的保险/我打算今年投保××保险的。

【应对】　××先生/女士，您的想法我非常理解，相信您的朋友/亲戚也给您介绍他们公司的保险产品，不过我相信他们能给您的很多保险服务我们这里也一样可以提供给您，同时因为您是我们公司优质续保客户，您不但可以享受优惠的价格，还可以同时享受我们提供的特色增值优惠，比如可以获得……而且您也知道，保险不是因为人情或者交际而加入的，如果只是因为关系非常亲密，到时想说的事又不能说，那么在处理事故时就很不利了。您看您还有什么值得考虑的呢？

【客户】　我的保险一直是在××保险公司做保险代理的朋友处买的，我很放心。

【应对】　没关系，您对××公司这么有信心，我有信心您将来也会对我们有信心的。我们公司与××保险公司合作××年，合作深度非常深。光保费一年就超过800万，我们每年代理的××保险的案件超过1 000多件，我们处理案件的专业程序和我们公司与××保险的关系远胜过任何一名个人代理人，这点请您相信，而且我们公司是××保险公司指定远程定损点（暂不是，可不说）……现在的保险理赔不像以前，越来越规范化运作了，不是专业的人员还真无法将您的损失降到最低，我们的专业服务能满足现有客户的保险服务需要。

【客户】　我不在你们公司买保险，但我还是会在你们这里做车辆维修养护的。

【应对】　感谢您对我们的信任，但那样的话，您的保单就会成为一份“散单”，保险公司有硬性规定，“各店销售的保单客户必须指引回各店维修”，但“散户”就不一样了，具体就是您这辆车如发生事故面临维修，代理厂会不确定。

（三）开展高效的续保工作的意义

（1）通过开展客户续保业务与续保回馈优惠，让客户与公司再次建立关系。

（2）续保工作的开展，既是提升客户满意度的关键；也是对客户资源充分有效的利用。

（3）保险收益（特别是资源互换积累的车辆维修份额）作为售后衍生收益的重要组成部分，通过续保深层挖掘是非常必要的，是对公司客户资源消费潜力的有效整合。

（4）通过与售后绑定的续保相关绩效提成奖励政策，在促进续保工作顺利开展的同时，最重要的是减少客户流失率，甚至促进增加一大批售后忠诚老客户。

知识二　汽车保险欺诈的预防

一、保险欺诈定义

保险欺诈是指投保人、被保险人或受益人以骗取保险金为目的，以虚构保险标的、编造保险事故或保险事故发生原因、夸大损失程度等手段，致使保险人陷于错误认识而向其支付保险金的行为。

二、保险欺诈现状

保险欺诈几乎同保险业本身一样古老。在美国，保险欺诈是白领阶层犯罪比例最高的犯罪领域。据美国保险信息学院估计，2002 年，保险赔款总支出的 10% ~20% 落到了骗赔者的手中，财产保险发生的欺诈使保险人损失了 310 亿美元，各种各样的保险欺诈总金额估计每年为 850 亿 ~1200 亿美元。美国保险犯罪局估计，保险欺诈使每个家庭年均增加 200 ~300 美元保费。

近年来，随着保险业的蓬勃发展，保险欺诈趋势逐步扩大，因欺诈而导致的支出占总赔款的比例不断攀升。在西方，因欺诈而导致的赔款支出，最高可达保费收入的 50%。

在我国，由于市场经济的逐步建立，保险业务发展很快，而车险业务的发展更快。2006 年，我国车险保费收入 1 107.87 亿元，占财产险公司总业务的 70%，稳居财产险第一大险种。但是，各家保险公司在抢占车险市场的同时，也被各式各样的车险骗赔行为所困扰。20 世纪 80 年代末期，诈骗犯罪中涉及保险欺诈的仅占 2% 左右；1994 年为 6%；2000 年为 9%，2004 年则上升到 12%。这里的 12%，还是个非常保守的数字，因为它不包括骗赔成功、尚未发现的那部分；也不包括保险公司存疑，但因缺少过硬证据，其拒赔主张未被司法部门采纳的那一部分。这两部分之和究竟有多少，谁也说不清楚，但数量肯定超过已经公开的部分。

据统计，车险赔付率只有控制在 60% 以内，保险公司的经营才能盈利或保本。而实际上目前我国的车险业务却出现大面积的亏损，部分省份的车险综合赔付率高达 73%。与其他保险诈骗相比，车险骗赔具有金额小、数量多、随机性大的特征，更难被发现。

三、汽车保险欺诈的影响

由于保险欺诈现象的存在，保险业不得不将其作为一种不可避免的风险因素而接受，在经营过程中进行种种必要的规避。

开发新险种时要考虑道德风险的因素。对于一些市场急需的险种，由于畏惧保险欺诈，在尚未找到行之有效的防范措施之前，不敢贸然推出。计算保险费时，迫不得已地要将保险欺诈考虑在内，这不但增加了投保人的负担，也给保险业的正常经营增加了难度，从而给保险业的健康发展造成了负面影响。

理赔人员在理赔时如临大敌，整日为识别案件的真伪而奔忙，导致查勘费用大幅度增加。“投保容易理赔难”的说法有一部分来源于因保险欺诈而引起的保险公司拒赔案件，其他被保险人员不明缘由，受到舆论的影响而得出了这样一个片面的结论。这给保险公司的经营声誉造成了巨大的无形损害，影响了下一步的继续发展。

车险骗赔不仅增加了保险公司的经营风险，也对投保人的保险权益造成了极大损害。

四、汽车保险欺诈的形成原因

汽车保险欺诈的产生原因是多方面的，不仅有投保人、被保险人和受益人方面的，也有保险公司和社会方面的。

诚信的缺失固然是骗赔行为产生的社会根源，但保险公司的粗放经营、反欺诈手段的落后和追罚不力，也使骗赔者拥有了“低成本的巨大伤害力”。

（一）社会原因

1. 整个社会尚缺乏诚信体系和健全的监控机制

在一些人看来，投保人、被保险人或受益人欺骗保险公司是一种可以原谅的过错，并不是什么违法行为。

这种社会评价，无疑为汽车保险的欺诈活动起了推波助澜的负面影响。由于失去了社会公众的监督和有效的道德谴责，致使保险欺诈者在实施欺诈行为时，往往有恃无恐。不少恶意的骗保者得逞以后，保险公司就很难再找到他。如果在一个信用社会，骗保事实一经确认，当事人的信用就会留下不良记录，这就在某种程度上减少了保险欺诈行为的发生。

2. 法律环境的影响

在现行的部分司法判例中，出于保护被保险人的考虑，选择了有利于被保险人的证据，驳回了保险公司的拒赔主张，使那些保户得到了本无权得到的赔偿。

（二）投保人原因

汽车保险之所以能够吸引保险欺诈分子的注意，是因为保险合同规定：在不发生保险事故时，保险公司只管收取保险费而没有赔偿义务；当发生保险事故时，保险人需赔偿比保险费高得多的费用给投保人。在高额赔偿的诱惑下，就导致某些缺乏道德以及为种种原因需要而摆脱困境的人把欺诈转移到了汽车保险业，通过铤而走险的方式来获取额外利益。

（1）某些投保人或被保险人法制观念淡薄。他们对保险法规不熟悉，分不清罪与非罪的界限，认为即使诈骗行为被识破，充其量不过是被保险公司拒赔而已；他们守法意识不强，自以为骗赔手段诡秘，可以瞒天过海。

（2）有些投保人企图通过参加汽车保险，以支付保险费的较小代价，然后故意制造事故获取保险公司的高额赔偿，从而实现发财的目的。这类投保人的投保动机和欺诈动机相一致，即从投保时起，就蓄意欺诈，保险合同成立后，就会积极谋划实施欺诈行为。

（3）有些投保人原来并没有利用汽车保险进行欺诈的念头，只是由于某种偶然因素的诱发，比如他人提醒，才产生了欺诈的念头，所以这类投保人若无偶然因素干扰，其保险欺诈行为不会产生。

（三）保险公司原因

（1）对如何有效防止保险欺诈重视不够，目前还没有几个公司专门设立反欺诈机构。

（2）保险业信息交流不畅。很多保险公司视对方为竞争对手，很少互相通报骗保、骗赔信息，这使一些居心不良的欺诈分子的欺诈行为屡屡得逞。一些保险公司被诈骗后，为顾及自己的信誉和影响，往往采取不张扬的做法，这也使保险欺诈者更加有恃无恐。

（3）承保程序不科学。例如，为了所谓的减少查勘成本，允许汽车修理厂代为索赔，诱发汽车修理厂二次碰撞；发生事故后，保险公司不派员工去现场查勘，而是等车辆修好之后，凭发票予以赔付；确定赔付金额时，往往以有关单位的证明作为唯一依据，而有些证明可能与事实不符。所以，不科学的理赔程序客观上为保险欺诈打开了方便之门。

（4）保险公司对某些已经识破了的欺诈行为处理过松，往往仅满足于追回被骗取的保险金或不承担赔偿责任，而不愿追究他们相关的法律责任，助长了保险欺诈行为的再次发生。

(5) 理赔人员素质偏低，把握不住理赔关，给欺诈者以可乘之机，甚至有些理赔人员经不住金钱的诱惑，同欺诈者内外勾结，共同骗取保险金。

五、汽车保险欺诈的主要表现形式

在汽车骗保案中，不法分子经常采取的手段有：编造事故、编造原因、制造事故、扩大损失、重复索赔、故意碰撞、联合骗保、更换劣件、酒后换驾等。其中扩大损失和重复索赔最为常见。在众多的车险骗赔者中，主要是修理厂和保险代理人。他们利用客户委托其索赔的机会，在修理过程中“偷梁换柱”，向保险公司索要高额保险赔偿金赚取差价的行为尤为严重，这种行为约占全部骗赔案件的1/3。

（一）虚假告知，不够诚信

根据保险的最大诚信原则，如实告知是投保人必须履行的义务之一，包括与保险标的有关的所有有利与不利的事实，以便保险人确定是否承保该标的以及保费、保险金额的高低。

有的保户出于某种目的或期望，在较低的缴费水平上获得较高的保障程度，往往采取虚报、漏报、错报、高报等手段，提供假的证明材料欺骗保险人，使不具备投保资格的标的车混入了被保险的行列；在使用过程中，扩大了保险损失的发生概率，使客户交纳的保险费与保险公司承担的保险责任不相符，增加了保险公司的经营风险。甚至有的客户会为在脱保期已经丢失了的汽车投保，等保险合同生效后，再以标的物丢失为由提出索赔。

（二）出险在先，投保在后

汽车出险时尚未投保，出险后才予以投保，然后伪装成在合同期内出的险，以达到获取汽车保险赔款的目的。

实施“先险后保”欺诈手段时，一般采用伪造出险日期或保险日期的手法。伪造出险日期时，一般是通过社会关系，由有关单位出具假证明，或伪造、编造事故证明，待投保后方按正常程序向保险人报案索赔，对于这类案件，保险人即使派人去现场复勘，若不深入调查，也很难察觉。伪造保险日期时，一般是串通保险公司签单人员，内外勾结，利用“倒签单”手法，把起保日期提前至出险日期之前，瞒天过海，浑水摸鱼。有的车辆在保险到期脱保后，要求保险人按上年保单终止日续保，也可能属于此类欺诈。

无论采取何种手段，“先险后保”案件有个明显的特点，即投保时间与报案时间非常接近，因此，对这两个时间比较接近的案件务必严查。

“先险后保”欺诈手段比较简单，虽然经常发生，但只要保险公司严格承保手续，及时进行查勘，是完全能够防止的。

（三）改变用途，出险索赔

汽车保险与其他财产保险一样，保险的交纳标准是与标的物的风险程度以及保障程度相对应的。在同等保障程度下，越是风险程度高的标的物，所对应的保费标准也就越高。

个别客户的汽车，起初是按照非营运属性投保的。但在经过一段时间之后，却改变了汽车的用途，开始从事营运。由于这一改变增大了汽车的使用风险，应该及时告知保险公司并按照营运汽车的保费标准予以追加，但部分保户基于不想增加保费标准的考虑，没有将这一变化及时告知保险公司。根据规定，假如车辆被车主擅自改变了用途，一旦出险，保险公司是可以拒赔的。

（四）无中生有，谎报出险

这是指投保人、被保险人或受益人在保险期限内对并未发生的损失向保险公司提出索赔的行为。被保险人通过制造虚假事件、更换报废零部件、单方事故后再重新伪造双方事故、使用本不属于保险索赔范围但事后制造事故骗取修理金等手段实施欺诈。

为了取得保险公司的信任，造假往往会采取唆使、收买他人提供虚假证明、资料或其他证据、伪造或变造修理发票、伪造证明、篡改事故责任认定书等不法手段。

（五）编造原因，隐瞒真相

事故发生后，对于所造成的经济损失，依据保险合同，或者属于免责范围，或者需要车主本人承担较高的比率。于是，被保险人就想方设法地编造事故原因、隐瞒事故真相，以此来欺骗交警、欺骗保险公司的查勘人员。为达到此目的，他们往往采取欺骗手段骗取警方的事故责任认定书，或者篡改警方出具的事故责任认定书，或者伪造警方的事故责任认定书等。

（六）报案不实，夸大损失

这种现象是指出险汽车的真实损失很小，被保险人却故意夸大损失程度或损失项目，以小抵大，骗取赔款。假如是被保险人在保险事故发生后，通过制造伪证、虚报损失等手段来夸大损失、企图获取较高赔付金额的，由于欺诈手段比较低劣，很容易被保险公司发现。

（七）二次撞击，扩大损失

扩大损失是指保险事故发生后，保户为了获得高额的保险赔偿，放任损失的继续扩大，甚至故意扩大标的的损失程度。

1. 扩大损失的基本形式

一般来说，车主、汽车修理厂通过扩大损失骗保的比例约为3：7，大多数修理厂都是背着车主对受损车辆“动手脚”的，因他们担心车主无法接受自己的车子被故意再次撞击，加重损伤。

1）保户自身扩大的损失

保户的汽车确实发生了碰撞，但基于种种考虑，在向保险公司最终报案时，事故车却有可能被扩大了损失。这些原因主要有：

（1）汽车的碰撞程度偏轻，不值得索赔，车主自行决定或在修理厂的建议下进行二次碰撞。

（2）由于保险条款将一些特定损坏规定为责任免除，被保险人为获取赔款，故意造成保险责任范围内的事故，把不应赔偿行为造成的损失，通过再次的故意造险进行掩盖，使其变成应该赔偿的责任事故。如停放在家属院中的汽车，左侧前照灯出现了不明原因的损坏，保险公司是不予赔偿的，为了获得保险公司的赔偿，驾驶员故意开车撞墙，导致保险杠左侧、左侧前照灯、角灯等一起损坏，报案者谎称是自己开车时不小心撞上的，保险公司如不能识别其诈骗企图并拿到诈骗证据，则很容易从车损险中给予赔偿。

（3）发生交通事故后，双方已经“私了”，无责方拿到了对方的赔款，但又不想再拿出钱来修车，便通过再碰撞的方式制造假现场，让保险公司赔偿。

（4）有时发生的交通事故责任明确，双方也达成了“私了”意见，但保险公司却不认可。车主在气恼之下，便故意再撞一次，然后谎称是不小心撞的。

其实，如果所发生的交通事故，损失较小且责任明确，保险公司可以给车主签订快速处理协议，这样被保险车辆通常都能拿到赔偿金。如果交通事故责任模糊，双方损失又都很严重，车主提供的资料跟事故现场又不太相符，车主就必须提供相应的证明材料（如交通事故证明等）。因此，如果两辆车追尾或轻微擦碰，不一定非要有交警到现场，只要事实认定比较清楚，双方在承认事故责任的情况下，去交通队开具证明就可以了。有了交通队的责任认定书，保险公司一样会赔偿车主的损失。

2）车主与修理厂联手

车主与修理厂联手，共同扩大事故损失，车主获得了免费维修，修理厂获得了维修利润。

3）修理厂擅自扩大的损失

车主将车送到修理厂去保养、维修，不法经营业户设法留下车主的身份证、行驶证、保险单等，等车主走后，将车再次碰撞，扩大损失，然后向保险公司代为索赔，以期获取高额的维修利润。

骗保案之所以频繁发生在修理厂，主要原因就是修车利润增多的诱惑。假如两辆车只是轻微擦了一下，到了修理厂，就有可能被加大损失部位，修理费自然也就相应增加了。对于修理厂来说，车辆损失的部位越大，他所获得的利润也就越高。

汽车维修的利润主要有两部分：一是工时费（通常可以达到25%左右）；二是材料管理费。修理厂承接事故车时，既可以向保险公司索要正常的更换部件费用及维修工时费用，也可以将出现问题的零部件更换一个价格低得多的组装件甚至劣质件，获得额外利润。如果修理厂进行“代撞”骗保，可以将完好而价高的零部件事先拆卸下来，这样材料费的利润就可以上升到50%～500%。因此，汽修厂都愿意承修投保了车损险的事故车，因为与普通的故障车相比，这种车的利润高得多。而一些进口的老旧车型则更受欢迎，由于这些车逐渐退出了市场，配件难寻，且价格高昂，只要发生保险事件，就会得到大笔赔款。

2. 修理厂扩大汽车损失的主要做法

1）利用保险人员的缺席

利用保险公司工作人员不肯自行前往评估的机会，多估、多报车辆损失。

2）利用他人正在维修的车辆

维修人员利用他人正在维修的车辆，故意制造事故，然后串通保险公司的理赔人员，骗取保险赔偿，达到“两方受损，三方受益”（保险公司、车主受损）修理厂、负责制造撞车事故的修理工、保险公司理赔人员收益的目的。

3）代撞内幕

（1）瞒着车主撞：在客户送来的维修车辆原本受损的地方再次撞击，扩大受损面。

（2）征得车主同意后撞：先告诉车主，许多部件可能存在老化现象，不美观、不安全、需大修，价格会很高。假如让修理厂帮忙撞一下，将相关部件撞坏，然后报警，拿到交警开的事故责任认定书，找保险公司索赔，就能把相关部件都修好，而且无须自己花钱。

（3）汽车修理厂老板见到陌生车主来要求“代撞”时，会鼓励他们自己去撞。随便把车撞到小区的围墙上、路边的柱子上、树上，然后报警就可以了，根本查不出来是故意撞的还是非故意撞的。

（4）代撞驾驶员的驾驶技术都很好，基本可以承诺“想换哪里，就能撞坏哪里”，一家修理厂，差不多每隔几天就去“撞”一次，成功率非常高。

（5）汽车修理厂专门负责理赔的人，与保险公司的理赔人员关系密切，只要有事故责任认定书，一般就能获赔。

（八）故意造案，骗取赔款

这里是指被保险人故意使投保的车辆出险，造成损失，以谋求骗取赔款的行为。例如，对于趋于报废、价值较低而车辆损失保险保额又较高的汽车，在被保险人期望获取高额赔款的欲望驱动下，可能会故意造成汽车出险。这类案件往往具有出险时间、地点精心选择的特点，所以查处难度较大，有时保险公司尽管会怀疑被保险人可能是骗案，但却很难找到证据。

（九）移花接木，混淆视听

所谓移花接木造假骗局，包括以下几个方面：

（1）无证驾驶或酒后驾驶发生事故后，找具有正常驾驶资格的人顶替真实驾驶员承担责任；

（2）正常维修的车辆，被换上了损坏了的旧件，然后假冒原车损坏件向保险公司索赔；

（3）一辆已经定损、索赔了的车，被换上另外一辆车的牌照后，再次索赔；

（4）故意混淆事故责任比率，改变保险公司承担事故责任的比率；

（5）个别汽车修理厂接到客户的受损车辆后，用较低档的材料为客户修理，却以高档材料的价格向保险公司索赔，以此赚取不同档次的材料费用差价。

（十）一险多报，重复索赔

这是汽车保险理赔中最常见、最普遍的现象。常见的一险多赔诈骗案有三种形式：

1. 一次事故向多个保险人索赔

这属于重复投保。投保人向多家公司购买保险，但并不将该情况通知各保险公司。发生事故后，持各公司的保险单分别索赔，以获取多重保险赔款。由于重复保险多蓄谋已久，且隐蔽性极高，再加上各保险公司之间信息不交流，所以欺诈成功率较高。

2. 一次事故多险索赔

如车辆造成货物损失后，投保人可在车上货物责任险和货物运输险项下同时索赔。因保险公司内部横向信息沟通不畅，投保人往往会轻而易举地索赔成功。

3. 在一次事故中，先由事故责任者给予赔偿，然后再向保险公司索赔

这种诈骗案，数额一般不大，但在日常生活中却最常见。出险原因都是被别人追尾或被别人所撞后，第三方负事故责任，在第三方已给予赔偿的情况下，再到保险公司谎称自己倒车所撞进行骗赔。所以对单方事故，尤其是对车辆尾部损坏的单方事故进行现场查勘时要特别注意。

（十一）顶替他人，冒充索赔

这里是指被保险的汽车出险后，造成了财产损失或人身伤亡。但是，由于某些原因，被保险人或其权益人根本没有资格向保险公司索赔。但他在索赔时，却隐瞒了这些真实的原因，而是改换成有资格索取赔款的“理由”，以骗取保险公司的赔付。

（十二）内外勾结，狼狈为奸

内外勾结尽管有几种形态，但主要是指保险公司内部的相关工作人员与汽车修理厂相互勾结，利用保户因为发生小事故造成轻微损伤的标的车，通过再次碰撞的方式扩大损失；或者利用车主虽然投保了车损险，但只是前来进行例行维护的汽车进行故意碰撞，以此相互勾

结，骗取保险公司的高额赔偿。

（十三）肇事逃逸，事后索赔

肇事逃逸是指交通事故发生后，当事人明知自己发生了交通事故，为逃避事故责任，故意逃离事故现场，不向公安机关报案的一种违法行为。肇事逃逸有两种情况：

（1）人和车都在事故发生后逃离事故现场；

（2）弃车逃逸，即当事人将车留在现场，人逃离事故现场。但是，肇事逃逸者再被查获之后，将面临严厉的法律制裁以及向受害方赔偿高额的损失；而他自己的车辆，也可能需要修复。基于减轻自己负担的考虑，他们会向保险公司提出索赔申请。

六、汽车保险欺诈的调查

（一）及时查勘现场

事故现场会遗留各种痕迹的物证，记载着大量能够真实反映事故发生、发展过程的信息，但这些痕迹和物证极易受到自然或人为的破坏。因此，案发后查勘人员应及时赶赴现场，掌握一切记录现场原始情况的资料，包括现场痕迹物证、访问笔录、影视资料、损失清单、财务账本等，这些资料将对揭露诈骗起到证据作用。

（二）认真调查事故经过

（1）应围绕事故向投保人、被保险人、受益人及目击者进行调查，对事故发生的经过、原因、损失情况及保户经营状况、个人品行、近期异常表现、保险标的状况等与事故有关的情况进行详细询问，并做好调查记录；

（2）与负责事故处理或鉴定的有关部门密切配合，及时了解事故处理情况，提出涉嫌诈骗的疑点，争取公安部门的支持，配合调查取证。

（三）综合分析案情，寻找揭露诈骗的突破口

运用现场查勘和调查访问所掌握的证据，分析案件性质，甄别保险事故和诈骗案件的区别，重点从以下几个方面进行分析：

1. 分析投保动机

分析投保动机，应特别注意两种情况：

（1）超额投保案件，要对投保标的的实际价值进行核实。凡采用纵火、盗车等手段造成保险标的全损的案件，绝大多数诈骗者都属于超额投保，其动机是以损失价值较小的投保标的换取高额保险赔款。

（2）对多次拒绝投保而后又主动上门投保的案件，要重点分析其投保动机。这类案件，大多是先出险后投保，或是在风险即将发生时临危投保。

2. 将有关时间联系起来分析

将有关时间联系起来分析，即分析投保时间、出险时间、报案时间之间的联系。实践证明，有预谋的诈骗案件，在几个关键时间上总有一些特殊联系。一般来说，出险时间与投保时间或保单责任终止相隔越近、出险时间与报案时间间隔越长，道德风险的可能性就越大。要仔细分析其中的原因，发现疑点，迅速查证。

3. 将现场痕迹物证及有关证据结合起来分析

重点分析两个方面：

（1）将现场痕迹物证与保单、原始记账凭证进行对比，分析现场标的物及损失数目与书证记载的内容是否相符；

（2）将现场痕迹物证与有关证据进行对比，相互质证，辨明真伪。通过分析证据与事实、证据与证据之间的相互关系，识破诈骗者惯用的伪造、变造有关证明材料的伎俩。

（四）委托专业机构，从事索赔调查

商务调查机构和信息咨询公司的人员在社会事务及案件调查上有着丰富的阅历和经验，可以通过这些机构的业务帮助、支持，有效识别保险欺诈。

七、汽车保险欺诈的预防

（一）宏观预防

1. 提高认识

正确的社会舆论导向对遏制欺诈非常有效。其工作的重点应该放在改变人们的观念上，使保单持有者形成固定思维方式，即保险欺诈是一种非常错误的行为。这就需要保险公司之间相互交流与合作，共同宣传，也需要社会舆论的大力支持。

2. 司法界、新闻界协助保险界搞好预防

（1）公检法部门应忠实履行自己的职责，认真查处各类保险欺诈案件，严格执法，坚决打击犯罪分子。在办理各类保险欺诈案中，应及时将保险诈骗的状况、动态及预防经验以各类司法建议书的形式通知保险机构，以便其及时调整和改进防范措施。

（2）各类出险的损失证明机关（包括公证机关）在证明过程中，应认真调查研究、严格审查，力求证明事项客观、真实、准确、合法，避免因证明失实而导致保险机构被骗。

（3）新闻界可以有选择地把一些典型保险诈骗案的判决结果予以报道。

3. 利用新技术，共享各种信息

在保险诈骗案中，威胁最大的是那些欺诈惯犯，他们往往在一次得手后，会连续作案，而且其欺诈行为都经过精心策划，手段狡猾、隐蔽，不易被发现。但这类欺诈行为的表现形式及欺诈手段都十分相似，只是欺诈的保险人不同而已。因此建立一个反保险欺诈中心，收集有关信息，使保险人共享信息，加强保险人之间的联系与协作，使之能够及时发现以相似手段进行的保险欺诈，能有效防范保险欺诈的发生，降低欺诈行为所造成的损失。

4. 加强行业监管，规范市场行为

防范保险欺诈，仅靠保险公司的单方面努力是不够的，还需要社会各界通力合作。首先，各保险公司应充分加强行业自律，树立良好的行业形象。其次，法律部门要加强立法，从严执法，有力遏制保险欺诈。再次，保险监管部门要加强规范化管理，加大监管和打击力度，坚决制止并惩治不正当竞争行为。

（二）微观防范

微观防范是针对犯罪行为的具体防范，其主体是保险单位和从业人员。需采取的措施有：

1. 严格贯彻执行《保险法》及其他法律的有关规定

保险公司的工作人员，首先必须认真学习《保险法》及有关法律，领会其精神实质，正确掌握各项法律规定，并积极向社会各界，尤其是向投保人、被保险人和受益人宣传，使他们自觉防止各种保险欺诈行为的发生。其次，当投保人、被保险人或者受益人实施保险欺诈行为，损害了保险人利益时，保险人应依据有关法律规定维护自己的合法权益。

2. 对查勘定损人员实施“拒赔奖励”制度

大多数的汽车保险欺诈，是由查勘定损人员识别的。除了对这部分人员进行思想教育外，还可以推行“拒赔奖励”制度。当他们拒绝一起案件时，可以按照“从案”“从值”“从案从值”三种模式进行奖励，其中，“从案从值”的模式是在每件拒赔案例给予定额奖励的基础上，再根据拒赔额的高低给予比例奖励。

六、课外拓展

【车险骗赔案件的手法与特征】

1. 机动车辆保险欺诈风险特征

随着机动车辆保险业务的迅猛发展，与机动车险事故相伴而来的骗赔案件也与日俱增。据业界保守估计，机动车辆保险业务中发生的欺诈骗赔额占总赔款的10%～15%，并呈现持续上升态势。面对这些机动车辆保险欺诈疑案，保险公司虽然有时掌握一些外围线索和情况，但由于走访调查不及时、采痕取证不到位、反欺诈体制不健全及相关法律不完善等，在假象面前往往力不从心、束手无策，难以收集到确实充分的欺诈骗赔证据，致使一些理应拒赔的除外责任案件和蓄意欺诈案件骗赔得逞。

因此，对保险调查人员、保险理赔人员来说，了解机动车辆保险欺诈的典型行为特征，并有针对性地提高反欺诈能力和技巧就显得十分重要。

与机动车辆相关的保险欺诈骗赔手法可谓五花八门，我们根据实际工作心得及同行的经验，将机动车辆保险欺诈案件的一些共同特征总结如表6.1所示，当出现其中某项或某些情况时，相关人员就应对该案引起警觉和重视，有必要时应该通过相关途径、渠道去调查落实，以防止错赔、滥赔。

表6.1 机动车辆保险欺诈风险特征

风险环节	风险警示特征
投保	曾经动员投保无效，突然提出上门投保的
	所有权不清或曾多次转手的车辆
	老旧车型高额投保的
出险	深夜特别是凌晨，或双休日、重大节日在郊区和三不管地区发案的
	道路交通事故不报交警而报派出所或其他部门的
	车贷险客户发生重大事故、全损事故或全车被盗抢的
	出险时间与起保日或终保日接近的
	临近出险日缴清保费或长时间拖欠保费突然主动缴清的
	一段时间以来未出险车辆突然发生重大事故而仅有车损险的

续表

风险环节	风险警示特征
报案	承保标的车与出险车辆牌号、发动机号、车架号及两证不符的
	出险频率较高的“五种人”（报案人、出险时驾驶员、被保险人、行驶证车主和索赔权益人）
	由汽车修理厂代为报案办理索赔手续或由修理厂人员开车出险的等
索赔	事故有关当事人或知情人突然外出或去向不明的
	只同意口头或电话与保险公司联系拒绝形成文字记录的
	出险原因不属于保险责任，与事故照片反映情况不吻合的
	提供单证有涂改痕迹，笔迹雷同的；提供的材料过于齐全或繁杂的
	印章模糊或异常，发票或相关单据不规范的
查勘	未使用数码相机前的案件事故照片底片曝光的，或照片有异样的
	车损严重，不经拆检无法定损，却当日做出全额赔付调解决定的；或在我方定损时极易达成一致意见，也未回勘或复勘的
	车身大面积损坏而损失部位与事故无法直接联系的，费用项目及价格不合理的
	车身变形严重，驾驶员无伤或驾驶员与乘员轻易跳车成功的
	标的车追尾大型车等，标的车重损，而大型车无损且逃离现场的
核赔	理算不准确、搭车理赔的
	未按责免赔、有重复项目、发票单据失效、查勘费的列支不符合规定等
	以往频繁出险的，案情及赔付金额十分相近的，事故当事人、被保险人和相关人关系密切的，索赔人毫无条件接受赔付方案的

2. 车险骗赔案件的手法

从实际情况看，骗赔者的手法并不复杂，无非是在向保险公司提供的公安部门交通事故证明、修理清单、治疗药费证明等单位上做文章，或夸大其词，或无中生有，或对损失数据改头换面，等等。从各保险公司发生的车险骗赔案件来看，车险骗赔现象主要有以下几种类型：

1）欺瞒车主、偷梁换柱、以次充好

为图省事，被保险人经常委托维修厂代为向保险公司索赔修理费用，但维修厂接到客户的受损车辆后，用较低档的材料为客户修理，以高档材料的价格向保险公司索赔，这样不同档次的材料费用差价被维修厂“吃掉”，车主在拿车时往往是一无所知，还以为这样修车真的很“方便”。殊不知，车辆已经留下了安全隐患。

2）无中生有，故意制造事故

修理厂将正在厂里正常保养或修理的汽车换上已经损坏的旧配件、在修理期间制造假交通事故，甚至故意损坏后向保险公司索要高额保险赔偿金。更有修理厂移花接木更换牌照，这种骗赔现象也时有发生，特别是一些规模不大、地址偏僻、私人经营的小型修理厂更是肆无忌惮。

3）编造属于保险责任范围的事故向保险人索赔

事故性质本来属于保险人责任免除范畴，骗赔者谎报案情欺骗保险人。如车辆出险时存在酒后驾驶、无证驾驶等问题，但车主（或其代表）当时不报案，次日再索赔，使保险人无法在第一时间内掌握出险时的真实情况。

4）一次事故，多次索赔

一次事故出险后反复多次向保险人索赔，骗赔者经常用同一个事故，利用时间差和不同的经办人、不同的地点，多次向保险人索赔。

5）提供虚假证明向保险人索赔

车主或其代理人（修理厂）以技术手段伪造交警事故处理证明，或疏通有关部门伪造证明。在苏州市已查处的假骗赔案中，一些责任认定书、赔偿调解书、简易程序处理书、公安派出所证明均存在问题，如开阴阳联或根本不留底，甚至直接由维修厂出具公安交警证明。

6）已经获得赔偿，仍向保险人索赔

双方事故已得到对方的赔偿，或自己无责任但对方无力赔偿的，仍谎称单方事故向保险公司索赔。这种情形在骗赔案中较多，有些是在外地出险，已处理完毕，但回来后又以单方事故的名义向保险人索赔。有些则是因为与第三者非同一家保险公司投保，且第三者负全责，在按照《道路交通法》获得赔偿后，重新向投保的保险公司以单方事故名义进行报案，以获得两次以上赔偿。

7）相互勾结、共同骗赔

有些投保人为了骗取高额的保险赔偿金，不惜勾结维修厂，故意制造单方面责任的交通事故，如将投保车辆故意撞向大型石块、桥栏、大树等固定物，造成车辆严重损坏而向保险公司索赔，这种案例较多集中在夜间或在驾车到外地等较难取证的地方。这种故意单方肇事由于没有目击证人，保险公司调查时会有一定的困难，一些投保人（被保险人）从而钻空子骗取赔偿金。

参考文献

［1］贾喜军. 汽车保险与理赔［M］. 哈尔滨：哈尔滨工业大学出版社，2013.
［2］李津津. 汽车保险与理赔［M］. 北京：北京交通大学出版社，2011.
［3］王旭荣. 汽车保险与理赔实务［M］. 北京：北京出版集团公司，北京出版社，2014.
［4］张红英. 事故车查勘与定损［M］. 北京：机械工业大学出版社，2010.
［5］朱春侠，李劲松. 车辆保险与理赔［M］. 北京：清华大学出版社，2010.
［6］梅丽歌. 汽车保险与理赔［M］. 哈尔滨：哈尔滨工程大学出版社，2011.